语言界面互动下的汉语情态表达模式研究

谢一 著

A Study on Modal Expression Patterns
in Chinese under Linguistic Interface Interaction

中国社会科学出版社

图书在版编目（CIP）数据

语言界面互动下的汉语情态表达模式研究／谢一著.
北京：中国社会科学出版社，2024.10. -- ISBN 978-7-5227-4179-6

Ⅰ．H1

中国国家版本馆 CIP 数据核字第 20244R601K 号

出 版 人	赵剑英
责任编辑	石志杭
责任校对	季　静
责任印制	李寡寡

出　　版	中国社会科学出版社
社　　址	北京鼓楼西大街甲 158 号
邮　　编	100720
网　　址	http://www.csspw.cn
发 行 部	010-84083685
门 市 部	010-84029450
经　　销	新华书店及其他书店
印　　刷	北京明恒达印务有限公司
装　　订	廊坊市广阳区广增装订厂
版　　次	2024 年 10 月第 1 版
印　　次	2024 年 10 月第 1 次印刷
开　　本	710×1000　1/16
印　　张	20
插　　页	2
字　　数	312 千字
定　　价	108.00 元

凡购买中国社会科学出版社图书，如有质量问题请与本社营销中心联系调换
电话：010-84083683
版权所有　侵权必究

目 录

引 言 ·· 1

第一章 情态概述 ··· 5
 第一节 情态的研究历程 ·· 5
 第二节 情态核心问题梳理 ·· 23
 第三节 与"情态"有关的重要概念 ··································· 27
 第四节 情态的语义特点与内涵界定 ··································· 39
 第五节 关于动力情态地位的讨论 ······································ 42

第二章 词表构建 ··· 45
 第一节 样本提取 ··· 45
 第二节 样本在多义上的句法特点 ······································ 65

第三章 汉语语义情态的表达类型 ·· 73
 第一节 语义性的认识情态 ·· 73
 第二节 语义性的义务情态 ·· 79
 第三节 对汉语环境情态类型的增补 ··································· 88
 第四节 语义性的能力情态 ·· 95
 第五节 对汉语功能情态类型的增补 ··································· 99
 第六节 语义性的意愿情态 ··· 105

第七节　语义性的勇气情态 ………………………………… 107
第八节　对汉语价值情态类型的增补 ……………………… 109

第四章　情态义的跨类衍生 ……………………………………… 112
第一节　由"能力/功能/义务/勇气"衍生"认识" ………… 113
第二节　由"义务"衍生"价值" …………………………… 137
第三节　跨类衍生依据 ………………………………………… 145

第五章　基于非情态义衍生出的情态义 ………………………… 160
第一节　由"将来"和"评价"衍生"认识" ……………… 160
第二节　多层次的衍生依据 …………………………………… 169
第三节　语用情态义的衍生理据 ……………………………… 174

第六章　情态等级的语用性提升 ………………………………… 178
第一节　由元等级的"能力"衍生高等级"善于" ………… 178
第二节　提升依据 ……………………………………………… 189

第七章　情态的表达条件 ………………………………………… 195
第一节　情态表达的语义条件 ………………………………… 195
第二节　情态表达的语用条件 ………………………………… 210

第八章　寓于情态表达中的人们认知思维特点 ………………… 226
第一节　对"时空关系"的认识 ……………………………… 226
第二节　从"Realis"到"Irrealis"的"事件框架" ………… 232
第三节　对"省力"的追求 …………………………………… 237
第四节　注重"直觉" ………………………………………… 242
第五节　追求"礼貌"的交际价值 …………………………… 247
第六节　传统"中庸"哲学思想的体现 ……………………… 249

第九章　一些扩展性的问题与思考 ……………………… 253
  第一节　情态与言语行为 ………………………………… 253
  第二节　关于情态的语用性表达 ………………………… 267
  第三节　关于"言据性"的问题 ………………………… 273

结　　语 ……………………………………………………… 278

参考文献 ……………………………………………………… 290

后　　记 ……………………………………………………… 311

引　言

　　说起"情态"（Modality），这是一个既古老却又很新鲜，有趣但棘手的研究课题。说它古老，是因为情态源于模态逻辑，人类对模态的研究早在古希腊时期便已有涉及。自20世纪初伴随西方哲学的语言学转向以及欧洲广义模态逻辑的发展，情态作为一个独立范畴开始得到语言学界的关注，至今已有百年历史。说它新鲜，是由于情态表达了人们对客观世界的主观认识和判断，是人类内在世界的语言表现，也因此，情态语言不仅具备独特的表达与运作模式，其语言底层也能体现出鲜明的关于人类认知与思维方式的人文性色彩，对其进行多方位的深入挖掘能够发现很多新鲜的、关于人类内在精神与思维规律方面的认识，而这也使得情态研究在当前依然保持着充沛的活力。说它有趣，是由于情态涉及的内容非常广泛。情态早已超越逻辑语义领域而进入语用领域，跨越了多重的语言层面，具备多重的研究维度，并且还与很多语言范畴都有着非常密切的联系。因此，情态也是为数不多的能够借助其他类范畴作跨类表达的语言范畴。说它棘手，是因为虽然当前我们对情态的研究也有不短的时间，取得的成果也相当丰硕，但对情态的诸多方面尤其是其基本方面的认识，诸如情态的内涵、外延、特点和性质等又众说纷纭，难以统一。因此，致力于情态研究，无论是小到对其概念本身的界定、范围划定、类型区分、表达手段和表达模式等基本问题的探讨，还是大到通过研究情态以探索人类思维特征与认知规律，这些都是非常急切却又富有意义的研究课题。

在以上问题中，我们以为尤以表达模式研究能够成为贯穿整个情态研究的主线。语言的最终归属在于表达。其实不难发现，很多语言问题都是需要放在表达的过程中去探讨才能搞得清楚的。

比如最为让人头痛的情态外延问题，情态的边界究竟在哪里，它到底包含了哪些内容，为何又与其他诸多语言范畴间存在着千丝万缕、说不清道不明的关系，对此学界一直是争议不断、难有定论的。但如果从表达的角度看，或许能够帮助我们理清思路，其中的关窍便是汉语不依赖形态变化的特点使其在语用性表义上更具优势，因此情态义便可以经常自然而然地借助其他范畴通过语用的形式而得以表达出来。如此，情态与邻近诸多范畴间的关联也就被天然地强化而变得更加密切，这是直接导致情态外延变得更为模糊的主要原因之一。

又比如情态的性质问题。情态是一种具备怎样性质的概念，是语法的、语义的、语用的，抑或是混合性质的，当前对此也存在不同的说法。其实，对语言范畴性质的定性也是要回归到表达上来。语言类型的不同会导致表达手段的相异，同样的语言范畴在不同类型的语言中因表达手段的不同也就会呈现出不同的性质。就情态而言，若情态义是凭借语法手段表达的，则具备语法性质；若是通过语义手段表达的，则为语义性质；若是通过语用手段表达的，则为语用性质；若兼有几种表达手段则为混合性质。对汉语来说，情态义主要凭借词汇手段和语用手段表达，因此具备语义和语用的双重性质，这也归因于汉语更为注重语用性表达的特点。

再比如情态语言的人文性问题。近年来，情态的研究动向开始向话语功能、语言交际策略等领域伸展，其中不乏涉及对情态语言所体现出的人们认知思维特点的挖掘。语言能够全面地反映一个民族精神活动和生产、生活活动的状态，是各民族思想、实践和文化的"外衣"，是思维的工具，也是人们内在世界的外在表现，而通过对语言表达展开研究来探索深埋于人们内在世界的"黑匣子"这也是极具意义却又极富有挑战的新的研究方向。在日常交际中，汉语情态的表达极具语用性特点，在传达与获取语用情态义的过程中也就必然会伴随语义和语用界面的互动，其中涉及的诸多语用因素如"定识""语用推理""言语行为"等也都能直观地反映出人们对客观世界的认知思维方式。由此可见,情态的表达并非一个孤立的问题,实际上它作为一条无形的线索贯穿于情态的方方面面。

本书将以情态助动词为考察样本,从情态的表达模式入手以点带面地对汉语情态进行多方位的探讨。内容包括:界定情态内涵;构建助动词义项词表;区分情态的双重性质;划分语用情态的表达类型;分析语用情态的衍生方式;归纳分属不同语言层面的表达条件及作用;探索情态表达过程中所体现的人们认知思维特点。希望通过以上探讨能够将汉语情态研究进一步深化,以期在揭示语言内部运作模式的同时,也能为语言学研究向探索人类内在世界的"黑匣子"更进一步。全书除引言和结语外共有九章:

第一章,情态概述。主要介绍中西方情态研究的主要历史进程及当前新兴的研究趋势,分析与情态有关的重要概念,归纳情态义的语义特点,尝试对情态的内涵做出界定,探讨个别争议性问题。

第二章,词表构建。构建出待考察义项词表用以后续讨论。首先对汉语中典型的助动词作样本初筛,之后结合权威词典分析归纳助动词的诸义项并整理成词表。从中可以发现,词表中的诸义项并非全都是词义,其中也掺杂了语用含义,因而情态在表达过程中便也呈现出语义和语用双重性质上的区分。

第三章,汉语语义情态的表达类型。语义情态即可凭借词义直接表达的情态类型。本章基于义项词表划分汉语语义情态类型,在传统基础上增补了"功能情态""环境情态""价值情态"三种缺失类型。

第四章,语用情态表达模式之一:情态义的跨类衍生。这种情况即为某义项表达某情态类型 M_1,但该义项却是被误当成词义的语用含义,其实际词义表达的是情态类型 M_2,因此 M_1 是在 M_2 基础上跨类衍生的语用情态。本章分析了五种情态义跨类衍生的情况,描写了衍生路径,探讨了促成衍生的动因依据。五种跨类衍生的情况包括:由"能力"衍生"认识"、由"功能"衍生"认识"、由"义务"衍生"认识"、由"勇气"衍生"认识"、由"义务"衍生"价值"。

第五章,语用情态表达模式之二:由非情态义衍生出的情态义。这种情况即为某义项表达某情态类型 M，但该义项也是被误当成词义的语用含义，其实际词义表达的是非情态义，因此情态义 M 是在非情态义基础上衍生的语用情态。本章分析了两种由非情态义衍生情态义的情况，描写了衍生路径，探讨了促成衍生的动因依据。两种情况包括：由"将来"衍生"认识"、由"评价"衍生"认识"。

第六章，语用情态表达模式之三：情态等级的语用性提升。在第五章的探讨中也同时涉及这种情况，表现为某义项表达某类情态中的高语义等级 $M_{高}$，但该义项却是被误当成词义的语用含义，其实际词义表达的是元语义等级 $M_{元}$，因此 $M_{高}$ 是基于 $M_{元}$ 之上的，语义等级获得了语用性提升。本章重点分析了能力情态语义等级的提升现象，描写了提升路径，探讨了促成语义等级提升的动因依据。

第七章，情态的表达条件。主要归纳情态表达过程中所借助的分属于语义和语用不同界面的表达条件，同时探讨其各自发挥的作用。其中，语义条件也称语内条件，包括："情态助动词""信息提示性词语""构式或固定搭配"等；语用条件也称语外条件，包括："语境""交际者'定识'""常规语用推理模式"和"言语行为"等。

第八章，寓于情态表达中的人们认知思维特点。本章结合哲学和心理学等作跨学科研究，基于情态语言的表达过程，从"时空互动""事件框架""省力""直觉""礼貌"以及传统"中庸"哲学等视角展开对人们认知思维特点的挖掘。

第九章，一些扩展性的问题与思考。主要探讨了情态的言语行为分类问题、情态的语用性表达问题，以及关于"言据性"情态的探讨等。

另外，需要说明的是，本书例句主要来源于北京大学中国语言学研究中心 CCL 语料库、华中师范大学语言所语料库、权威词典例句，以及转引自其他论著或论文中的例句，会有所注明。部分例句为自行拟构，也都是极为简单的例句。全书例句分章编号，为便于阅读，重复出现的例句将依序重新编号。在例句中标"*"为完全不合法，标"!"为勉强合法但使用频率较低。

第一章
情态概述

第一节　情态的研究历程

逻辑学和语言学都曾对 modality 展开过研究。在"模态逻辑"（modal logic）里，modality 被译为"模态"，是从逻辑上的"可能世界"（possible world）出发讨论一个命题真值所具备"可能性"或"必然性"等有关的问题。而在语言学中，modality 被译为"情态"，是着重从人的"主观性"视角出发，对一个"非现实性"事件的情景展开谈论，以表达言者个人的看法或态度。语言学者对情态的研究虽源于模态逻辑，但也不同于模态逻辑。

一　西方的情态研究

（一）早期对模态逻辑的研究

西方早期对模态的研究可以追溯到古希腊亚里士多德（Aristotle）在《前分析篇》中对三段论的讨论。亚里士多德将命题分为"实然命题""必然命题"和"偶然命题"，其中"偶然命题"在《工具论》中又被解释为"可能"，这三种命题中的后两者就属于模态命题，是研究"可能"和"必然"的"真势模态"（alethic modality，也称为"传统模态"或"狭义模态"）。随后，康德（Kant）在其著作《纯粹理性批判》中将模态作为四大范畴之一，也就是人先天的思维能力之一的"判断的模态"（modalität），分为："或然"（problematische）、"实然"（assertorische）和"必然"（apodiktische）三种类型。其中，"或然"代表的是一种逻辑上的可能，而"必然"就是符合逻辑之上的必然。可见，真势模态是对一个命题真值在逻辑上进行"可能"或"必然"的判断，换句话说也就是只要符合逻辑即可成立而并不必考虑过多的现实因素。

到了欧洲中世纪，有学者将传统模态逻辑推广，产生了"广义模态"。首先是冯莱特（Von Wright）在现代逻辑语境中系统地阐发了广义模态逻辑构想，设立了"真势模态"（alethic）、"认识模态"（epistemic）、"义务模态"（deontic，又称"道义模态"）和"存在模态"（existential）四种模式（modes），虽然他也承认最后一种"存在模态"属于量化（quantification）理论，严格来说并不属于模态逻辑的一个分支。广义模态类型的设立在于对命题真值展开讨论时逻辑学者对不同"世界特征"的把握，并且它们与狭义的"真势模态"又具有相同的特征，表现为同狭义模态一样，广义类型中所涉概念也均可以被彼此相互定义。简单来说，比如狭义模态中的"可能"与"必然"可以被作如下的相互定义：

"可能 p" = "不必然不 p"；
"必然 p" = "不可能不 p"。

而同样地，广义模态类型也可如此。比如，以"义务模态"为例：

"必须 p" = "不允许不 p"；
"允许 p" = "不必须不 p"。

冯莱特的广义模态系统的建立，尤其是"认识模态"和"义务模态"两种模态类型的设立对语言学的情态研究产生了很大影响。而从逻辑角度划分出最多种模态类型的是雷斯彻（Rescher，1968），他分出包括"真势模态""认识模态""时间模态""意愿模态""义务模态""评价模态""原因模态"和"可能模态"八个类别。他将模态看作与"命题"（proposition）相对的概念，而模态也就是这个命题的修饰限制成分。八种模态类型是从广义角度分立出来的，当然其中个别类型，比如"原因模态""评价模态"等是否应属于模态类型，一直以来也存在争议性的讨论。

早期学者对模态逻辑的研究为语言学界展开的情态研究作了前期铺垫，尤其是广义模态类型的设立更为情态的研究提供了一定的支持与参照。不过，语言学的情态虽源于模态逻辑，但又与模态逻辑不同。借用帕尔默（Palmer，1979：6）的话来说："逻辑学家和语言学家对 modality 的关注角度是不一样的。逻辑学家根据真值表来探讨不同的 modality（译：模态）范畴的形式结构，而语言学家的主要目的却是简单地考察语言中能够清楚地识别到的 modality（译：情态）种类和表现这些情态种类的系统；逻辑学家主要关心'真势模态'，但它在日常语言表达中却没有什么地位，而且自然语言的使用者似乎也很难分清楚真势模态和认识情态。"所以总的来看，模态逻辑是基于可能世界展开对命题真值的分析，侧重于客观性；而情态是用于日常交流中主观想法的表达，侧重于主观性，并且有些模态类型在日常语言交流中也并不清晰。

（二）20 世纪中期以前的情态研究

语言学对情态的关注最早可见于 20 世纪 20 年代对"语气"（mood）的探讨。"mood"的拉丁文是"modus"（"式"），在屈折语中体现为一种动词形态变化的语法范畴，它可以表达某些与情态有关的意义。

叶斯伯森（Jespersen，1965：313）曾批评了有些学者并没有严格区分句法性范畴（syntactic category）和意义性范畴（notional category）的做法，认为"语气"体现为一种动词的表现形式，应该是一个句法性的范畴。不过，叶氏也曾尝试将语气作为意义性范畴而开出了一个清单，虽然在他看来，这份清单存在着很多模糊的情况，如此设置意义不大。这份清单以是否含有"意愿"（will）的意义成分将语气分为两组共 19 类，而其中的很多内容如"强制式"（obligative）、"许可式"（permissive）、"许诺式"（promissive）、"愿望式"（desiderative）、"必然式"（necessitative）、"潜能式"（potential）等都已经涉及情态的领域。

如果说叶斯伯森只是在专门探讨语气的时候无意间涉及了一些情态上的内容，那么巴利（Bally）则是较早从语气角度来专门界定情态的代表。在巴利（1932，1942）看来，"情态"与说话者对某一事态的评价相一致，表达了说话者的态度。如果每个句子都实际包括两个部分："说什么"（"dictum"）和"如何说"（"modus"，即"式"），那么"情态"表达的就是"如何说"。因此，在巴利看来，每个句子都有情态。巴利指出，表达说话者态度的情态与语气有着紧密的联系，如果将语气分为"句子语气"（sentence mood）和"动词语气"（verb mood），那么"句子语气"就是"句子类型"（sentence types）的"情态价值"（modal value），反映了说话者的态度。持这种观点需要解决一个问题，那就是陈述式（declarative）句子表达了说话者的何种态度。巴利认为，如果按照弗雷格（Frege）对直陈的句子做出的"思想"（thought）、"判断"（judgement）和"断言"（assert）的区分，其中"思想"指的是实际的"句子的内容"，也就是命题内容，"判断"表达的是"态度算子"（attitudinal operators），而"断言"指的是这个陈述自身就体现为发话者做出了一个断定，而其中的"判断"就是"说话者的态度"，虽然这种"判断的态度"是隐性的，可以用术语"无标记情态"（unmarked modality）代指。如此，"直陈式"便构成了一个情态的填补类，又可称之为"默认情态"（default modality）。巴利通过语气来界定情态是一种早期尝试，他认为语气表达了说话者的态度，进而表达了情态。通过"说话者的态度"来界定情态为挖掘情态的内涵指引了最初方向。

（三）20世纪70年代以后的情态研究

从20世纪70年代开始，西方情态研究出现了高潮，很多学者尝试从不同角度对情态进行界定、讨论其表达形式、研究其与邻近范畴的关系，以及尝试拟构情态系统。在这一时期，基于广泛的语言类型考察和基于形式语义视角的两个研究思路基本成形，并且由于受到了奥斯汀（Austin）和塞尔（Searle）的"言语行为"（Speech Acts）理论的影响，对情态涉及范围的把握也出现了多样的看法。多样的切入角度涉及了：模态逻辑、词汇语义、形式语义、语用和语言类型等。这里主要介绍有代表性的莱昂斯（Lyons）、帕尔默（Palmer）、拜比（Bybee）、克利策（Kratzer）以及凯夫尔（Kiefer）的研究成果。

语言学领域对情态论述较为充分起始于莱昂斯，其主要思想和观点对后来很多学者尤其是对帕尔默的影响很大。莱昂斯对情态的论述表现为一个从多角度逐步细化而深入的过程，在讨论"对句子内容有限定作用的成分"时莱昂斯（1977：451-452）就指出："这些限定成分可以表达一种'评价功能'（evaluation function），它们是说话者用来表达对'句子所表达的命题或命题所描述的情境'的观点或态度，而其中的很多内容就是以后要展开讨论的'情态'的内容。"可见，莱昂斯认为的情态是由人所表达出的"观点或态度"，但反过来说，并非所有表达出的"观点或态度"都是情态，这种限定相较早期巴利的看法可谓一种进步。之后，莱昂斯（1977：787-849）逐步对情态展开了详细描述，有关信息可以作如下归纳："情态是句中命题以外的成分或修饰成分（P825）；是说话人的主观态度和观点的语法性表现或语句中的那些主观性特征，指语句中的非事实性（non-factuality）成分，表达某种与事实性（factuality）有距离的事件，也就是说这类事件实际上可能发生，也可能不发生（P800，806，822）；常常与假定信息情境（hypothetical information situation）相关联（P790）；假定信息包括对未来事件的预测、意图、愿望、希望和目的（P814）。"莱昂斯对情态的界定是一个逐步细化深入的过程，其观点可总体上归纳为："情态"可以具有语法性表现（即语法的或语言形式的表现），是人对一个命题或事件所表达的带有主观性、非现实性特点的观点或态度，而这种观点或态度与预测、意图、愿望、希望和目的等意义有很大的关联。这一界定基本奠定了情态内涵的基调，而帕尔默（Palmer）就是其主要思想的继承者。

随着帕尔默（1979，1986，2001）三部针对情态研究最具代表性著作的问世，其思想体系也在自我修正中不断成熟。帕尔默对情态的研究主要是依托"情态助动词"（modal auxiliaries）和"语气"展开，相比之下他认为前者的地位更加重要。帕尔默（1979）首先依据"NICE"标准以及三条补充性标准来确定英语情态助动词的身份，再依据这些情态助动词所表达的情态意义划分情态类型并构建系统。据此，经典的情态三分系统：认识情态（epidemic）、义务情态（deontic）[①] 和动力情态

---

① Deontic 也可译为"道义情态"。

(dynamic)① 便诞生了。随后，帕尔默（1986：16）将情态界定为："发话者主观态度的语法化"②，尝试在基于广泛的语言类型考察之上将情态确定为一个普遍的语法范畴，并提出了"言据情态"（evidentials）③，不仅探讨了与补语、修饰小句等有关的情态问题，还讨论了情态与"时制"（tense）、"否定"（negation）、"人称"（person）以及"存在"（existence）等的关系。最后，帕尔默（2001）对情态系统展开了进一步修正：他将"语气"和"情态词系统"（modal system）并列为构成"情态系统"（modality system）的组成部分；从类型上区分"命题情态"（propositional modality）和"事件情态"（event modality）两大类，并深入讨论了与情态有关的直陈式（indicative）和虚拟式（subjunctive）等语气范畴，以及与其相关的"现实性"（realis）和"非现实性"（irrealis）等概念，认为情态具备"主观性"和"非现实性"特征。帕尔默（2001）的情态框架构建为：

```
                    ┌ Epistemic    ┌ Speculative（预测型）
                    │ （认识情态）  ┤ Deductive（推导型）
  ┌ Propositional   ┤              └ Assumptive（假设型）
  │   modality      │              ┌ Reported（报道型）
  │ （命题情态）    └ Evidentials  │              ┌ visual（视觉的）
  │                   （言据情态）└ Sensory（感知型）┤ non-visual（非视觉的）
  │                                               └ auditory（听觉的）
──┤
  │                  ┌ Deontic    ┌ Directives（指令型）┌ permissive（准允）
  │                  │ （义务情态）│                    └ obligative（强制）
  │                  │            └ Commissives（承诺型）┌ promise（许诺）
  └ Event modality  ┤                                   └ threat（威胁）
    （事件情态）     │
                    └ Dynamic    ┌ Ability（能力型）
                      （动力情态）└ Willingness/volitive（意愿型）
```

图1-1 帕尔默的情态体系划分

---

① 帕尔默（2001：78）在谈及傈僳语时还提到一种"勇气型"（able couragewise），也归属为动力情态，不过并未将其列在动力情态的下位体系之中。

② 这里的"语法化"指的是具备语法标记，其实同时也指具有非语法的语言表达形式，而并非指探讨语言形式虚化演变的"语法化"。

③ "evidentials"也可译为"言据性"或"言据型"，大意是指基于视觉或传言等方式获得证据之上所做出的推断。

帕尔默的情态体系主要是以情态助动词为表达手段而建立的，该系统得到了广泛的语言类型支持，公认度较高，成为后来诸多学者所经常选取的研究框架。将情态分为"命题"和"事件"两大类是帕尔默思想的一大特色，这种做法让我们看到"情态"与作为其来源的"模态"之间有诸多不同之处。此外，帕尔默也尝试将"言语行为"（speech acts）纳入情态研究，这是其思想的又一特色。比如帕尔默（1979：5-7）在论述认识情态和义务情态的区别时就曾多次提到义务情态表达的就是"对一个事件产生直接影响，是对某人给予许可或强制要求他做某事……是发话者在主观上提出要求、许可或禁止"，并且在其构建的情态体系中，帕尔默（2001：71-73）也依托塞尔的言语行为理论将义务情态在"指令型"（directives）和"承诺型"（commissives）上直接做出了二分。

帕尔默情态体系的构建思路主要是依照"促成事件达成条件的性质"来划分的。比如义务情态的促成条件源于社会规定的"义务"因素，而动力情态的促成条件源于事件主体个人具备的"能力"或"意愿"等动力因素。前者是存在于相关个人的"外部"（external）因素，而后者是存在于相关个人的"内部"（internal）因素。除此之外，还有一种情态构建体系也较为流行，即拜比等（1994）依据"取向"（oriented）思路划分的情态体系，不过该体系的设置形式实际上更适用于情态在"语法化"（grammaticalization）方面的研究。拜比对情态的界定基本上采用了莱昂斯与帕尔默的观点，但同时他也注意到这种界定其实并非表面上看起来这般简单。拜比等（1994：176）认为："对情态的概念领域和语法上表达的部分进行简洁的描述是不可能的。"因此他从新的角度将情态分为了"施事取向"（agent-oriented）、"言者取向"（speaker-oriented）、"认识型"（epistemic）和"从属语气"（subordinating moods）四种情态类型。"施事取向"是围绕着施事者（agent）所存在的内部或外在条件而诱发的情态，该种情态下有"强制"（obligation）、"必要"（necessity）、"能力"（ability）、"渴望"（desire）四种类型。"言者取向"指的是以说话者为视角，直接对听话者施加条件，包括："祈使"（imperative）、"禁止"（prohibitive）、"祈愿"（optative）、"劝导"（hortative)、"警告"（admonitive）、"允许"（permissive）等几种类型。"认识型"是发话者对命题真值的交代，包括："可能"（possibility）、"或然"（probability）、"推测必然"（inferred certainty）和"反事实"（counter-factual）等几类。"从属语气"则指的是以下几种从句类型，包括："补足从句"（complement clauses）、"让步从句"（concessive clauses）和"目的从句"（purpose clauses）。

在屈折语中，表达语气的语法手段是屈折的，比如通过对主要动词添加可以表达语气意义的语法标记进而表达出相应的语气意义。古英语具备这种语法标记，而随着语言的演变，表语气意义的词缀消失，虚拟语气的表达手段则主要依靠从句的配合来体现。但是拜比认为，在这些从句中，情态助动词对主要动词在语气的标记上仍有一定的作用，因此得出了"从属语气"的分类，所以实际上它可以视为拜比对前三类之外其余情态类型的总括。不过也如前文所说，拜比的情态体系构建主要是为研究情态语法化而服务的，所有得到的语法化脉络都能依照其构建的情态体系得以清晰呈现。比如依据拜比的结论，情态语法化的路径总体上都体现为从"施事取向型"变为"言者取向型"和"认识型"，或者三者最终演变为"从属型"的语法化方向。拜比构建的情态体系为研究情态的语法化以及后来对情态"语义地图"（semantic map）的构造奠定了基础。

也有学者尝试从形式语义的角度切入情态研究，克利策便是其中的代表。克利策（1977，1978，1979，1981a，1981b，1991）以德语情态助动词为研究工具，从形式语义角度发展了有关"情态"与"条件式"（conditionals）的理论，被称为"标准理论"（standard theory），以此实现情态研究从模态逻辑向语言学领域的过渡。依靠数理逻辑推导，克利策探索性地挖掘了自然语言中的情态问题。其处理方式主要依据两条思路：一是"情态相对性"（relative modality）；二是"序列语义论"（ordering semantics）。"情态相对性"认为，情态词的表义并非模糊不清的，不同的意义来源于对"会话背景"（conversational background）的假设与兼容。她在语义上推导出六种"会话背景"，分别是（设 w 为"可能世界"）：

1. Epistemic（认识型）: f (w) is a set of facts known in w.
2. Deontic（义务型）: f (w) is a set of rules in force in w.
3. Teleological（目的型）: f (w) is a set of goals in w.
4. Bouletic（意愿型）: f (w) is a set of desires in w.
5. Circumstantial（条件型）: f (w) is a set of circumstances holding in w.
6. Stereotypical（模式化型）: f (w) is a set of expectations concerning what w is like.

并认为它们各自也都对应一种情态类型。"序列语义论"的思路是，与其二分"可达世界"和"不可达世界"，人们更多是基于"世界序列"来认识与表达情态的，随着在"可达世界"与"不可达世界"间呈现过渡世界序列，"情态"在"不可能性"与"必然性"之间也就拉开了在"可能性程度"之上的梯度。因此，情态意义的表达可分为"必然类型"（necessity type）与"可能类型"（possibility type），前者是能够在所有可达世界中被普遍性量化，后者是在所有可达世界中呈现存在性量化。

克利策以形式语义的角度作为切入点，其理论思路比较抽象，基本思想可归纳为：情态类型需要参照"会话背景"的选择，而情态义的表达程度则呈现为在"可能性"之上的"梯度"。基于这一思路所诞生的"情态特质"（modal flavor）和"情态力度"（modal force），这两个考量基准成为当前类型学研究情态时所经常用到的语言参项。此外还需要注意的是，克利策提出了一种与"情态助动词多义观"不太相同的看法，她认为情态助动词虽然表现为多义，但是却不应该把它的多个意义孤立来看，而应该试图找出一个唯一中立的"意义框架"，情态助动词只是因为句子有不同的"话语背景"作为补充才会呈现出不同的义项。这种提法较普通的情态助动词多义观来看更为新颖，实际上这也已经触及了语用学的范畴领域。

自情态概念从模态逻辑向语言学转向之后，对其所包括的内容和范围的把握，不同的学者所持态度也有宽有窄。宽到认定人的一切主观态度都是情态而认为情态无处不在，这一点在前面已有介绍。但也有学者倾向于给出相反认定，凯夫尔（1983，1986，1987，1988，1992，1996，1997）就是其中的代表。既然情态源于模态逻辑，凯夫尔便尝试从模态中寻找情态的本质。凯夫尔（1987：89-90；1992：2515）对情态的认定是："构想一个额外的事态，想象它在一些非现实世界中，或是在现实世界状态下的此刻以外的时间点上是'真'（true）还是'真实的'（real）。"可见，凯夫尔是通过讨论事件在可能世界中的"真"来界定情态的，他认定了情态与模态是同一本质的，即"命题的有效性（validity）与一组可能世界的相对化（relativization）"①，更通俗地说，模态的本质就是探讨命题真值"可能性"和"必然性"的问题，而这同样应该也是情态的本质。之后，他依据"不能限制命题有效性"而将"情感"（emotion）、"意志"（volitional）、"评价"（evaluation）和"否定"（negation）等内容都排除在情态之外。在后续论述中，凯夫尔也注意到了情态与某些语用问题的紧密关联。比如凯夫尔（Brisard, Frank et al., 2014：199）指出："'义务'（obligation）和'许可'（permission）相比于语义概念来看更像是语用的。"而凯夫尔（Brisard, Frank et al., 2014：185）又指出："一定要明确地区分开义务命题中'义务必然'（deontic necessity）、'义务可能'（deontic possibility）与'强加义务'（imposing an obligation）、'给予许可'（granting a permission）之间的界限。前者属语义学领域，依靠形式逻辑表述，后者是言语行为理论的一部分，属语用学领域。"虽然做出了语义和语用界限的区分，但凯夫尔更多还是倾向于从模态逻辑视角判定一个命题真值的"可能性"和"必然性"来解释情态。尝试回归到情态的本源，从模态出发挖掘情态本质，以此作为界定情态与离析情态范围的标准，凯夫尔为此做出了新的尝试。

（四）21世纪的情态研究

进入21世纪后，学界对情态的研究表现出一些新的特点，可归结为四点表现：1. 有学者尝试打破陈规，从其他角度划分情态体系（如

---

① 参见 Asher, Ronald E & James M. Simpson (eds.), *The Encyclopedia of Language and Linguistics* (Vol. 5), Oxford: Pergamon Press, 1994. p. 2521。

Portner，2009）；2. 类型学领域中兴起情态研究热潮，多角度对情态框架的拟构出现（如 Van der Auwera & Plungian，1998；Hengeveld，2004；Nauze，2008）；3. 就情态的某一特征作深入性发掘，比如专门研究情态的"主观性"（subjectivity）问题（如 Narrog，2012），"可分级性"（gradability）或"梯级性"（scalarity）问题（如 Klecha，2014；Lassiter，2017），以及研究情态的本质和产生基础的问题（Werner，2022）等；4. 开始重视情态话语功能研究，并以此探讨人们所采用的交际方式和交际策略（如 Verstraete，2001；MacDonald，2018）。这里择要介绍前两个特征。

伯特纳（Portner，2009：1）认为，情态是基于语言表现形式所表达的一种语言现象，这一现象表现为某个人说了关于或者基于非真实情境的事情，它是一个语义概念。在情态类型的划分上与前人不同，伯特纳依托情态的语言表现形式，将情态划分为"句情态"（sentential modality）、"次句情态"（sub-sentential modality）和"话语情态"（discourse modality）三大类。"句情态"表达的情态意义是基于整个句子平面之上的，主要表达方式包括："情态助动词"（modal auxiliaries）、"半情态助动词"（semi-modals）、"表情态动词"（modal verbs）、"情态副词"（modal adverbs）、某些"泛性的或惯常性用语以及个体层面谓词"（generics, habituals, and individual-level predicates）、"时"（tense）、"体"（aspect）、条件句（conditionals），以及其他一些可能的形式等。"次句情态"指的是那些比小句小的结构所表达的情态，比如表情态的形容词或名词、表命题态度的动词或形容词，以及动词语气等其他一些形式。不过伯特纳也意识到，在很多情况下"句情态"与"次句情态"的界限并不分明。最后，"话语情态"指的是那些未能包含在传统情态意义类型框架之下，但出现在语篇或话语中的那些情态意义。伯特纳的情态分类思路打破了以意义为基础划分情态类型的传统，尝试按照语言形式为依据来划分情态类型，可谓一次新鲜的尝试。

从类型学视角讨论情态框架在这一时期掀起热潮。范德奥维拉和普莱斯金（Van der Auwera & Plungian，1998：80）的框架拟构以拜比等（1994）的模型为基础，区分出"参与者内部情态"（participant-internal modality)、"参与者外部情态"(participant-external modality)、"义务情态"(deontic modality)和"认识情态"(epistemic modality)。其中,"义务情态"也可以算作"参与者外部情态"的子集。由于框架的拟构主要聚焦于"可能"和"必然"等级之上,而传统框架中的"意志"(volition)在这一点上并不突出,所以被排除在了框架之外。其情态体系拟构如下:

```
                              ┌ Participant-internal
              ┌ Non-epistemic │  (参与者内部情态)
              │  Possibility  │                    ┌ Non-deontic
              │  (非认识情态   │                    │  (非义务情态)
              │   可能性)     └ Participant-external
Possibility|Necessity                              │
(可能|必然)                    (参与者外部情态)   └ Deontic Possibility
              │                                      (义务情态可能性)
              └ Epistemic Possibility
                 (认识情态可能性)
```

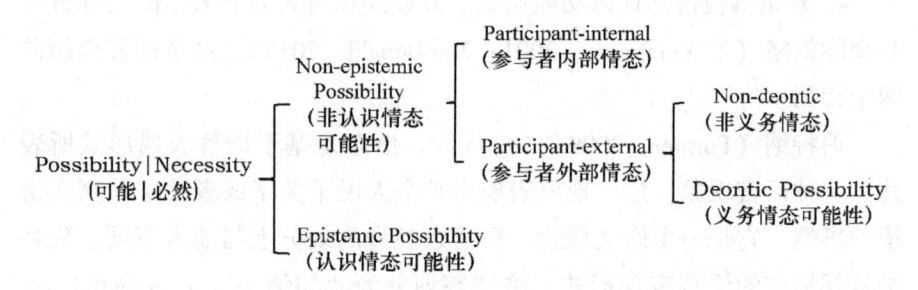

图 1-2　范德奥维拉和普莱斯金的情态体系划分

在其基础上,诺泽(Nauze,2008)结合荷兰语、土耳其语、韩语等六种语言的情态表达情况对上面的框架进行改造。推定"参与者外部情态"中"非义务情态"的内容基本上就是一种"目标取向"(goal-oriented)的情态类型,而"参与者内部情态"下位虽然不能明显区分出"可能"和"必然"两个梯度,但"能力"(ability)和"需求"(needs)也应该包含在其中。改进之后的情态框架设定参见图 1-3。

此外,还有汉格威尔德(Hengeveld,2004)也曾对情态体系建立模型,但与其他学者所不同的是,其构建的更像是一种考量情态类型与特征之间兼容性的模型。按照汉格威尔德的看法,如果以传统作"命题"和"事件"的二分来看,有些语句表达的情态类型在二分上是模糊不清的。比如例句"Thesis paper must be acid-free.(论文用纸一定是无酸的)"是该作为"命题情态"讨论命题真值,还是该作为"事件情态"谈论必要事件情景,这就足够引起争议。所以汉格威尔德设置了两个评价参数:"评价靶向"(target of evaluation)和"评价域"(domain of evaluation),并在每个参数之下又有分类。他将帕尔默的"事件情态"

```
                  ┌ Ability（能力型）
    Participant-internal ┤
    （参与者内部情态）  └ Needs（需求型）

                              ┌ Permission（许可型）
                    ┌ Deontic ┤
                    │（义务情态）└ Obligation（强制型）
    Participant-external ┤
    （参与者外部情态）  │ Goal-oriented ┌ Possibility（可能型）
                    └（目标取向情态）┤
                                   └ Necessity（必然型）

    Epistemic    ┌ Possibility（可能型）
    （认识情态）  ┤
                └ Necessity（必然型）
```

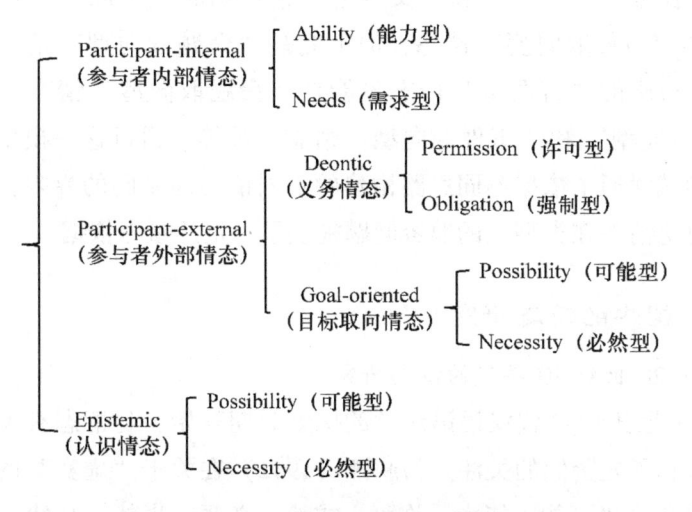

图 1-3　诺泽的情态体系划分

拆分为"事件取向"和"参与者取向"两种类型，并用"事件取向"型来概括他所说的能够引发争议的情态类型。将"评价靶向"与"评价域"这两个参数相结合，得到了一个如下表所示的情态类型与特征兼容性的模型：

表 1-1　　　　　汉格威尔德的情态特性兼容模型

Domain（域）	Target（靶向）		
	Participant 参与者（取向）	Event 事件（取向）	Proposition 命题（取向）
Ability（能力型）	+	+	-
Deontic（义务型）	+	+	-
Volitive（意志型）	+	+	+
Epistemic（认识型）	-	+	+
Evidential（言据型）	-	-	+

汉格威尔德的模型很好地展现了不同情态类型之间在特征上的兼容

性问题。比如"能力型"和"义务型"情态同时也可以是"参与者取向型"和"事件取向型"情态，但不能是"命题取向型"情态；而作为另一个极端的"言据型"情态只能是"命题取向型"情态而不能是"参与者取向型"和"事件取向型"情态；等等。通过这一模型，汉格威尔德尝试联通了依据不同思路构建的不同情态体系间的界限，为自然语言中讨论情态在类型上的兼容问题提供了一定的参考依据。

二 国内的情态研究

（一）20世纪40年代的情态研究

自20世纪40年代汉语语法学的探索时期开始，与情态有关的问题就已经引起了先贤们的关注。吕叔湘（1942）在关于"虚实"的论述中所提到的有关"可能、能力、许可、或然、必要、当然、必然"等概念就已经涉及了情态范畴。他将"可能"概念分为三类："能力够得到够不到""旁人或环境或情理许可不许可"，以及"客观上估计将成事实与否的'或然性'"。这些意义已经涉及了情态概念的基本雏形。王力（1943：68）更是提出了与西方莱昂斯对"情态"相类似的概念界定："咱们说话，往往不能纯任客观。咱们对于事情的可能性、必然性、必要性等等，喜欢加以判断或推测，于是咱们的话里掺杂着咱们的意见。再者，当咱们陈说某一件事的时候（不论已成或未成事实），也喜欢着重在主事者的心理，如'欲望''勇气''羞愧'等，于是咱们的话里掺杂着主事者的意志。"能愿式"（包括"可能式""意志式"）便是这些情形的语言表现形式，涉及情态意义的表达。

虽然早期的探索相对零散且系统性还不强，但已经能让我们对情态的内涵有了相对基本的把握。

（二）20世纪90年代以后的情态研究

从20世纪90年代开始，越来越多的学者投入情态的研究之中，进而掀起了国内情态研究的热潮。从总体上看，不同学者各自所提出的不同观点往往可能会受到前人多家观点的共同影响，并且又有一定程度上的自我发展。不过从整体的研究取向上看，针对个别助动词的零散研究相对较多，对整体情态系统的研究则相对较少。从研究对象上看,除了从语气切入研究之外,更多是倾向于从词汇层面上进行研究。

1. 从语气角度进行研究

从语气角度推进汉语情态系统构建的代表性学者有贺阳(1992)、鲁川(2003)和温锁林(2001,2013)等。

贺阳(1992:59)认为情态就是语气:"语气(modality)是通过语法形式表达的说话人针对句中命题的主观意识。它具有两个基本特征:(1)从语义上看,一个句子可以分为命题和语气两个部分。命题是对事物或事件本身的表述,语气则是对句中命题的再表述,表述的内容或是说话人表达命题的目的,或是说话人对命题的态度、评价等,或是与命题相关的情感;(2)从形式上看,语气是通过语法形式表达的语法意义。"贺文所说的语气系统包括"功能语气""评判语气"和"情感语气"三大类,每个大类下又有细分,总共十三个次级小类,而对于这些语气的表达方式,认为可以有多样的形式,比如:句终标点、特殊句式、同现限制、助动词或语气副词以及可能有的否定形式、语气助词和叹词等。贺文将"modality"直接译为"语气",或许是想在汉语中从语气的角度来引入情态概念,方便人们理解与掌握。

鲁川(2003)认为,情态范畴是言者由于其固有认识而用标记来附加到语言中的情绪或态度之类的主观信息范畴,总的来说也就是言者基于其主观立场、观点而对客观事物的"判断"和"评议"。文章对"情态"和"语气"概念作了区分,认为情态和语气二者的共性在于它们都是说话人附加的"主观信息",而二者也是有区别的。鲁川(2003:323-324)指出,语气指向受话人,体现说话人与受话人的交际意图,体现对受话人的态度;情态指向客观命题事件,体现说话人基于固有的主观认识对事件的主观情绪,体现对事件的态度。此外,语气可以作为表达情态的手段,它是一个语法范畴,而情态是语义范畴,其范围要远大于语气。鲁文的一个很大贡献在于试图将情态和语气分离开来,并且其分析结论——语气实则作为情态的表达手段也较为令人信服,从这一点上说可谓是个很大的进步。

温锁林（2001：175）区分了口气情态[①]和语气，指出："把句子中表达说话人主观情态的口气和说话人使用语句功能用途的语气混同起来，不利于解释两种语用意义的区别。"温锁林将"口气情态"界定为："说话人对所述话语的主观情态，也就是构成话语的客观命题中所携带的言语使用者的主观的情感和态度。"其"口气情态"系统由"传信范畴"和"情态范畴"两个部分组成："传信范畴"关注客观信息来源的可靠性和真实性，因此具备客观性；"情态范畴"表达说话人对相关命题和情景的主观感受，具有一定的主观性。此外，温锁林认为"口气情态"可分为"情"和"态"两方面，"情"表示说话人在表达命题时表现的主观感情，包括急促与舒缓、强调与委婉、惊异与慊意、张扬与收抑、偏执与宽容、亲昵与蔑视、提醒与解释等所谓"主观情态范畴"内容；"态"表示说话人对所述命题的态度，包括"真值情态""道义情态"和"意愿情态"等所谓"客观情态范畴"内容，并认为这些属于狭义的"传信范畴"，重在信息来源与说话人客观真实性概念之间的关系。随后，温锁林（2013）对之前的看法作出了调整，将"情态"中"情"的部分称为"认识情态"，对应于现在所说的某些情态类型；而"态"的部分称为"表现情态"，对应于口气，并进一步讨论了影响情态表达的诸多因素。温文也是试图将"情态"与"语气"作出区分，认为不能将二者混同而谈，这种观点是合理的。

从语气角度界定情态是汉语情态研究中的较早尝试。虽然学界最终将"情态"和"语气"区分开，明确了"语气"是作为"情态"的表达手段，而并非从属或等同于"情态"，但针对到底何为情态，以及情态涉及的范围到底有多大，这样的基本问题还是没有得出一致性的结论。

2. 从情态助动词角度展开研究

除了语气之外，通过情态助动词考察汉语情态体系也是一个非常重要的切入视角。

朱冠明（2003，2005）将汉语情态助动词置于西方情态框架基础上

---

① 温锁林（2001）将 Modality 称为"口气"，在多处表述中合称为"口气情态"。

进行了归类，认为同英语情态助动词一样，汉语情态助动词也有多义的表达方式。他以汉语单音情态助动词为考察对象，依靠认知语言学中的"隐喻、转喻和推论"相关理论对其多义性进行了解释。在随后的考察中，他以帕尔默的情态框架为参照，同时结合汉语情态助动词的自身特色尝试拟构汉语情态体系。朱文的情态体系设置了"类型"和"程度"两个维度。"类型"包括"知识情态""道义情态"和"动力情态"，其中"道义情态"下分"该允"和"估价"，"动力情态"又下分"主语指向"和"中性（条件）"。"程度"表现为从"可能性"到"或然性"再到"必然性"程度的递增。朱文对情态的相关认定主要是在借鉴莱昂斯思想的基础之上又做出了进一步的自我发展，深入探讨了汉语的情态问题。

彭利贞（2007）在借鉴帕尔默的情态界定与框架体系的基础之上，以汉语情态助动词（文中称"情态动词"）为研究对象展开对汉语情态系统的构建，认为汉语情态系统包括"认识情态""道义情态"和"动力情态"（其下又包括能力型、意愿型和勇气型）共三个大类。其中"认识情态"分为"［必然］""［盖然］""［可能］"；"道义情态"分为"［必要］""［义务］""［许可］"；"动力情态"包括"［能力］""［意愿］""［勇气］"。从意义表达上看，汉语情态助动词的多义观使得其可分别归入不同的情态类型之中。彭文对汉语情态的研究主要是基于莱昂斯与帕尔默的观点，涉及的内容也非常广泛，构建的汉语情态体系当前也多被采用，尤其是将"情态"与"情状""体"等相关范畴，以及不同类型情态放在一起展开探讨，揭示了它们彼此之间的相互作用与机制问题，启发很大。

3. 对情态范畴自身特点的深入研究

除了从表达方式推进情态研究之外，还有学者尝试就情态范畴自身特点出发进行研究以深化对情态的认识。张楚楚（2012）区分了"情态"与"非情态"，认为二者是彼此依存并相互补充的语义—语法范畴，构成了一个由非现实到现实的"语义连续统"。文章对"否定非情态论"从客观情态和主观情态两个方面提出疑问，认为所谓的客观情态只不过是主观语义范畴内相对客观的情态意义，与非情态直白陈述相比，即使是客观情态也是主观的。从主观情态来看，之所以当前对情态的认识模糊，是因为人们过于注重其"主观性"特征而忽视了其"非现实性"特征，相比之下，"非现实性"才是情态更为重要的基本特征。该文还探讨了"情态"与"非情态"之间的界限，除了对"否定非情态论"作了深入批判之外，其最大的贡献在于提升了情态"非现实性"特征的地位，进而也明确了在把握情态时应遵循的尺度。

4. 有关"广义情态"的观点

就情态的范围来看，国内也有学者提出了较为宽泛的"广义情态"维度。马清华（2017，2018）基于认定情态是句子除命题之外的一切成分而构建了广义情态系统。该系统除了包含传统情态范畴之外，还包括"语气、口气、时、体、貌、否定"等诸多成分。针对情态的范围问题，一直以来不同的学者都持不同的看法，但相比之下，"广义情态"体系设定了国内情态范围研究中最为宽泛的格局，其中的内容已经涉及语言的诸多意义领域并跨越了语言的多个层面。在该体系中，将传统所讨论的"能愿范畴"称为"狭义情态"也仅作为该广义系统的一个次类，这种处理方式或许可以理解为其对情态的范围众说纷纭难以统一的一次尝试性地调和。

5. 崭新的研究趋势

自 21 世纪后尤其是近十年来，越来越多的人开始借助西方不同语言学流派的新理论从不同角度展开情态研究。比如，基于"形式句法学"的研究，如崔靖靖（2015）、胡波（2016）等；基于"认知语言学"的研究，如李丛禾（2008）、杨丽梅（2015）、曾婷（2017）等；基于"功能语言学"的研究，如魏在江（2008）、封宗信（2011）、张征和刘世铸（2016）、Yang（2021）等；以及从构式角度研究情态，如姜其文（2018）等。研究样本也更加丰富，如限定某一种文体，或是限定在特定语篇或特定文本中讨论其中的情态问题，如孟悦和张绍杰（2010）、季红琴（2011）、蒋婷和金雯（2012）、徐中意（2017）等。研究的内容也不再局限于情态系统和情态特征，还包括情态和情态词的"语法化"问题，如邵斌和王文斌（2012）、王继红和陈前瑞（2015）、何霜（2018）等；还有儿童语言情态习得问题，如杨贝和董燕萍

(2013，2014)、张云秋和李若凡（2017）等；还有在二语习得中，尤其是对外汉语教学中的情态问题，如章柏成和黄健平（2012）、张全生（2014）等。当前，情态的研究热潮已经渗透到很多领域的很多方面，并且得到越来越多的学者的热情关注。此外，国内情态研究也表现出逐步扩大的研究趋势，表现为与"主观性"和"非现实性"有关的范畴也被纳入讨论，如邵敬敏和王玲玲（2016）对"反预期"情态的研究；杨曙和常晨光（2012）对"评价"情态的研究等。最后，语用层面的研究也出现了新进展，如余光武（2017）从语用角度探讨情态词的多义性；赵彧（2018）探讨了表情态结构发挥的语用功能问题等。

第二节 情态核心问题梳理

纵观中外情态的研究历程，所涉内容最终都可以归结为五个基本核心问题：对情态概念的界定、对情态范围的把握、对情态体系的构建、对情态类别的划分、对情态性质的判定。

一 对情态概念的界定

从前期研究可以看出，当前学界对情态的界定有宽有窄。从窄的角度看，比如，以凯夫尔为代表的从"模态"角度来界定情态，认为情态表达的是对一个命题在"可能世界"中是否为"真"情况的判定，仅涉及"可能性"和"必然性"等概念。从宽的角度看，如以巴利为代表的从"语气"角度来界定情态，认为情态表达的是一切的人的主观态度，句句皆有情态。我们以为这两种看法都值得商榷。如果认为情态仅是在探讨命题为真的"可能性"和"必然性"，那么情态也就过于简单了，也不至于长久以来人们争论不休直到现在仍存在巨大分歧。况且，自然语言是复杂的，很多时候说出的话语并不直接表示一个命题，进而根本不能判定其真值。此外，诸如"必须""许可""能力"和"意愿"等意义又该作何处理也将会成为一个难题。但如果认为情态就是人所表达的一切主观态度，那么情态的范围又会太过宽泛以至于无从限定。其实当前大多数学者还是持较为中性的看法，虽然彼此在限定上还存在分歧，其中较为主流的观点仍是采用帕尔默的看法。比如在国外学者中有拜比，他曾直言自己采用了莱昂斯和帕尔默的观点，以及以拜比的观点为基础展开进一步研究的范德奥维拉、普莱斯金、诺泽等，还有受到帕尔默影响的汉格威尔德等也都是如此；在国内学者中有鲁川、朱冠明、彭利贞、张楚楚等，他们也都是在采用帕尔默的观点的基础上来展开情态研究的。相比之下，帕尔默的情态界定当前仍占主流地位而被更多人所采用。

二 对情态范围的把握

由于对情态概念的界定不统一，受其影响，当前人们对情态范围的把握也呈现出多样的层次，总体可以概括为三种不同的研究维度。

模态逻辑维度。该维度诞生于"情态源于模态"的界定。部分学者如凯夫尔（1988）、克利策（1991）等认为二者本质相同，将情态限定在分析句义中与"可能"和"必然"相关的逻辑意义范围内，认为其是一个逻辑语义概念。

语法语义维度。莱昂斯（1977）认为，情态指一个句子表达命题之外的修饰限定成分。因此，除了"可能"和"必然"外，也有学者不同程度地将"意志""情感""评价""否定""时""体"等范畴纳入情态讨论，认为其是一个语法—语义概念。居于该研究维度的学者众多，看法也最具分歧，其中较为极致的看法是巴利（1942）和菲尔莫（Fillmore，1968）坚持的情态泛化观，认为"句句皆有情态"。

模态、语法语义兼言语行为的综合维度。还有学者认为，除上述外，情态还表达"说话者通过说出一个命题正在做某事"，进而将"指令"和"承诺"等言语行为也纳入情态讨论，帕尔默（1986，2001）是其中的典型代表。

就以上三重维度来看，完全基于模态逻辑研究自然语言的情态语义问题似乎有些过于狭窄。帕尔默曾提到虽然情态源于模态，但二者的关注角度仍有区别。"逻辑学家根据真值表来探讨不同的 modality（模态）范畴的形式结构，而语言学家的主要目的却是简单地考察语言中能清楚地识别到的 modality（情态）种类和表现这些情态种类的系统。"（Palmer, 1979：6）语言意义是复杂的，单就情态义来说，诸如"应当""允许"的语义分析只从逻辑角度基于命题真值的判断出发实在难以解释。相比之下，后两个维度具备更强的解释力，尤其是语用视角的提出，将情态引入语用领域并进行探讨，进一步扩大了情态的研究视野。

三 对情态体系的构建

当前存在两个主流的情态体系构建思路，一个是帕尔默所依据的"促成条件因素"，一个是拜比所依据的"取向"角度。这两种体系在国内外均影响很大，虽然后来也有不少学者尝试拟构出新的体系，但基本是在二者之上的适当性改造。在本书研究中，我们将主要采纳帕尔默的体系而不选取拜比的体系，原因在于拜比的体系是因研究情态"语法化"问题而构建的，其类型设置是为了便于对情态语法化脉络的考察需要。比如从"施事者取向"视角到"言者取向"视角，再到最终不考虑任何视角的"认识"的演变，"施事者"的逐渐淡出伴随着"主观性"程度的逐步增大，这正是语法化的重要特征。这种体系虽然便于语法化讨论，但似乎不便于对每一种情态类型的本质属性或特征做到清晰地把握。比如"义务情态"因"取向角度"的不同而被分割在了"施事取向""言者取向"和"从属类"三大类之中，但从本质上看，它们归根结底还是由"义务"条件因素引起的。此外，对依托"语气"而构建的"从属类"的设置当前也存在争议。基于我们的研究目的，采纳帕尔默的构建体系思路就更为方便。如果情态意义有某种共同的特点，那么类别的区分自然也就在于可以促成这种意义的条件因素是不同的。帕尔默从"认识""证据""义务"和"动力"等方面归纳了这些"促成条件因素"，这样的划分方式使得情态的类别区分可以更为直观明朗。

四 对情态类别的划分

依据帕尔默的划分思路，情态首先被分为"命题"和"事件"两大类。这种划分我们以为最早源于他对"认识情态"与"义务情态"在言语行为区别上的认识。帕尔默（2001：7-8）曾分别针对两种情态给出举例："Kate may be at home now.（凯特现在可能在家）"和"Kate may come in now.（凯特现在可以进来了）"并指出："前者与说话者对命题的判定有关，后者与说话者对某个潜在的将来事件的态度有关。"帕尔默认为义务情态在言语行为上就是在发布指令，所以如果从言语行为角度看上述两句话，认识情态表现为"做出断言"，发话者所说的话可以视为对一个命题"Kate at home now"做出真值情况的判定，但义务情态却是在"给予许可"，这就导致了这句话自身并无真值可辨。进一步的佐证便是，帕尔默将认识情态的例句解释为"It is possible that Kate at home now."句中的"that"表现对命题"Kate at home now"真值情况的判定；而对义务情态的例句如果也用"possible"来解释，则只能是"It is possible for Kate to come in now."由于"给予许可"无法讨论真值，所以只能是对事件"Kate come in now"在最终发生情况上做出判定，因此也只能用"for"来表达。而将动力情态纳入事件情态也是因为动力情态表现出的一些特征与认识情态相去较远而与义务情态相近。比如从"John can speak English."（约翰会说英语）这个例句看，动力情态体现出"事件主体取向"（"事件主体"即句子的"主语"），这与认识情态所表现的"发话者取向"不同，并且也不能体现发话者在主观上对命题"John speak English"做出"可能为真"或"必然为真"的判断。所以，帕尔默区分"命题"和"事件"两大类情态主要是基于言语行为上的考虑，一方可以被视为从主观上对一个命题的真值在"可能性"或"必然性"之上展开判定，而另一方根本就不具备真值而无从判定。不过，如果将命题所述内容也视为一个事件的话，判定一个命题为真和判定一个事件为真并没有什么不同。帕尔默（2001：1）自己也曾提出："（认识）情态涉及命题所描述的事件的状态。"所以，我们在后续讨论中将不过分注重命题与事件的区分，而将它们一并作为"事件"来处理，在后面我们也将会对情态中的"事件"概念进行界定。

五　对情态性质的判定

当前认为"情态"是一个语义概念（或语法—语义概念）[①] 的学者众多，并且他们也都认同情态意义可以基于不同且具体的语言形式从语义层面上来直接表达。其中，观点较为明显的比如凯夫尔和克利策，认为情态就是讨论命题真值"可能"与"必然"的逻辑语义概念；再如伯特纳、鲁川，以及张楚楚等就明确提出过情态是"语义概念"的说法；还比如从彭利贞对情态意义表达方式的阐述上看，认为各类别情态意义也均是通过情态动词的词义表达的，从这一点上也可以看出情态具备语义性质。不过我们发现，在某些情况下，情态意义的表达从表面上看虽然是具体的语言形式（比如情态助动词）在起作用，但其中却也包含了诸多语用因素，并且依赖语用含义来表达。若情况如此，则"情态"不仅是语义的概念，同时也应是语用的概念。对情态性质的认识至关重要，若认识不清则很容易会误导对情态其他基本方面的相关认识。与此同时，该问题也还关系到人们对情态在语言不同层面上的把握，直接影响到学人们的研究格局和研究视野。鉴于此，我们在后续也将以情态多重性质的表达为切入点，展开对相关问题的探索。

第三节　与"情态"有关的重要概念

"情态"是发话者所表达的个人观点或态度，而这种观点或态度体现的具体意义内容即情态意义，它是复杂的，这一点通过帕尔默对"情态"的界定性表述就可以反观一二。帕尔默最终是将"情态"界定为"发话者主观态度的语法化"，具备"主观性"和"非现实性"的基本属性，这一界定看似简单，可把握起来却难度很大，因为这是基于他整体思想的概括，并且其中也涉及对有关术语内涵的掌握，仅从字面释读会很容易出现认识偏差。其实，给出如此界定也正是因为帕尔默意识到

[①] 也有学者认为"情态"是一个"语法—语义"概念，因为除了借用情态助动词和情态副词等非语法手段可以从语义上表达情态之外，某些语法手段如语气词等也能表达情态。

了情态意义的复杂性，由于它涉及了诸多类别的意义内容，且它们彼此之间又各具特点，因此难以简明且清晰地进行概括。请看以下三组例句，它们表达的都是情态意义：

第一组：
(1) 他昨天动的身，现在也<u>应该</u>到了。
(2) 这是亚麻线，<u>应该</u>比较结实。
(3) 满天的星星，哪<u>能</u>下雨？
(4) 她一个女人，<u>能</u>去那种地方吗？

第二组：
(5) 学习<u>应该</u>认真；遇事<u>应该</u>冷静。
(6) 借了东西就<u>应该</u>归还。
(7) 事儿办清了，现在你<u>能</u>走了。
(8) 公园里的花不<u>能</u>随便摘。

第三组：
(9) 小王<u>能</u>说一口流利的英语。
(10) 因为缺教员，现在还不<u>能</u>开课。
(11) 他<u>要</u>学游泳。
(12) 我有话<u>要</u>对她讲。

在上述例句中，虽然各个组别表达的具体意义内容彼此之间都不太相同，但它们都是情态意义。第一组例句表达的意义内容是关于某人在对某事件呈现的情景做出主观性的推测，或是推测该事件必然会怎样，或是推测该事件有可能会怎样。如例（1）是发话者在主观推测"他现在到了"是必然如此的事件情景；例（2）是在主观推测"亚麻线比较结实"是一种必然如此的情况；例（3）是在主观推测"天下雨"这是不可能会发生的事件情景；例（4）是在主观推测"她作为一个女人，去那种地方"这是不可能的。而与其不同的是，第二组例句表达的意义内容与某人认定一个事件理所应当呈现怎样的情景，又或者允许呈现怎样的情景有关。如例（5）是发话者认定"在学习时保持认真的态度"以及"遇到事情时保持冷静的态度",这些都是理所应当要做到的事;例(6)是发话者认定"借了东西就要还"这也是理当如此的情况;例(7)是发话者认定"现在你离开"是被允许发生的事;例(8)则是发话者认定"随便摘公园里的花"是不被允许发生的事。但第三组又与前两组不同,该组例句表达的意义内容均与句中的事件主体自身所具备的某样属性有很大关联,表达的是发话者认为某人有能力去做出某件事(或有能力让某件事发生),或者有打算去做出某事件(或有打算让某件事发生)。如例(9)表达的是发话者认为"小王"有能力去做出"说一口流利的英语";例(10)是认为"学校"暂时还没有能力开课;例(11)表达的是发话者认定"他"有打算去学游泳;例(12)则是表达发话者自己有打算对某个人("她")去讲某些话。

以上这三组例句已经涉及了多样类别的情态意义,但由于其具体意义内容上的差异使得我们难以从整体上进行简练且清晰地统述概括。可尽管如此,在这些不同的情态意义中也能找到相同的特点和属性。比如总的来看,它们都表达的是发话者个人的"主观性"看法或态度,并且这种主观看法或态度的针对对象是一个具备"非现实性"的"事件"情景。因此,若要把握情态意义,首先就需要把握关键概念。"事件""主观性"和"非现实性"是情态范畴中的重要概念,而合理释读它们的内涵将有助于更好地理解何为情态。

其实并非仅是在情态研究中,即便在整个语言学领域里,"事件"(event)、"主观性"(subjectivity)和"非现实性"(irrealis)也都是非常重要的概念。但由于不同的学者或是基于不同的语言学流派,又或是基于不同的语言学理论出发,对这些术语的界定也有宽窄或角度的不同,在情态研究中该如何把握上述概念是理解何为情态的关键所在。

一 情态中的"事件"

帕尔默(2001)将情态分为"命题"和"事件"两个大类,前文也提到了这种区分主要是出于他从言语行为角度对情态特点的考虑。①不过，帕尔默（2001：1）自己也曾将作为命题情态类下位的认识情态解释为"对命题所描述事件的状态的讨论"。我们以为，判定一个命题为真与认定一个事件为真实则并没有什么不同，因此不再刻意区分"命题"和"事件"的二分，而均从事件的角度分析情态意义，但这就需要明确在情态范畴中应该如何把握"事件"（event）这一概念。

学界对"事件"的界定有以下几种，但它们并不太一致。

莱昂斯（1995：324）认为："事件（event）为一个方面，状态（states）、过程（processes）、活动（activities）等为另一个方面。事件（理想地看）好比数学上对'点'的界定，它有位置，但（理想地看）没有大小；它们在时间上发生（或占据位置），但它们并不在时间上延伸"，"当然，在物理世界中并没有理想的事件：一道闪电，或一下叩门，甚至'砰'的一声巨响，从客观上看都具有时间上的延伸性（或时空性），但是作为一种真实事情的情状，虽然具有时间上的延伸性（即持续性），却是可以在主观上被感知为瞬时的（即事件）"。

利奇（Leech，汉译本，1987：443-444）将"事件"与"状态""过程"和"行动"等相并列，并（汉译本，1987：448）将"事件"解释为："事件发生在特定的时间和空间，而且是看得见和感觉得到的事物。"他还举例"I saw the bus/robbery on 42nd street."（我看到了第42街的那辆公共汽车/那次抢劫。）认为例句表示了两个事件："saw"和"robbery"。

萨伊德（Saeed，2003：117-120）将情状类型（situation type）分为静态情状（static situation）和动态情状（dynamic situation），前者指"状态"（states），后者又分为"事件"（events）和"过程"（processes），并指出："在事件中，说话人把这种情状视为一个整体。"他对"事件"的举例为"The mine blew up."（地雷爆炸了。）

同萨伊德一样，杰斯泽佐尔特（Jaszczolt，2004：253）认为：（情

---

① 比如依据帕尔默的看法，义务情态体现的发布"指令"与给予"承诺"，本身并无真假可辨。例如"你应该把车停在停车场"，这句话并非是对命题真值的判定，而仅是在祈使一个事件的发生。

状）类型涉及在状态和动态情状之间的区分，后者又被分为"事件"和"过程"。这三个范畴的名称是自明的："事件和过程包括活动，而状态不包括活动。此外，过程是这样一种活动，与其说它强调的是结果，不如说强调的是'做某事'。在事件中，情状作为一个整体得到表现，而在过程中，情状的内在结构是重要的。"

从以上界定可以看出，"事件"被视为情状类型当中的一类，与"状态"和"过程"等相对。莱昂斯和利奇强调了"事件"这种情状具备［时空性］、［瞬时性］和［可感知性］特征；而萨伊德和杰斯泽佐尔特强调了"事件"具备［整体性］特征。不过也有学者持不同看法。

塔尔米（Talmy, 2000b: 431-432）认为"事件"是一个实体类型（a type of entity），它包括了一个时间上的连续序列："事件可以是'活动的'（active），这时事件表现一个过程（process）或者活动（activity），也可以是'静态的'（static），这时事件表现一个情况（situation）或者环境（circumstance）。"从塔尔米的界定看，"事件"被视为一个实体，该实体在情状的表现上可以包括"状态""过程"和"活动"等所有的情状类型。

从以上几种界定可以看出，语言学领域对"事件"的看法也有宽与窄的不同角度。从窄的角度上讲，"事件"仅表现为情状中"状态"和"过程"之外的那部分类型。从宽的角度上讲，"事件"是可体现所有情状类型的事件实体。

帕尔默（1979）曾引用朱斯（Joos, 1964）的观点对情态范畴中讨论的"事件"进行过阐述，通过其阐述可以推知，情态范畴中的"事件"应该采用上述"宽"的界定。帕尔默（1979: 34）说道："作为一个专门的关键术语，它（即'事件'，event）代表的是基于动词（verb-bases）所指向的一系列事情，因此或许是关系（relations）［比如'像'等］，可以是状态（states）［比如'担心；感觉冷'］，也可以是行为（deeds）［展示］等。"帕尔默将"事件"限定在"基于动词所指向的一系列事情"之上，也举例了涉及的几种不同意义类的动词，表示"关系""状态"和"行为"的这些意义类动词所指向的"一系列事情"可以涵盖所有情状类型。其实不难发现，在情态范畴中谈论的"事件"也确实是如此，若依据万德勒（Vendler, 1967）的情状分类，情态表达中所涉事件也均可以体现"活动"（activities）、"渐成"（accomplishments）、"瞬成"（achievements）和"状态"（states）四类情状。我们以情态助动词"应该"的使用为例，比如：

（13）他应该在跑步。　　　　　　　　（活动）
（14）他应该就要爬到山顶了。　　　　（渐成）
（15）你听，应该是谁在敲门。　　　　（瞬成）
（16）画应该就挂在他的家里。　　　　（状态）

综上，情态中讨论的"事件"应该作宽泛的解读，指的是"基于动词所指向的一系列事情"，可以体现所有的情状类型。

二　情态的"主观性"

学界对"主观性"（subjectivity）的界定也有不同的看法，区别在于界定角度。

传统角度是从与意义的客观主义理论的对立面来看待"主观性"的。比如莱昂斯（1977：739）认为："主观性是发话者在说出话语的同时表达出来的附加于该话语之上的评价和针对所说内容的态度，它是理解情态的重要概念"；莱昂斯（1982：102）又指出："语言中的主观性用以指语言的这一特性：自然语言在其结构及常规运作方式中，为言语主体提供了表达自我及其态度、信念的手段。"莱昂斯的"主观性"是针对当时经典真值语义学无法处理句子表达客观命题之外的意义内容所提出的重要概念，但他也并不认为"主观性"在语言中无处不在，主张区分"主观话语"和"客观话语"，前者涉及说话者的"自我"表达，是"主观性"的；后者涉及一组可交流的命题，是"客观性"的。此外，董秀芳（2016：568）也提出："主观性表达比较侧重于反映说话者的个人态度与评价，与客观性表达的对立非常明显。"陈禹（2019：40）也指出，"一旦涉及到评价，说话人的态度、观点与情绪彰显出来，就不可能保证公正中立"，并进而认为客观性表达就是说话者使用语言手段"不会增加句子的评价意义"。以上这种看法实际上也是坚持了话语既可以有"客观性"表达也可以有"主观性"表达的区分,前者可以理解为对自己认定的客观事实进行命题性直陈,句子可判定真值,中间不掺杂言者的观点和态度等意义内容,而后者则以体现个人的主观态度与评价为主。

此外,也有学者从识解角度来看待"主观性"。在认知语言学中,兰盖克(Langacker, 1985:21)认为:"主观性—客观性体现的是感知情景中的观察主体与观察对象的不对称性。当某一实体充当情景中的观察者,而完全意识不到自身的存在时,即可视为带有主观性。而当该实体仅仅充当情景中的观察对象时,即可视为带有客观性。"兰盖克(2000:297)进一步指出:"当一个实体作为概念化的焦点被置于台上区域时,对它的识解是客观的……截然相反的是,当一个处于台下区域的概念主体作用仅是形成概念化,其本身不受注意时,对它的识解是主观的……这样定义的话,主观性/客观性是立场的问题和在观察关系中的角色问题。"从这种界定来看,"主观性"和"客观性"是识解的两个方面,指一个实体是否处于台上区域。若处于则识解就是客观性的,若不处于则识解就是主观性的。例如"他向我走过来了"和"他走过来了",两句话表达了相同的客观情景,但前者中"他"和"我"都是被置于台上的观察对象,对其识解具有客观性;而后者中"他"被置于台上,对其识解是客观的,发话者"我"未被置于台上,其识解是主观的,也因此后一句比前一句更具主观性。

由此可见,传统角度和认知角度对"主观性"的看法有很大不同。传统角度的"主观性"指人在对一个客观命题展开描述时所表达出来的针对该命题的个人看法或评价等态度;而认知角度的"主观性"则表现了人在对某一事物展开识解时所持有的一种主观自我意识状态。考虑到莱昂斯和帕尔默对"情态"的界定性表述,在情态研究中对这一概念的把握应采取传统角度进行释读更为合适,"情态"与"非情态"的对立在一定程度上也体现为"主观性表达"与"客观性表达"的对立,也就是当发话者仅是在对一个事件情景进行命题性直陈而并没有表达言者个人的主观看法,此时是客观性表达,没有表达情态意义;而如果表达了情态意义，则一定是表达出了言者个人的主观看法，此时即为主观性表达。

另外，值得一提的是，作为情态的基本属性之一，"主观性"要求了情态所表达的意义内容都须是"言者态度"，而客观实际情况到底如何则与情态无关。比如在讨论认识情态时，不少学者都曾用到"必然性"这个术语，但这或许也是有问题的，因为"必然性"本身就是具备客观性的"真势模态"概念。比如说某个命题"必然为真"，指的是该命题在所有"可能世界"中都为真，那么就可以将该命题理解为是客观上永真的，但这就与发话者仅是做出主观性的言者推测相矛盾了，因为假使实际情况可能并不为真，但这仍然不妨碍发话者从主观上推测"情况必然如此"。所以在情态中讨论的"必然性"一定是被限定在"主观性"之下的一种"主观估计必然"，而非模态的"逻辑必然"。

三 情态的"非现实性"

只依靠"主观性"来限定情态是远远不够的。虽然情态表达的是言者的主观态度，但并非一切的主观态度，这也是莱昂斯和帕尔默提出"非现实性"以做出进一步限定的原因。莱昂斯（1977）和帕尔默（2001）都提到情态具备"非现实性"（irrealis）[①]，情态意义是具备"非现实性"特点的意义，并且"情态"与"非情态"的区别也同时表现为"非现实性"与"现实性"的区别，这些在当前业已成为共识。不过虽然也有不少学者都曾对"非现实性"进行界定，但把握这一概念却仍有难度，因为当前学界对其释读也并不统一。请看以下几种界定：

莱昂斯（1977：790）在谈及情态范畴时曾有过这样一段描述，可以看作他对"非现实性"的一种理解："我们可以执行一个由现实世界（real word）到想象世界（imaginary word）的跨世界（trans-word）的心理过程。我们可以在梦中辨认我们自己或他人；我们可以创造关于真实存在的人的假想的情景，然后正像我们谈论那些实际上正在发生或已经

[①] 虽然在综述中提到莱昂斯（1977）用的是"非事实性"（non-factual）这个术语，但从它的表述上看表达的是"非现实性"（irrealis）的意义内涵。本节也将对这两组概念的对应关系作出解释。

发生的事件情景那样来谈论这些假想情景。"概括地说，莱昂斯认定的"非现实性"就是"对一个想象的事件情景进行谈论"。而与莱昂斯仅是单方面界定"非现实性"所不同，其他学者多是将"非现实性"与"现实性"放在一起作对比界定。

科姆里（Comrie，1985：45）认为："很多语言都有一种基于情态上的区分而分出现实性（realis）和非现实性（irrealis），其中现实性指的是某种已经真实发生过或正在真实发生的情景，而非现实性指的是假想的情景，这些情景包括一般化的归纳，以及对未来的预测等。"可以看出，科姆里似乎倾向于从时间角度看待"现实性"和"非现实性"。"已经真实发生过的事件情景"就是处于"过去时间"上的事件情景，而"正在真实发生的情景"也就是处于当下"现在时间"之上的事件情景，它们都是"客观事实"或者说是"事实性"（factual）的事件情景，所以可推知科姆里将"现实性"等同于"事实性"；而他将"非现实性"解释为"假想的情景，这些情景包括一般化的归纳和对将来的预测"，这又是从人的"主观性"并基于"将来时间"之上给出的界定，因为处于"将来时间"的事件情景并非客观事实，所以也只能通过主观的"想象"来感知。可见，科姆里主张从时间角度看待这对概念，立足于过去和现在时间从客观事实角度界定"现实性"并将它等同于"事实性"，又立足于将来时间从人的主观性角度界定"非现实性"，并认为它指的是对将来发生的事件情景展开想象。

不过，也有学者与科姆里的界定不太相同。比如切夫（Chafe，1995：350）对二者的界定为："现实性（realis）指的是通过感知（perception）观察到的已经成为事实的客观事实；而非现实性（irrealis）是通过想象构建出来的主观想法。"可见，切夫比科姆里更近了一步。他对"现实性"的界定不仅立足于"客观事实"视角，同时还立足于人的主观视角，即不仅要求是"已经成为事实的客观事实"（这在时间上既包括"过去"也包括"现在"），还必须得是人在主观上直接"通过感知观察到"才行，这就从客观和主观两个方面界定了"现实性"，可理解为"人能直接感知观察到的那些客观事实"；而对"非现实性"的界定，虽然立足于主观视角，但也已经不仅限于"将来时间"之上，而是处于所有绝对时间之上,即无论是处于"过去""现在"还是"将来",且无论事件是真实发生了,还是没有发生或还未发生,只要个人对该事件情景展开想象,即体现了"非现实性"。

《现代语言学词典》以及米森（Mithun）也对这对概念作出了界定,二者的看法也都与切夫大体一致。《现代语言学词典》（2000：297）认为,现实性（realis）与非现实性（irealis）用于认识情态的研究,对其解释为:"在现实（realis）断言中,一个命题被强断定为真,说话人随时能用证据或论据来支持这一断言。与之对立的是非现实（irrealis）断言,命题只是弱断定为真,说话人不准备提供证据来支持这一断言。现实动词形式包括过去时（X did Y 'X 做了 Y'）;非现实动词形式包括某些情态动词（X may do Y 'X 可能做 Y'）。"此外,米森（1999：173）提出:"现实性（realis）是描述真实的,已经发生或正在发生的,可以通过观察而获知的那些情景;非现实性（irrealis）描述的是存在于纯想象领域（realm of thought）中的,仅可通过想象而获知的情景。"而这也是帕尔默（2001：1）在情态讨论中所直接引用的界定表述。

与切夫一样,以上二者也都是同时立足于主观和客观两个角度以界定"现实性"。词典中的"一个命题被强断定为真"指的就是把一个命题所描述的事件情景视为已经发生的真实情境,而"说话人随时能用证据来支持"这就凸显出了主观视角,说明该真实情境同时必须得是个人直接感知观察的（如若不然,说话人也就不能随时可以用证据来支持）。同样的,米森也是如此。而界定"非现实性"时,词典特意强调了其与"现实性"是对立的概念,所谓"命题只是弱断定为真,说话人不准备提供证据来支持这一断言",这说明说话人自己实际上也并不确定命题所述事件有没有真实的发生或发生过（虽然实际上它可以在过去和现在真实发生,也可以在过去、现在没有发生,或是在将来才会发生）,说话者拿不出证据直接支持,因此只能弱断定（也就是对事件情景展开主观上的想象）。同样的,米森也是如此。若将以上界定整理后可见下表（参见表1-2）:

表 1 – 2　　　　　　对"现实性"与"非现实性"的界定

	现实性	非现实性
莱昂斯	（无）	主观：对事件情景的想象
科姆里	客观：事实性 （事件所处时间为过去、现在）	主观：对事件情景的想象 （事件所处时间是在将来，也就是该事件目前还未发生）
切夫 《现代语言学词典》 米森	客观：事实性 （事件所处时间为过去、现在） 主观：人直接感知观察到的	主观：对事件情景的想象 （事件所处时间为任何绝对时间之上，且无论是发生了的"事实性"事件，还是没发生的"非事实性"事件）

鉴于帕尔默引用米森（1999）的界定来讨论情态"非现实性"，且该界定也符合大众认可，因此我们认为在情态研究中采用最后一种释读更为合理。

四　情态是统合于三重概念之上的表达

在释读了重要概念之后可以发现，情态本身就可以被视为一种针对"非现实性"的"事件"情景的"主观性"态度表达。我们可以将"非现实性"的事件情景细化为以下五种具体情况，发话者均可以对其阐发个人主观态度，从而表达出情态意义：

情况1. 事实上已经发生或正在发生的事件情景，发话者虽然能直接感知，但仍不妨碍再次通过想象来感知这一情景，或是通过假想其另外一种事件情景，并借此表达个人主观态度。例如：

（17）甲：你看，他现在学习多认真啊！
　　　乙：学习就<u>应该</u>认真。
（18）甲：小王昨天不<u>应该</u>来的。
　　　乙：是啊，你看他昨天惹了多大的麻烦。

情况2. 事实上已经发生或正在发生的事件情景，但是发话者没有直接感知到，因此可以通过想象来感知，以此表达个人主观态度。比如：

(19) 甲：小王昨天可能来过。/ 小王昨天应该来的。
　　 乙：你不知道么？他确实昨天来过的啊。

情况3. 实际上（在过去、现在都）没有发生的事件情景，发话者也确知事件未发生过或未正在发生，因此也就自然没有机会直接感知这个事件，但还是可以想象它呈现的情景，并借此表达个人主观态度。比如：

(20) 甲：小王昨天应该来的。
　　 乙：是啊，可你我也都知道他到底还是没来。

情况4. 实际上（在过去、现在都）没有发生的事件情景，且发话者也不确知事件没有发生，这种情况下发话者同样也是不能对其直接感知的，但可以想象它呈现的情景，并借此表达个人主观态度。比如：

(21) 甲：小王可能昨天来过。
　　 乙：你不知道吗？他昨天没来。

情况5. 还未发生的事件情景（即"将来事件"）也是不能直接被感知到的事件情景，因此可以对其通过想象来感知，并借此表达个人主观态度。比如：

(22) 小王会去一趟图书馆的。
(23) 小王得去一趟图书馆。
(24) 小王腿伤已经好了，能去一趟图书馆。

在以上几种涉及"非现实性"的情况中，发话者均可以采用情态的表达方式（包括情态助动词和情态副词）来表达个人针对某个被置于想象或思维领域中的非现实"事件"情景的"主观性"看法或态度。可见，情态意义的表达实则统括于这三种概念之上。

第四节　情态的语义特点与内涵界定

在把握了关键概念之后便可以回到开始的问题，即对到底何为情态展开分析归纳。虽然不同的情态类型体现的意义内容彼此各不相同，但它们之所以都被认定为是情态意义也正是因为其具备相同的特点。这里以帕尔默经典体系中所涉类型"认识情态""义务情态"和"动力情态"（下设"能力型"和"意愿型"）为例，对其各自表达的情态意义进行语义要素的分解，从中找到内部共性。

首先是认识情态（epistemic modality），其体现的具体意义内容为：发话者依据个人的相关认识因素从主观上估计某事件必然呈现某种情景，或有可能呈现某种情景。例如：

（25）他昨天动身的，今天<u>应该</u>到了。
（26）风和日丽，哪<u>能</u>下雨？

以上两个例句分别涉及一个想象的非现实性事件情景，即例（25）的"他今天到了"和例（26）的"天下雨"。此外，发话者对这两个假想的事件情景表达的言者主观态度分别是"应该如此"（即"估计必然如此"）和"不可能如此"，而之所以会产生这样的言者看法，分别是因为在例（25）中发话者考虑到现实情况中的两地距离和基于"他"行程所需时间上的常识性推算，以及在例（26）中考虑到"风和日丽的天气一般是不会下雨的"主观经验。这些内容都是储存于发话者头脑中的"认识"因素，属于对客观世界的认知性内容。基于此，可将认识情态意义分解为如下若干语义要素：

[言者主观看法]
语义要素：［想象的事件情景］、　［认识因素］、　［估计必然如此］或［估计可能如此］
　　　　　（他今天到了）　（行程路程与所需时间）（应该如此）
　　　　　（天下雨）　（风和日丽的天气通常不会下雨）　　　　（不）（可能如此）

其次是义务情态（deontic modality），其体现的具体意义内容为：发话者依据义务因素认定某事件必须呈现某种情景，或允许呈现某种情景。例如：

(27) 学习<u>应该</u>认真。
(28) 你<u>可以</u>离开了。

在以上两个例句中也都分别涉及一个想象的非现实性事件情景，即例(27)的"学习认真"和例(28)的"你离开"。发话者对这两个想象的事件情景表达的言者主观态度分别是"应该如此"（即"理所应当如此"）和"允许如此"，而之所以会产生这样的看法，在例(27)中是因为基于社会规约的学习态度对学习者所提出的要求，以及在例(28)中则是基于发话者的个人权威。这些都可以赋予执行者具体的"义务"因素去执行某件事。基于此，可将义务情态意义做出如下语义要素的分解：

$$\overbrace{\qquad\qquad\qquad\qquad\qquad\qquad\qquad\qquad}^{\text{[言者主观看法]}}$$
语义要素：[想象的事件情景]、[义务因素]、[必须如此] 或 [允许如此]
　　　　　　（学习认真）　（社会规约）（应该如此）
　　　　　　（你离开）　（发话者个人权威）　　　　（可以如此）

还有动力情态（dynamic modality），其下位又包括"能力型"（ability）和"意愿型"（willingness）两类。其中，能力情态体现的具体意义内容为：发话者依据事件主体自身具备做某事的能力因素而认定某事件有潜在性发生或呈现某种情景。例如：

(29) 小王<u>能</u>一边唱歌一边跳舞。
(30) 红红<u>会</u>弹钢琴。

以上两例句也分别涉及一个想象的非现实性事件情景，在例(29)中是"小王一边唱歌一边跳舞"，例(30)是"红红弹钢琴"。发话者针对这两个事件情景表达的言者主观态度是认定事件主体"能如此"或"知道怎样如此"（即事件主体有能力使事件有机会发生），而产生这种言者态度的依据分别是"小王"自身具备一边唱歌一边跳舞的能力，以及"红红"具备弹钢琴的技能。因此可将能力情态意义分解为如下语义要素：

　　　　　　　　　　　　　　　　　　　　[言者主观看法]
语义要素：[想象的事件情景]、　[能力因素]、　[随时可发生]
　　　　（小王一边唱歌一边跳舞）（小王的能力）（能使之有机会发生）
　　　　　　（红红弹钢琴）　　　（红红的能力）（能使之有机会发生）

　　最后是意愿情态，其体现的具体意义内容为：发话者依据事件主体自身具备做某事的意愿因素而认定某事件有潜在性发生或呈现某种情景。例如：

　　（31）他要学游泳。
　　（32）她肯帮我做这件事。

　　以上两个例句也分别涉及一个想象的非现实性事件情景，即例（31）的"他学游泳"，和例（32）的"她帮我做这件事"。发话者针对这两个事件情景表达的言者主观态度是认定事件主体"打算如此"（即事件主体有打算使事件发生），而产生这种言者态度的依据分别是"他"自身就具备"学游泳"的意愿，以及"她"自身就具备"做这件事"的意愿。因此可将意愿情态意义作如下语义要素的分解：

　　　　　　　　　　　　　　　　　　　　[言者主观看法]
语义要素：[想象的事件情景]、[意愿因素]、　[随时可发生]
　　　　　（他学游泳）　　　（他的意愿）　（打算使之发生）
　　　　（她帮我做这件事）　（她的意愿）　（打算使之发生）

对以上几种主要类型的情态意义进行语义要素的分解可以发现，它们可以被拆分为三个要素部分：它们都包含了一个［想象的事件情景］，并且依据了一定的促成［因素］以促使发话者对这一事件情景阐发出［言者主观看法］。其中，［想象的事件情景］即情态"非现实性"属性的体现，［言者主观看法］即情态"主观性"属性的体现，而［因素］内容是不同的情态类型得以被区分的基本参照，也就是帕尔默所依据的"促成条件因素"。由此可见，尽管情态意义的内容可以有丰富且复杂的表现，但从总体上说，它们都是围绕着一个想象的事件情景所阐发的言者主观看法或态度的体现，只是具体阐发看法或态度的内容以及所凭借的依据因素不同而已。

基于此，我们可做出如下初步概述：情态是发话者围绕着一个想象的事件情景所阐发的言者主观看法或态度，表达出的具体态度内容即情态意义。情态意义的判定标准须同时具备"主观性"和"非现实性"这两个特点，也就是说，当某个被表达的意义内容体现的是发话者在围绕着一个想象中的事件情景阐发个人的主观性看法或态度，那么该意义可被视为情态意义。

第五节 关于动力情态地位的讨论

虽然帕尔默（2001）最终将动力情态放入其经典情态体系之中，但他其实也曾对动力情态的情态地位产生过质疑。帕尔默（1986：102）曾指出，有些非认识情态的表达看起来并不具备"主观性"这一基本特征，因为其表达的内容看起来更像是对事实（factual）的非情态性（non-modal）陈述。帕尔默这里探讨的就是动力情态，其例证是"John <u>can</u> speak Italian."（约翰能说意大利语。）他认为这句话并没有表达发话者个人的主观看法或态度，而仅是在对"约翰有能力说意大利语"这一客观事实展开事实性直陈。我们以为，如果发话者确实仅是在对其自己认定的"某人实际上确实具备做某事的能力"（即约翰确实有说意大利语的能力）而展开客观事实上的直陈，则此时不表情态；但如果发话者并不是在直陈这一客观事实，而是在表示某人因为有能力会导致某事件有潜在性发生（即约翰有能力使得他说意大利语这件事在某时某地有机会发生），那么此时便表达了情态，虽然这两种意义都依托了相同的语言形式表达出来。比如，以能力情态的表达为例，请看：

(33) 小王能唱歌跳舞。

当发话者说出例（33）这句话时，实际上在不同的语境中可以有例（34）中 a、b 两种不同的表义理解，即：

(34) a. 小王有唱歌跳舞的能力。
　　　b. 小王有能力使得他唱歌跳舞这件事可以有机会发生。

如果理解为（34a），则是对客观事实的直陈，那么此时不表情态；而如果理解为（34b），则是围绕一个想象的事件情景所阐发的言者态度，那么此时表达了情态。请比较以下两组例句：

(35) 甲：你知道小王有什么才艺么？
　　　乙：小王能唱歌跳舞。
(36) 甲：大家想想晚会表演什么节目吧。
　　　乙：小王能唱歌跳舞。

在例（35）中，提问者甲若只是在单纯地询问"小王"有怎样的才能，而回答者乙也仅是在针对甲的提问做出他所认定事实上的回答。此时，"小王能唱歌跳舞"也仅是在客观直陈"小王有唱歌跳舞的能力"，即例（34a）此时不表达情态，这也正是帕尔默所顾虑的情况。但在例（36）中，回答者乙说出同样的话却并不是在对"小王"具备怎样的能力展开直陈，而是在说"小王"有能力使得"小王去表演唱歌跳舞"这件事可以有机会发生，也就是例（34b）。在这种情况下，句子所表达的意义便涉及了一个想象的事件情景，即"在晚会上小王表演唱歌跳舞"，并且围绕这一情景，发话者阐发了他个人的主观态度，认定该事件有潜在性发生（即小王有能力使这件事有机会真的发生），这便满足了情态意义的判定标准，表达了情态意义。

所以我们以为，情况似乎应该是表达动力情态意义的情态助动词并非在所有场合都会表达动力情态意义，而这可能与动力情态的自身特点有关。因为动力情态并非如认识情态和义务情态那样倾向于是一种"言者取向"的情态，而是一种"事件主体取向"的情态，在很大程度上是由独立于言者之外的事件主体来主导的。但反过来说，我们也不能因为这种情况而将动力情态排除在情态范畴之外，因为当动力情态意义一旦被成功表达，它与其他非动力情态意义也没有任何实质上的区别，也一样表现为发话者围绕着一个想象的事件情景来阐发的言者主观态度，并同时也具备"主观性"和"非现实"两个情态的基本属性，满足情态意义的判定标准。

第二章
词表构建

第一节　样本提取

情态意义反映的是发话者针对一个"想象的事件情景"表达出的主观态度内容，这也使得情态意义具备了"非现实性"的特点。从广泛的语言类型学视角看，可以表达这种虚拟意义的语言手段也有不少，除了情态助动词之外，还包括诸如情态副词、表情态动词、语气、条件小句和某些构式等，但它们也都不及情态助动词在日常表达中的使用地位。

一　汉语情态优势性的表达手段

帕尔默基于类型学的视角从跨语言的框架下展开对情态范畴的研究主要借助的是情态助动词。我们以为，相比于其他表情态的手段来说，情态助动词似乎也更具优势。以汉语的情况为例，这种优势可以突出地表现在以下几个方面。

首先，情态助动词是一个相对封闭的类型且数量不多，更加便于人们在日常表达中的使用且不会造成过多记忆负担，其表义也相对纯粹，不像情态副词的数量那么庞大。汉语中典型的情态助动词其实并不多，最为常用的也仅有十几个，因此单个词的使用频率也就更高。相比之下，表同类意义的情态副词却有不少。比如，从［必然］意义（即"估计情况必然如此"）的表达来看，情态助动词最常使用的有"应该"和"应当"，而情态副词却可以有"断然""管保""准保""绝对""一定""一准""势必""想必""必然""必定""必得"等多样的表达形式。此外还可以发现，情态助动词表达的情态意义似乎也更为纯粹，而情态副词的表义中还可能会夹杂了一些其他范畴的意义要素。比如上述这些情态副词的表义中除了情态要素外还包含了不同程度的"口气"意义要素，这也会对情态研究造成一定的影响和干扰。

其次，情态助动词的数量虽然不多，但依靠有限的数量所表达的情态类型却可以比其他手段来得更加丰富。依靠情态助动词表达的情态类型包括"认识情态""义务情态""能力情态""意愿情态""勇气情态"等，但实际上并不仅限于这几类。而其他手段也多仅是表达其中的某类却并不能涵盖全部，或是在表达不同的情态类型时又要换用另一套不同的情态词。比如情态副词多可以表达"认识情态"和"义务情态"，但鲜有表达"能力情态"和"意愿情态"等动力类型；而表情态动词在表不同情态类型时彼此之间也多不可通用，比如在表达动力类时用"想""希望""打算"，表达认识类时则用"相信""猜测"，表达义务类时又会用"同意""命令"等。相比之下，情态助动词在情态语义分类表达上更加具备以简驭繁的优势。

然而更为重要的是，能够表达丰富情态意义类型的原因在于情态助动词自身的"多义性"，这一优势又会成为从语言界面互动视角对情态意义加以把握的重要前提。从语法化的角度看，不少词义是从语用含义逐步被规约或固化而来的，而词汇的"多义性"为此项研究创造了条件。我们发现，在当前情态助动词的诸多表情态义项中其实也夹杂了被误当成词义的语用含义，之所以被"误当成词义"，是因为这些语用含义似乎存在一定程度的规约性，可即便如此，它们尚未被完全固化为词义，也还是语用含义，而这一特点将有助于我们对情态意义在性质与表达方面产生新鲜的认识。基于上述优势，我们选取了汉语情态助动词为考察样本对情态意义在表达方面尤其是语用性表达方面进行进一步研究。

作为实词的一类，情态助动词依靠其词义表达情态意义，由此可以认为情态具备语义性质。但我们发现，有时虽然表面上看似是"词义"在表达情态意义，可实际它却是被误当作词义的语用含义。若情况如此，则情态同时也应是一个语用概念，这就有必要对情态助动词的诸义项性质展开分析。因此，首先建立用于分析的待考察义项词表是很有必要的。我们将依据三部权威词典筛选出用于研究的样本情态助动词并整理形成义项词表。在整理过程中我们发现，当不同的词典对某一个词进行释义时，有时会因为某些原因，比如词条遗漏、词条合并或词条分裂等，在解释内容或条目数量上彼此也并不完全一致，因此在梳理中我们将会对样本情态助动词的释义在分项上进行重新分析并编号，以避免义项遗漏或释义有误，从而便于后续的讨论。

二　研究样本的初筛

（一）共有成员的确定

不同学者对情态助动词的范围认定也不太一致，这主要是因为他们在对于助动词性质认识上的不统一，以及随之采取的多样化的判定标准。比如刘坚（1960）、赵元任（1979）、李庚钧（1979）、Li & Thompson（1981）、朱德熙（1982）、汤廷池（1988）、谢佳玲（2002）、宋永圭（2004）等都提出过自己的判定标准，而这些判定标准彼此之间有同也有异。彭利贞（2007：92-93）将先贤们提到过的判定标准进行了汇总，转引如下：

1. 能单独作谓语；
2. 可以单独回答问题；
3. 可以单说；
4. 可以放在"X不X"的格式里形成正反问句；
5. 可以用"不"否定，有的可以用"没"否定；
6. 有的能用"很"修饰；
7. 只能带谓词宾语，不能带体词宾语；
8. 可以连用；
9. 不能重叠；
10. 不能带后缀"了""着""过"等体标记。

以上标准在已有文献中提及较多，此外还有其他一些较为小众的判定标准，比如：只能用"怎么样"提问；不能用于"所……的"结构中；不能前加"被""给"；不能作定语也不能带补语；不能用形容词修饰；不能名词化等。但值得注意的是，上述标准中的某些也只能算是具备倾向性标准，并非严格满足所有情态助动词的身份判定，因为我们总能发现反例。针对这一点也已经有不少学者进行过论证，如汤廷池（1988）、陶炼（1995）和孙德金（1996）等，这里就不再过多论述了。

在成员范围的划定方面，基于不同的判定标准以及不同松紧程度的把握，不少学者在给出的情态助动词的划定范围上也就出现了差异。比如刘坚（1960）划定了 26 个，赵元任（1979）为 43 个，陈光磊（1981）为 55 个，朱德熙（1982）为 27 个，马庆株（1988）为 58 个，孙德金（1996）为 41 个等。虽然在成员数量上有所差异，但是它们彼此之间也存在一部分交集。比如以上述标准为基准，宋永圭划定了共有成员 7 个，彭利贞则是依据"典型范畴"划定了典型成员 10 个、较典型和非典型成员分别是 6 个和 7 个。可见，即便不同学者对范围划定有所不同，但仍有一部分情态助动词可作为典型成员这是毋庸置疑的。虽然各个学者对于汉语情态助动词的成员在其范围的划定上所持意见并不一致，但也总会有固定的一些"共有成员"在各个学者所列的范围中都有出现。比如根据彭利贞（2007：103-104）等对先贤成果的统计，有以下一些情态助动词总能被论及，包括："能""能够""要""会""得（děi）""应该""应当""该""可以""可""肯"和"敢"等，这说明在汉语中存在着所谓"典型成员"的情态助动词。另外，《现代汉语八百词（增订本）》《现代汉语词典（第 7 版）》和《现代汉语规范词典（第 3 版）》是三部较为权威的汉语词典，在参考先贤们研究成果的基础上，我们将基于这三部词典的范围选取研究样本。不过需要注意的是在这三部词典中，《现代汉语八百词（增订本）》和《现代汉语词典（第 7 版）》对情态助动词在词性归属上均有明确的［助动词］标注，但《现代汉语规范词典（第 3 版）》却没有特别标注出［助动词］，这或许是因为该词典将助动词也作为了动词的下位小类之一，因而将它们统一作了［动词］的标注。因此，我们的样本筛选首先将主要围绕前两本词典中有明确标注为［助动词］的成员展开，在后续对各个义项进行重新分析整理时则会同时利用《现代汉语规范词典（第 3 版）》中的释义进行比照。

通过对两部词典进行检索可知，《现代汉语八百词（增订本）》中所标注的［助动词］共有 20 个，它们分别是：

得以、得（děi）、该、敢、敢于、好、会、可、可以、肯、能、能够、配、情愿、须要、要、应、应该、应当、足以。

《现代汉语词典（第 7 版）》中所标注的［助动词］共有 23 个，它们分别是：

不得（dé）、不可、当、得（dé）、得（děi）、该、敢、会、可、可能、可以、肯、能、能够、配、须、须要、要、应、应该、应当、愿、愿意。

在以上两组成员中，共同出现的情态助动词有 15 个，另外剩下的 13 个为非共有成员。具体统计情况如下表所示：

表 2-1　　　　　　　词典中助动词的统计情况

	《现代汉语八百词（增订本）》	《现代汉语词典（第 7 版）》
共有成员	得（děi）、该、敢、会、可、可以、肯、能、能够、配、须要、要、应、应该、应当	
非共有成员	得以、敢于、好、情愿、足以	不得（dé）、不可、当、得（dé）、可能、须、愿、愿意

（二）非共有成员的排除原因

通过筛选得到的 15 个共有成员可作为我们的研究样本，而另外 13 个非共有成员基于以下原因暂考虑排除。

1. 它们当中的有些在另一部词典中被标记为了［动词］。比如"得以""敢于""好①""情愿""足以"在《现代汉语词典(第7版)》中都被标记为[动词];"得(dé)""愿意"在《现代汉语八百词(增订本)》中被标记为[动词]。

如果从句法特点上看,以上这些成员并不严格满足助动词所具备的典型句法特点。首先,助动词常可以单独回答问题或单用,但"得以""敢于""好""得(dé)"等却并不满足这一条件。其次,助动词也常可以用于"X不X"的格式之中,而针对这一点,"足以"也不满足。最后,"情愿"和"愿意"后面也可以出现"了",这也不符合严格的助动词特点。考虑到这些原因,本书也将其作为非典型的助动词暂不予以讨论。

2. 还有的成员在另一部词典中被标记为了[副词]。比如《现代汉语八百词(增订本)》将"可能"标记为[副词]。关于"可能"是助动词还是副词,其身份的判定当前还存有争议,但考虑到它的主要功能是作状语,这更符合副词的特征,本文也将其视为副词而暂且排除不予讨论。

3. "不得(dé)""不可"在《现代汉语八百词(增订本)》中是以词组的身份出现的。《现代汉语八百词(增订本)》(1999:155,333)将"得(dé)"和"可"视为词,并分别被标记为[动词]和[助动词],认为它们二者的否定形式是需要在前面加上"不",也就是"不得"和"不可"——由否定副词"不"分别与表示"允许"意义的"得(dé)"和"可"所组成的词组而不再是词,表达"禁止"意义。此外,"得(dé)"也并不常用。按照《现代汉语词典(第7版)》(2016:271)的释义,在表示"允许"意义时,"得(dé)"只用于法律和公文之中,并且也多是用到否定词组"不得"的表达形式;而表示"便于"意义时也主要是用于方言之中。因此它也并非典型常用的助动词。

4. 最后还有一些成员是由于被当作了缩略形式因而未被列入其中。

---

① 在《现代汉语八百词(增订本)》中被标记为[助动词]的"好"在《现代汉语词典(第7版)》(2016:519)中为义项⑪,被标记为[动词],表达"便于"义。例如:别忘了带伞,下雨好用;你告诉我他在哪儿,我好去找他。

比如"当""须"和"愿"等,它们分别是作为了"应当""必须"和"情愿"(或"愿意")的缩略形式而未被列入。

基于上述原因,同时考虑到这13个词在词典中也并非共有的助动词成员,以及它们也都不在先贤学者们统计的"典型成员"范围之内,因此暂被视为"非典型成员"而不予讨论。此外,上表中的15个共有成员与先贤们的统计结果基本一致,但多出三个:"配""须要"和"应"。它们之所以在前人的统计中未被列出,主要原因可能是:"须要"与表达义务情态意义的"要"在释义和分项上基本一致;"应"可视为"应该"或"应当"的缩略形式,而"配"表达的情态意义也并非主流类别,因此也常不被谈及。不过,由于三者在权威词典中均已被标记为[助动词]且又都是共有成员,因此也将被纳入我们的分析范围。综上,我们将主要围绕上表中所列出的15个共有成员展开分析讨论。

三 样本词汇义项的重新分析与整理

本节将结合三部权威词典对样本情态助动词的词典释义进行分析与统合,形成待考察义项词表。需要注意的是,不同的词典在对同一词进行释义时在分项条目数量和具体释义内容上也会存在不同。举例来说,助动词【能】在《现代汉语八百词(增订本)》(1999:414)中共有6项词条,而在《现代汉语词典(第7版)》(2016:946)中却只有1项,表示"能够",但在同部词典中随后释义【能够】时也只给出了2项词条。由此可见,不同的词典彼此之间存在着分项上粗疏与细化的差异,并且还可能存在释义缺失、释义合并或释义重复等问题,因此就有必要对词典义项进行重新分析并编号。此外,基于词典的注释体例,在本节中对情态助动词各义项进行最初摘录时我们也将按照词典的分项来编号,采用"词$^{(x)}$"的形式,而后在对这些义项进行重新分析并整合形成待考察义项之后将重新编号,采用"词$_x$"的形式,并收入待考察词表中。比如【要】在《现代汉语词典》(2016:1525)中被作为[助动词]进行释义时,义项词条是列于"要$_2$"之下的义项④、⑤、⑦、⑧,在首次摘录时则将这四条作为助动词用法的义项分别标记为"要$^{2(4)}$""要$^{2(5)}$""要$^{2(7)}$"和"要$^{2(8)}$",而同样对于【要】在另外两部词典中被作为助动词用法的相关释义也做如此标记，之后再对释义进行统合归纳。如若经分析后可确定【要】作为助动词使用的义项总共可分为六项，那么这六项将作为后续章节的待考察义项，并将重新分别编号，以"要$_1$""要$_2$""要$_3$""要$_4$""要$_5$"和"要$_6$"的形式录入待考察词表中。以下为义项的分析统合。

【能】

【能】在词典中的释义情况如下：

《现代汉语八百词（增订本）》（1999：414）共有6项释义："能$^{(1)}$表示有能力或有条件做某事；能$^{(2)}$表示善于做某事；能$^{(3)}$表示有某种用途；能$^{(4)}$表示有可能；能$^{(5)}$表示情理上许可；能$^{(6)}$表示环境上许可。"

《现代汉语词典（第7版）》直接释义助动词【能】为"能够"，随后对【能够】又给出2项释义，它们可以看作助动词【能】的关联释义。《现代汉语词典（第7版）》（2016：946）："能$^{(1)}$（能够$^{(1)}$）表示具备某种能力或达到某种程度；能$^{(2)}$（能够$^{(2)}$）表示有条件或情理上许可。"

《现代汉语规范词典（第3版）》也直接将助动词【能】释义为"能够"，并随后释义【能够】有3项，它们可以看作助动词【能】的关联释义。《现代汉语规范词典（第3版）》（2014：954）："能$^{(1)}$（能够$^{(1)}$）表示有能力或善于做（某事）；能$^{(2)}$（能够$^{(2)}$）表示客观条件或情理上许可；能$^{(3)}$（能够$^{(3)}$）表示有某种用途。"

结合以上释义情况，《现代汉语八百词（增订本）》分项最为细致，共有6项，但须注意：首先，能$^{(1)}$被释为"有能力或有条件做某事"，该条义项实际包括"有能力做某事"和"有条件做某事"两项内容。若结合例句看，其中的"有条件做某事"实则指的是"当具备某种条件时才有能力做某事"。如词典例句"他的腿伤好多了，能慢慢走几步了"，这正是在具备了"腿伤好多了"的条件下，"他"才可以发挥能力"慢慢儿走几步"，句中的"能"仍表示"能力"而并不特指"具备条件"，因此"有条件"本质上也是依托于"有能力"，可与之合并。其次，能$^{(3)}$释义为"表示有某种用途"。有学者认为"用途"指的是"事物的能力",也就是"物力"①,所以"有某种用途"指的也就是"事物自身有能力被用于做某事"。我们以为与其说"事物具备能力",倒不如说"事物具备功能"更妥,因为我们通常并不会说具备[-生命]特征的某物"有能力",而只会说其"具备功能",因此将该释义解作"事物具备功能被用于做某事"更为妥当,其与能$^{(1)}$存在事件主体之上明显的[+生命/-生命]的区别。如词典例句"橘子皮还能做药",指的就是"橘子皮具备做药材的功能"。另外,能$^{(5)}$和能$^{(6)}$都表示"许可",但能$^{(5)}$基于的是"情理"前提,而能$^{(6)}$基于的是"环境"前提,可见《现代汉语八百词(增订本)》认为"情理"与"环境"所指代的前提内容是有区分的必要的,因此做出了分项处理。《现代汉语词典(第7版)》(2016：1068)释义"情理"为"人的常情和事情的一般道理"。若结合能$^{(5)}$的词典例句"不能只考虑个人,要多想集体"和"我们不是发起单位,这个会能参加吗？"来看,句中"许可做某事"的前提因素分别是"人情道德"和"规章规定",可见将"情理"设定为"人情道德、社会规章以及由此引发的个人权威"等内容较为合适,它们都源于人文性制定的规则,可以赋予人广义上的"义务"因素；而再看能$^{(6)}$的词典例句"这衣服不能再瘦了,再瘦就没法穿了",可以推知这是因为考虑到"衣服的尺码与自己身材胖瘦的实际情况"而"不允许衣服再瘦了",此处"不允许"的前提不再是人文性规则,而是客观现实环境因素。因此能$^{(6)}$的"环境上许可"指的主要是"客观环境或外部客观现实等因素有条件许可人们去做某件事"。所以,将"环境"前提设定为指"客观现实或自然条件"等内容更为合适,它们都源于客观世界的现实情况而非人文性规则。②

其他两部词典给出的释义也均包含在上述6项之内,但《现代汉语

---

① 参见彭利贞《现代汉语情态研究》,中国社会科学出版社2007年版,第149—150页。
② 本书在后续义项分析上也将继续采用这种分类："情理"内容包括道德、社会规章以及由此引发的个人权威等内容。将"个人权威"纳入其中也是因为考虑到它是"道德或法律"等赋予人的权利,因此属于一类。"环境"则指的是客观现实或自然条件等内容。不过《现代汉语八百词(增订本)》在该义项下的例句并非都属于"环境上许可",比如"公园里的花怎么能随便摘？",虽然该例句强调的是客观环境("公园"),但实际上也是基于公园里的规章要求,因此严格说来该例句应该属于"情理上许可"的释义例句。

八百词（增订本）》中"表示有可能"的能[4]在这两部词典中并未给出；表示"情理上许可"的能[5]和表示"环境上许可"的能[6]在这两部词典中均被合并为了一项；表示"有能力做某事"的能[1]和表示"善于做某事"的能[2]在《现代汉语规范词典（第3版）》中也被合并为了一项。综上分析可得【能】的待考察义项共有6项，重新编号如下：

能$_1$：表示有能力做某事。

能$_2$：表示具备功能被用于做某事。

能$_3$：表示情理上许可。

能$_4$：表示环境上许可。

能$_5$：表示有可能。

能$_6$：表示善于做某事。

【能够】

《现代汉语八百词（增订本）》（1999：415）释义【能够】多用于上述义项"能$_{1、2、6}$"；另外两部词典提到它也可以用于"能$_{3、4}$"。所以【能够】的待考察义项共有5项，重新编号为：

能够$_1$：表示有能力做某事。

能够$_2$：表示具备功能被用于做某事。

能够$_3$：表示情理上许可。

能够$_4$：表示环境上许可。

能够$_5$：表示善于做某事。

【可以】

【可以】在三部词典中的释义情况如下：

《现代汉语八百词（增订本）》（1999：337）："可以[1]表示可能；可以[2]表示有某种用途；可以[3]表示许可；可以[4]表示值得。"此外，《现代汉语八百词（增订本）》（1999：416）在释义【能】时也将其与【可以】进行对比，指出【可以】"有时也表示有能力做某事，但不能表示善于做某事"。因此也应有"可以[(5)]，表示有能力做某事"。

《现代汉语词典（第7版）》（2016：739）："可以[(1)]表示可能或能够；可以[(2)]表示许可；可以[(3)]表示值得。"

《现代汉语规范词典（第3版）》（2014：749）："可以[(1)]表示可能；可以[(2)]表示有某种用途；可以[(3)]表示条件、环境、情理上许可。"

从释义情况看，三部词典共同提到的义项有二："可能"和"许可"。其中，《现代汉语规范词典（第3版）》的义项3特别提到了"许可"指的是"条件、环境、情理上的许可"，那么该义项可视为"情理上许可"与"环境上许可"两项的合并。比如词典所列例句"你不可以乱来"，"不许可你乱来"的前提依据是发话者自身权威赋予听话者的"义务"因素；再如例句"下游可以行驶轮船"，"允许在下游行驶轮船"是因为考虑到"下游具备行驶轮船的现实条件，比如河面宽阔平坦水流和缓"等"客观现实"因素。此外，"值得"和"有某种用途"两义项也各有两部词典分别指出，并且同"能$_2$"一样，"有某种用途"也就是"具备功能被用于做某事"。综上分析可得【可以】的待考察义项共有6项，重新编号如下：

可以$_1$：表示有能力做某事。
可以$_2$：表示具备功能被用于做某事。
可以$_3$：表示情理上许可。
可以$_4$：表示环境上许可。
可以$_5$：表示有可能。
可以$_6$：表示值得做某事。

【可】

【可】在三部词典中的释义情况如下：

《现代汉语八百词（增订本）》（1999：333）："可$^{1(1)}$表示许可或可能，同'可以'；可$^{1(2)}$表示值得。"

《现代汉语词典（第7版）》（2016：737）："可$^{1(3)}$表示许可或可能，跟'可以'的意思相同；可$^{1(4)}$表示值得。"

《现代汉语规范词典（第 3 版）》（2014：747）："可[1(2)]表示许可或可能；可[1(3)]表示值得、应该。"

三部词典都给出了两个义项。其中所给出的义项 1 都是"表示许可或可能"，而"许可"与"可能"实则并不同义，因此该义项应视为两个义项的合并，即"表示许可"和"表示有可能"。另外，"表示许可"又可以依据许可的前提因素而进一步细化区分，比如是"情理上许可"，例句如"依据规定，此处不可大声喧哗"；还有"环境上许可"，例句如"此处河水湍急不可下水"。另外，从《现代汉语词典（第 7 版）》所列例句"榆木可制家具"来看，【可】还可以表示"具备功能被用于做某事"，此处或为遗漏义项。除了"表示值得"之外，《现代汉语规范词典（第 3 版）》在义项 2 中还提到"应该"一词，其词典例句有二："北京可游览的地方不少"，"可歌可泣"。两句中的"可"都能作"值得"来理解，但若理解为"应该"似乎也只有"可歌可泣"勉强合适，可是在同本词典的后一页又将"可歌可泣"释义为："值得歌颂，能使人感动得流泪。"可见该词典也同时将"可歌可泣"当作一个词来看待，其中的"可"也只是一个构词语素而非词，并且释义也并未提到"应该"而只提到了"值得"之义。由此可以认定义项 2 中的"应该"项或为释义有误，暂剔除。综上分析可得，【可】的待考察义项共有 5 项，重新编号如下：

可$_1$：表示具备功能被用于做某事。

可$_2$：表示情理上许可。

可$_3$：表示环境上许可。

可$_4$：表示有可能。

可$_5$：表示值得做某事。

【会】

【会】在三部词典中的释义情况如下：

《现代汉语八百词（增订本）》（1999：278）："会[(1)]表示懂得怎样做或有能力做某事；会[(2)]表示善于做某事；会[(3)]有可能，通常表示将来的可能性,但也可以表示过去的和现在的。"

《现代汉语词典(第7版)》(2016:583):"会$^{2(3)}$表示懂得怎样做或有能力做(多半指需要学习的事情);会$^{2(4)}$表示擅长;会$^{2(5)}$表示有可能实现。"

《现代汉语规范词典(第3版)》(2014:588):"会$^{2(3)}$表示懂得或有能力做某事;会$^{2(4)}$表示擅长做某事;会$^{2(5)}$表示有可能实现。"

三部词典均给出三个义项,且分项也基本一致。义项1提到"会"表示"懂得怎样做或有能力做某事",其中"懂得怎样做某事"指的是具备做某事的"技能",即"精神上的能力",也暂可归入"能力"范畴。此外,《现代汉语八百词(增订本)》给出的义项3为表示"有可能",并且强调"通常表示将来的可能性,但也可以表示过去的和现在的"。其词典例句"不久你就会听到确实消息的",表示的是基于"将来"的可能性,因为在"不久"表达的"相对将来时间"意义下,事件"你听到确实的消息"是相对于说话此刻的将来时间之上发生的。不过"会"其实也可以表示"过去或现在"的可能性,例如:"昨天的聚会小王会不会也去了?""他会不会正在来的路上?"前一句表示"过去"的可能性,后一句表示"现在"的可能性。再例如:"他不会骗我""她才不会去那种地方",这两句话中的所涉事件似乎既可以理解为"过去"的可能性,也可以理解为"将来"的可能性,依语境情况而定。可见"会"仅是表达"有可能",并不必然受到绝对时间的限制。另外,《现代汉语词典(第7版)》(2016:1140)释义"擅长"为"在某方面有特长。"可见释义"擅长做某事"与"善于做某事"也同义。综上分析可得,【会】的主要待考察义项有3项,重新编号如下:

会$_1$:表示有能力做某事(或懂得怎样做某事)。
会$_2$:表示有可能。
会$_3$:表示善于做某事。

【应该】

【应该】在三部词典中的释义情况如下:

《现代汉语八百词（增订本）》（1999：623）："应该[1]表示情理上必须如此；应该[2]表示估计情况必然如此。"

《现代汉语词典（第7版）》（2016：1569）："应该[1]表示理所当然；应该[2]表示估计情况必然如此。"

《现代汉语规范词典（第3版）》（2014：1579）："应该[1]表示情理上必须如此；应该[2]表示估计情况必然如此。"

三部词典均给出了两项释义。《现代汉语词典（第7版）》的义项1为"表示理所当然"，与另外两部词典的"表示情理上必须如此"基本同义，其词典例句是"应该爱护公共财物""儿女应该赡养父母"。其中，"爱护公共财物"是由社会道德赋予人们的"义务"因素而要求人们"必须如此"；"儿女赡养父母"也是法律赋予子女的义务。不过除此之外，"必须如此"也可以是源于客观现实环境因素而赋予人的要求。例如"新刷的房子，应该多通通风"，此时则不是出于道义的要求，而是出于"环境条件"因素的要求让某人去做某事。由于"新刷的房子"，空气中会带有对人体有害的化学成分，这种客观现实情况要求人们去做到"多通通风"，这也并非人必须履行的某种"义务"。因此，"应该"也可以表示"环境上必须如此"。所以，综上分析可得，【应该】的待考察义项有3项，重新编号如下：

应该$_1$：情理上必须如此。

应该$_2$：环境上必须如此。

应该$_3$：估计情况必然如此。

【应当】

《现代汉语八百词（增订本）》（1999：624）、《现代汉语词典》（2016：1569）以及《现代汉语规范词典（第3版）》（2014：1579）均释义【应当】为"同'应该'"，由此可视这两词为同义关系。而且词典所列例句也均符合【应该】的三项释义。如"这个目标，经过努力应当可以达到"，"应当"表达"估计情况必然如此"，同应该$_3$。再如词典例句"父母应当抚养子女，子女应当赡养父母"，表达的是"情理上必须如此",同应该₁。此外,"应当"也可以表达"环境上必须如此",例如"老年人应当多晒晒太阳",此时"老年人多晒太阳"不是基于"情理道德"等义务因素的要求,而是基于"多晒太阳对老年人身体有益"的客观事实,属于"环境"内容,同应该₂。综上分析可得,【应当】的待考察义项有 3 项,重新编号为:

应当₁:情理上必须如此。
应当₂:环境上必须如此。
应当₃:估计情况必然如此。

【应】

《现代汉语八百词(增订本)》(1999:624)、《现代汉语词典(第 7 版)》(2016:1569)以及《现代汉语规范词典(第 3 版)》(2014:1578)均将其释义为:"同'应该;应当'",由此可视为三者同义,且似乎可将"应"看作"应该"或"应当"的缩略形式。从例句情况看,【应】也满足前两者的三项释义。如词典例句"发现错误,应立即纠正""做事应分轻重缓急",句中的"应"表示"情理上必须如此",同应该₁。再如"疫情期间应勤洗手并注意消毒",句中的"应"表示"环境上必须如此",同应该₂。此外还如"家里的灯亮着,我看他应是回来了","应"表示"估计情况必然如此",同应该₃。综上分析可得,【应】的待考察义项有 3 项,重新编号为:

应₁:情理上必须如此。
应₂:环境上必须如此。
应₃:估计情况必然如此。

【该】

【该】在三部权威词典中的释义情况如下:

《现代汉语八百词(增订本)》(1999:213):"该[3(1)]表示理应如此,应该;该[3(2)]表示估计情况应该如此。"

《现代汉语词典（第 7 版）》（2016：416）："该$^{1(2a)}$ 表示应当；该$^{1(2b)}$ 表示根据情理或经验推测应当如此。"

《现代汉语规范词典（第 3 版）》（2014：418）："该$^{1(2a)}$ 表示理应如此，应当；该$^{1(2b)}$ 表示估计情况应当如此（在感叹句中兼有加强语气的作用）。"

三部词典的释义分项基本一致，均有两项，且都用到"应该"或"应当"释义"该"，视三者为同义，似乎可将其看作"应该"的缩略形式。从例句情况看，【该】也满足前两者的三项释义。如词典例句"你累了，该休息一下了"，句中的"该"表示"情理上必须如此"，此时"休息一下"的执行前提源于发话者的个人权威，同应该$_1$。再如"天气预报有雨，你该带上把雨伞"，和"天气转凉了，你不该穿得这么单薄"，句中的"该"表示"环境上必须如此"，是现实环境条件迫使某人做某事，同应该$_2$。最后再如词典例句"再不浇水，花都该蔫儿了""他该大学毕业了吧"，均是发话者对事件的发生从主观上推测为必然如此，"该"表示"估计情况必然如此"，同应该$_3$。综上分析可得，【该】的待考察义项有 3 个，重新编号为：

该$_1$：情理上必须如此。

该$_2$：环境上必须如此。

该$_3$：估计情况必然如此。

【得（děi）】

【得】在三部词典中的释义情况如下：

《现代汉语八百词（增订本）》（1999：166）："得$^{(1)}$ 表示情理上、事实上或意志上的需要，应该，必须；得$^{(2)}$ 表示'会'，估计必然如此。"

《现代汉语词典（第 7 版）》（2016：273）："得$^{(1)}$ 表示需要；得$^{(2)}$ 表示意志上或事实上的必要；得$^{(3)}$ 表示揣测的必然。"

《现代汉语规范词典（第 3 版）》（2014：278）："得$^{(1)}$ 表示需要；得$^{(2)}$ 表示事实上或情理上的需要，相当于'应该''必须'；得$^{(3)}$ 表示估计必然如此，相当于'要''会'。"

从释义情况看，后两部词典是将《现代汉语八百词（增订本）》的义项1拆分为了两个义项。① 如在《现代汉语词典（第7版）》中被拆分为：表示"需要"，和表示"意志上或事实上的必要"。首先，分析释义"需要"，该词条下的例句如"这个工程得三个月才能完"。表面上看，"得"之后出现的是体词性宾语"三个月"，看似这并不符合助动词的句法特点而是符合一般动词的句法特点，因为助动词之后不能接体词性宾语，但动词可以。不过实际上，"得三个月"指的是"得用（或花）三个月（时间）"。因为若单说"三个月才能完"也是成立的，而这句话的成立在于主语并非"三个月"，而是"用三个月"干工程的"人"，"三个月"本身并没有能力也不可能去"干"一项工程，因此主语只能是"人"，主语省略。因此"这个工程得三个月才能完"是基于"这个工程靠人力得用三个月才能干完"的省略，"得"后接谓词性宾语，它仍是个助动词。其次，虽然该句中的"得"被释义为"需要"，但并非指"需要某物"。如"我需要一支笔"，句中的"需要"并不能直接替换成"得"，即不能变为"*我得一支笔"，这样句子是不合法的。"得"表达的"需要"应实则指的是"为了达到某个目的而在情理或事实上要具备某必要条件"。正如例句"这个工程得三个月才能完"说的是为了达到干完工程的目的，花三个月时间是必要的。因此释义"需要"应为"要求具备；必要"义，可并入义项2。因此相比之下《现代汉语八百词（增订本）》的分项更为合理。最后，三部词典也均有释义"情理上、事实上或意志上必须如此"，从例句看也可将其细化为两项。如"话得这么说才行"，"得"表示"情理上必须如此"；再如"病了得按时吃药"，"得"表示"事实上或环境上必须如此"。因此综上分析可知，【得】共有3个待考察义项，重新编号如下：

得（děi）$_1$：表示情理上必须如此。

---

① 《现代汉语规范词典（第3版）》的义项1和义项2这两个释义都提到了"需要"，如果这里没有重复释义的话，义项2中的"需要"应该作"须要"解，即"一定要"。

得（děi）₂：表示环境上必须如此。

得（děi）₃：估计情况必然如此。

【须要】

《现代汉语八百词（增订本）》（1999：588）、《现代汉语词典（第7版）》（2016：1477）和《现代汉语规范词典（第3版）》（2014：1481）均释义其为"一定要（必须要）"，表达"必须如此"之义。不过从词典例句看，该义项也可以进一步细分。如例句"工作就须要认真"，句中的"须要"指"情理上必须如此"，因为"在工作中保持认真的态度"这是基于社会情理的要求，属于"义务"因素；而又如例句"这种病须要卧床休息"，句中的"须要"指"事实上或环境上必须如此"，因为让某人去"卧床休息"是基于"某人生病，静养对患病者有益"这一客观事实的要求，并非履行"义务"，而是属于"客观现实"的内容。因此，综上分析可得【须要】的两个主要待考察义项重新编号为：

须要₁：情理上必须如此。

须要₂：环境上必须如此。

【要】

【要】在三部词典中的释义情况如下：

《现代汉语八百词（增订本）》（1999：592）："要$^{(1)}$表示做某事的意志；要$^{(2)}$表示须要，应该；要$^{(3)}$表示可能；要$^{(4)}$表示将要；要$^{(5)}$表示估计，用于比较句。"

《现代汉语词典（第7版）》（2016：1525）："要$^{2(4)}$表示做某件事的意志；要$^{2(5)}$表示须要，应该；要$^{2(7)}$表示将要；要$^{2(8)}$表示估计，用于比较。"

《现代汉语规范词典（第3版）》（2014：1532）："要$^{2(6)}$表示应该；要$^{2(7)}$表示将要，肯定地推论事物发展的趋势；要$^{2(8)}$在比较句中表示估计；要$^{2(9)}$表示决心或希望做某事。"

从释义情况看，《现代汉语八百词（增订本）》的分项最多，共5

项，而其他两部词典均只分出 4 项。《现代汉语词典（第 7 版）》缺失的义项为"表示可能"。《现代汉语规范词典（第 3 版）》的义项 2 是"将要，表示肯定地推论事物发展的趋势"，如果将其中"肯定地推论事物发展的趋势"理解为"对将来可能呈现某种情况的主观预测"，那么这与"可能"之义相近，所以该义项或可视为表示"将要"和"表示可能"二项的合并。另外，三部词典均提到"要"表示"须要，应该"。从该词条所给的例句看，如"路很滑，大家要小心"，句中的"要"表示"环境上必须如此"，因为要求"大家走路要小心"是基于"路很滑"的客观现实环境，而非人文性义务因素；再比如例句"借东西要还"，句中的"要"体现为"情理上必须如此"，因为"借东西就想着归还"属于人情道德内容，因此该义项也可以进一步二分。综上分析可得，【要】的待考察义项主要有 6 项，重新编号为：

要$_1$：有意愿做某事。
要$_2$：情理上必须如此。
要$_3$：环境上必须如此。
要$_4$：将要。
要$_5$：表示可能。
要$_6$：表示估计（用在比较句中）。

【肯】
《现代汉语八百词（增订本）》（1999：338）、《现代汉语词典（第 7 版）》（2016：743）和《现代汉语规范词典（第 3 版）》（2014：753）均释义"肯"为"（主观上）愿意、乐意（做某事）"。它是个单义情态助动词。
【敢】
【敢】在三部权威词典中的释义情况如下：
《现代汉语八百词（增订本）》（1999：215）、《现代汉语词典（第 7 版）》（2016：424）以及《现代汉语规范词典（第 3 版）》（2014：426）释义"敢"有两项："敢[(1)]表示有勇气（或胆量）做某事；敢[(2)]表示有把握作某种判断。"综上可得【敢】主要的待考察义项重新编号如下：

表 2-2　样本情态助动词待考察义项词汇汇总

助动词\释义	有能力做某事	具备功能被用于做某事	有意愿做某事	有勇气做某事	情理上许可	情理上必须如此	环境上许可	环境上必须如此	将要	估计情况必然如此	有可能	善于做某事	值得做某事	估计（比较句）	有把握作某种判断	有资格做某事
能	能$_1$	能$_2$			能$_3$		能$_4$				能$_5$	能$_6$				
能够	能够$_1$	能够$_2$			能够$_3$		能够$_4$				能够$_5$	能够$_5$				
可以	可以$_1$	可以$_2$			可以$_3$		可以$_4$				可以$_5$		可以$_6$			
可	可$_1$				可$_2$		可$_3$				可$_4$		可$_5$			
会	会$_1$										会$_2$	会$_3$				
应该						应该$_1$		应该$_2$		应该$_3$						
应当						应当$_1$		应当$_2$		应当$_3$						
应						应$_1$		应$_2$		应$_3$						
该						该$_1$		该$_2$		该$_3$						
得（děi）						得$_1$		得$_2$		得$_3$						
须要						须要$_1$		须要$_2$								
要			要$_1$			要$_2$		要$_3$	要$_4$		要$_5$			要$_6$		
肯			肯													
敢				敢$_1$											敢$_2$	
配																配

（义项表中斜体加粗的为问题义项，也是后续将着重讨论的义项）

敢₁：表示有勇气做某事。

敢₂：表示有把握作某种判断。

【配】

《现代汉语八百词（增订本）》（1999：426）、《现代汉语词典（第7版）》（2016：985）和《现代汉语规范词典（第3版）》（2014：991）释义"配"为"有资格，够得上"。其为单义情态助动词。

通过对所选取的15个样本情态助动词："能、能够、可以、可、会、应该、应当、应、该、得（děi）、须要、要、肯、敢、配"在三部权威词典中释义分项的重新分析，可得词汇义项汇总情况（参见表2-2）。

通过对以上词表中的义项进行逐个验证可以发现，其中除了词义之外也还包含了被误当成词义的语用含义，进而依靠这些义项表达的情态意义也就在语义和语用的双重性质上产生分立——由词义表达的情态义为语义性质，而由语用含义表达的情态义为语用性质。在后续章节中我们将分别进行探讨。

第二节 样本在多义上的句法特点

在将情态助动词从多个义项上被区分标记之后，下面我们再来简单谈谈它们在不同义项使用中表现出的不同句法使用特征。

一 EDD原则及使用条件

关于多义情态助动词在使用义项上的判定规律问题早已有不少学者尝试进行探讨。说起对多义情态助动词义项的判定，首先使用较多的就是借助所谓的EDD（Epistemic > Deontic > Dynamic）原则。依据该原则，情态助动词的连用可以帮助明晰词义，具体来说也就是当出现多个情态助动词连用时，其出现的先后顺序在其各自的多义选取上基本呈现"认识义 > 义务义 > 动力义"的顺序。因此，如果知道连用中的某一个情态助动词表达的是哪类情态词义，那么就可以大体判断出居于它前面或后面的情态助动词可能表达的是哪一类情态词义。严格来说，EDD 原则是一种语义限制原则，不过也正因为语义限制而影响到了情态助动词在句子层面上的分布情况。针对该原则有很多学者都进行过举例讨论，并且也都曾利用该原则对词义进行分析与判断，这里不再过多赘述。不过我们打算谈一谈关于 EDD 原则的使用局限。

首先，使用 EDD 原则的第一个前提是情态助动词的连用，对于单用的情况而言该原则不可适用，这一点不言自明。其次，使用 EDD 原则的第二个前提是需要排除情态助动词在同一种情态类型中的内部连用情况。比如有两个情态助动词连用了，如果知道第一个情态助动词表达的是"认识义"，那么根据 EDD 原则可知后一个表达的是"义务义"或"动力义"的其中一种，但也有可能实际上它表达的也是"认识义"。这种在同一种情态类型（主要是认识情态）中的内部连用情况下 EDD 原则也无法适用，并且还有可能会误导对词义的分析。例如：

（1）你去找他吧，我猜他此刻<u>应该</u>会在家等你的。

例句中出现了"应该"和"会"连用的情况。句中的"应该"居于连用前位，表达的是认识情态义，即"应该$_3$"，那么根据 EDD 原则可以判定例句中的"会"表达的是"动力义"，因为它并不具备"义务义"。但实际上这里的"会"同样表达的是"认识义"。[①] 如此看来，EDD 原则还是有一定的使用局限的。因此我们打算从其他角度尝试寻找一些关于情态助动词在多义使用上的句法特点，以有助于在后续论证中对词义展开分析和判断。

二 传统语法角度的判定

传统语法对情态助动词在多义上句法特点的研究成果较为零散，并且在得到的结论中很多也只是带有倾向性的特征而并不绝对，不过这也

[①] "会"表达的"有可能"是一种未标记可能性程度高或低的"元可能"意义，因此可以与表达极性程度的同类情态词连用以标明程度等级。

是可以理解的。因为在具体使用中,词义的选取问题应该是从语义,甚至更应该是从语用的层面来讨论的问题,句法层面发挥的作用实际有限。不过为了帮助区别词义,我们仍不妨寻找一些句法使用上的倾向性特点。可以发现,情态助动词在表达不同义项的意义时,不论是其后接的谓语动词类型、所在句中的主语人称,还是构成的否定式结构等方面均有一定的特点体现。针对这一点,杨黎黎(2017:106)通过对与认识情态和根情态共现的谓语动词的类型以及主语的语料统计,得到了关于上述的总体性区别特点(参见表2-3)。通过这些倾向性的区别特点可以帮助推测情态类型的表达,并进而判断情态助动词在多义上的选取结果。

表2-3　　　　根情态和认识情态在语法特点上的区别

	汉语中的根情态		汉语中的认识情态
	汉语中的动力情态	汉语中的道义情态	
谓语动词	主要动词多是行为动词	主要动词多是行为动词或终止性动词	主要动词多是静止的表状态的动词
主语	主语多第一、第二人称	主语多第一、第二人称	主语多第三人称或NP
否定式结构	否定词+情态词+动词	否定词+情态词+动词	情态词+否定词+动词

在以上表格中,"动力情态""道义情态"和"认识情态"所指向的分别为前文三大类中的"动力义""义务义"和"认识义"的情态助动词。从统计结果来看,这些情态助动词在词义分项上的句法特点可描写为三条:

1. $Person_3/NP + Aux_{Epi} + (Neg) + V_{静止状态}$（认识义）
2. $Person_{1,2} + (Neg) + Aux_{deo} + V_{行为;终止}$　（义务义）
3. $Person_{1,2} + (Neg) + Aux_{dyn} + V_{行为}$　　（动力义）

此外,还有一些零散的句法判定标准主要是针对个别助动词的使用而总结的。以下搜集到几条。比如:

【会】

表认识义的"会$_2$"可以用在"不—不"格式之中，而表动力义的"会$_1$"不可以。例如：

(2) 如果你说的很有道理，他不会$_2$不听。
(3) *他不会$_1$不说英语。

此外，相比于表认识义的"会$_2$"而言，表动力义的"会$_1$"可以受程度副词"很"修饰。例如：

(4) *他很会$_2$来的。
(5) 红红很会$_1$弹钢琴。

【应该】

表认识义的"应该$_3$"只能用于肯定句而不能用于否定句（即不能被直接否定而出现"不应该"）或疑问句，表义务义的"应该$_1$"却可以。例如：

(6) 他们应该$_3$已经到了。
(7) *他们不应该$_3$已经到了。
(8) *他们应该$_3$已经到了吗？
(9) 你不应该$_1$欺骗朋友。
(10) 我应该$_1$怎么做才能让你相信我？

此外，表认识义的"应该$_3$"不能单独回答问题，但表义务义的"应该$_1$"可以。例如：

(11) 甲：他屋里亮着灯，你猜他现在应该$_3$在家么？
　　 乙：*应该$_3$。
(12) 甲：我是不是应该$_1$早点出发去接他？
　　 乙：应该$_1$。

【可以】

表义务义的"可以₃"可以被"不"直接否定,但表动力义的"可以₁"不行。对"可以₁"的否定只能用"不能"。例如:

(13) 你不可以₃随地吐痰。
(14) *红红不可以₁一边弹琴一边唱歌。(红红不能一边弹琴一边唱歌。)

此外,表义务义的"可以₃"可以出现在句首,放在人称之前,但表动力义的"可以₁"不行。例如:

(15) 可以₃你去,也可以₃他去。
(16) *可以₁红红弹钢琴。

以上仅是从传统语法的角度寻找到的一些关于多义情态助动词在不同义项使用时相对零散且呈现一定倾向性的句法特点。下面我们再从形式句法学的角度看看情态助动词在多义区分上是否有规律可循。

三 形式句法角度的判定

居于不同词义分项之上的情态助动词其各自所出现的句法位置也是不同的。针对这一点,形式句法学给予了较为明确的呈现。蔡维天(2010)从制图理论(cartographic approach)的观点来阐述模态词[①]的语法特质。鉴于模态词具备多义上的多种用法,文中将其总称为"模态光谱"(modality spectrum)。蔡维天指出:"模态光谱的现象亦即所谓模态性(modality)在汉语的句法结构中其实是呈现一种光谱式分布。其词类由实而虚,其分布由低而高,都在显示模态光谱是语法化造成的结果。"通过对情态助动词与情态副词在句法分布和语义诠释上的分析,

---

[①] 参见蔡维天《谈汉语模态词的分布与诠释之对应关系》,《中国语文》2010 年第 3 期。在该文的讨论中,模态词包括情态助动词与情态副词。

可以得到它们各自在诠释高度上的标定：知识副词 > 知识模态词 > 义务副词 > 义务模态词 > 能愿模态词。从这一顺序看，当情态助动词使用表可能性的"认识义"时，在句法节点位置上最高，其次为"义务义"，而当表"动力义"（包括"能力、意愿、勇气"义）时，其所在的句法位置最低。如下图所示：

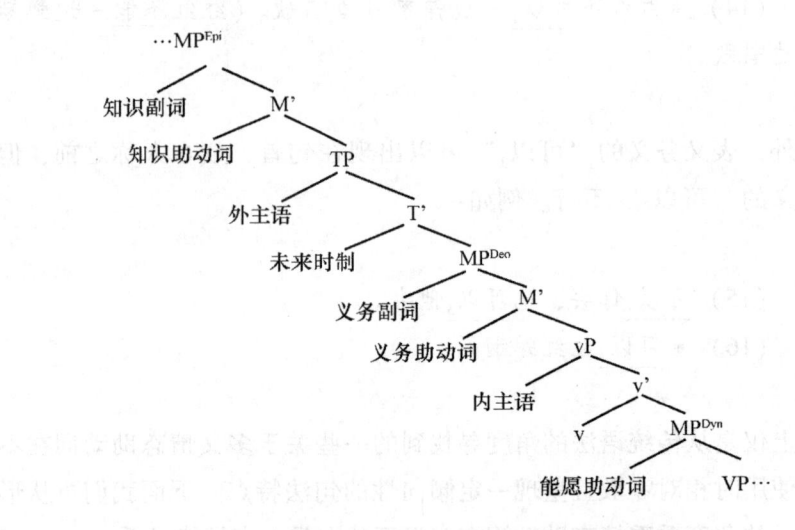

```
…MP^Epi
  │
知识副词  M'
     知识助动词  TP
              │
           外主语  T'
                未来时制  MP^Deo
                       │
                    义务副词  M'
                         义务助动词  vP
                                │
                             内主语  v'
                                  v    MP^Dyn
                                能愿助动词  VP…
```

图 2-1　蔡维天（2010）模态词句法位置分布

另外，居于不同词义分项之上的情态助动词其句法属性也不相同。针对这一点，胡波（2016）对情态助动词从形式句法的角度也展开了分析，认为总的来看，认识情态助动词属于提升动词，动力情态助动词属于控制动词，而道义情态助动词（即"义务情态助动词"）按照"直接道义"与"间接道义"可在两种动词类别上做出二分。胡波（2016）指出，认识情态助动词比如"可能"和"会$_3$"包含一个命题或事件子句论元，为提升动词。① 受子句的句法特征制约，情态助动词"会$_3$"不可以出现在句首，为强制提升动词；"可能"可以出现在句首，为非强

---

① 参见胡波《汉语情态助动词的句法分析》，中国社会科学出版社 2016 年版，第 196—199 页。文中将"可能"也视为情态助动词。另外下文在转引胡文例句时也将其情态助动词的编号依据本书的词表作了重新对应调整。

制提升动词（胡波 2016：196）。例如：

(17) 这本书$_i$ 会$_3$ [$_{TP}$ t$_i$ 出版]。（强制提升）
(18) e 可能 [$_{CP}$ 张三独自去了西藏]。（非强制提升）（转引自胡波用例）

对以上例句胡波（2016：196 - 197）的解释是："根据乔姆斯基，EPP（Extended Projection Principle）特征驱动论元移位，一致核查阻碍移位。强制提升动词带不定式 TP 子句，子句功能中心 T 存在缺陷，不能核查子句主语的格位。子句主语提升到主句 TP 的指示语位置核查其格位，并消去主句 T 的 EPP 特征。非强制提升动词带定式 CP 子句，主句主语位置通过空形式主语 e 核查主句 T 的 EPP 特征。"同时文中还指出："补足语子句主语可提升到情态助动词之前，充当句子的话题。但强制提升动词不能出现在句首，否则句子不合法。"例如：

(19) 张三$_i$ 可能 t$_i$ 独自去了西藏。
(20) *会$_3$ 彗星撞到地球。（转引自胡波用例）

以上是针对认识情态助动词的句法特点而言。而针对根情态助动词，胡波（2016：197）认为，"动力情态助动词和直接道义情态助动词为二元动词，包含一个事件论元和一个施事论元，为控制动词"。这是从论元结构角度对两类情态助动词所作的分析。例如：

(21) a. 张三$_i$ 敢 PRO$_i$ 独自去西藏。
     b. 李四$_i$ 会$_1$ PRO$_i$ 说普通话。（转引自胡波用例）

此外，如果从语义限制角度看，"间接道义情态助动词的语义辖域高于整个命题，属于提升动词，不限制提升主语的语义内涵，允准无生命名词短语"。（胡波 2016：199）例如：

(22) a. ［车站_i 应该_1 ［t_i 按时发车］］。
b. ［会议_i 可以_3 ［t_i 结束］了］。（转引自胡波用例）

　　形式句法对情态助动词在多义使用的句法特点呈现上给出了较好的解答，包括句法节点位置的高低以及提升和控制两类动词性质的区别。但相比于传统语法来说，对其做出分析也需要具备一定的理论基础。
　　情态助动词的多义使用问题归根结底是关于意义的问题，更为直接的处理方式似乎还是应该回归到语义和语用层面来寻求答案。不过，情态助动词在多义使用上或可呈现出一些句法特点，而这些句法特点也可以反过来在一定程度上帮助我们对其多种词义的使用进行分析判定，这也正是利用情态助动词展开对情态意义相关讨论的前期准备之一。

第三章
汉语语义情态的表达类型

由词义表达的情态意义具备语义性质,由语用含义表达的情态意义具备语用性质。就汉语情态助动词的情况看,其表情态义项中除了词义之外也包含了被误当成词义的语用含义,因此借由情态助动词表达的各情态类型也就有机会在语义和语用的多重性质上呈现分立。以下我们将集中考察这一问题。本章首先探讨汉语情态的语义性表达情况,它们皆可以由情态助动词的词义直接表达。此外,同一个情态助动词在居于不同义项上的使用时往往也会表现出不同的句法特点,而这些使用特点也可以作为区分词义乃至分辨不同情态意义类型的重要依据。值得一提的是,汉语情态助动词所能表达的情态类型实际上较帕尔默(2001)经典体系中的所涉类型更为丰富,在本章里我们也会予以补充。

第一节　语义性的认识情态

认识情态是汉语中一种重要的情态类型。其情态意义表现为:发话者基于个人有关的认识因素在主观上估计某事件可能呈现某种情景或在主观上估计某事件必然呈现某种情景。"认识"因素包括个人的相关经验以及与常识或百科知识等有关的认知性内容。汉语里可以表达认识情态的助动词包括"会$_2$""应该$_3$""应当$_3$""应$_3$""该$_3$"和"得$_3$"等,它们皆可以凭借各自的词义直接表达认识情态意义,而处于该义项使用之上的这些情态助动词相比于表达其他义项来说也具备固定的句法使用特点。

一　会$_2$

"会$_2$"表示"有可能"，表达认识情态。请看例句：

(1) 条件如果起了变化，结果也会要发生变化。[《现代汉语八百词（增订本）》用例]
(2) 十一点半到那里，她会留咱们吃午饭。（老舍《残雾》）
(3) 要是往日，他会要她们重报的。（毕淑敏《补天石》）

上述三例均表达的是发话者依据个人相关认识因素主观推测某事件有可能发生或有可能呈现某种情景。比如例（1），发话者依据对"条件的改变将导致结果改变"的因果规律的认知，主观推测"结果将要发生变化"这是有可能发生的事；例（2），发话者依据对"她"的有关了解（比如知道"她"为人热情）主观推测"她留咱们吃午饭"这是有可能发生的事；例（3），发话者也同样依据对"他"的脾气的相关了解而推测"他要她们重报"这也是有可能发生的事。在"会$_2$"词义的作用下，三句皆可表达认识情态意义。在常规使用中，"会$_2$"区别于表"能力"的"会$_1$"，主要在于其不能受程度副词的直接修饰。请看：

(4) *条件如果起了变化，结果很会要发生变化。
(5) *十一点半到那里，她很会留咱们吃午饭。
(6) *要是往日，他很会要她们重报的。

二　应该$_3$、应当$_3$、应$_3$、该$_3$

"应该$_3$""应当$_3$""应$_3$"和"该$_3$"也能表达认识情态。但与"会$_2$"所表达的"有可能"不同，这一组表达的意义是"估计情况必然如此"，是发话者从主观上做出的"必然性"的推断。首先请看"应该$_3$"。例如：

(7) 我住在东跨院，和主宅完全隔离，在过去应该是属于一位

待字的小姐的起卧处。(端木蕻良《记一二九》)

(8) 近来有人说结婚是爱情的坟墓，这话<u>应该</u>是对的。(王了一《夫妇之间》)

(9) 遇到细雨如丝的杨梅时节，即使并不害怕从前的那种吃法，我的舌头<u>应该</u>感觉不出从前的那种美味了，我的牙齿<u>应该</u>不能像从前似的能够容忍那酸性了。(鲁彦《故乡的杨梅》)

以上三例均是发话者依据个人相关认识因素主观推测某事件必然发生或必然呈现某种情景。在例(7)中，发话者依据对早期院落布局与人们的居住习惯的了解而主观推测"我住的东跨院在过去是属于一位待字的小姐的起卧处"，这是必然如此的情况；例(8)，依据对婚姻与爱情的经验而主观推测"婚姻是爱情的坟墓，这话是对的"，这也是必然如此的事；例(9)，依据对自己品尝杨梅时心境的把握而主观推测"我的舌头感觉不出从前的美味，我的牙齿不能像从前似的能够容忍那酸性了"，这些也是必然如此的事。由此，在"应该$_3$"词义的作用下，三例皆可表达认识情态意义。在具体使用中，区别于表"必须如此"的"应该$_1$"和"应该$_2$"，"应该$_3$"不能被用于单独回答问题，而且也不能被"不"直接否定，对其否定只能用"不一定"。请看：

(10) a. 甲：东跨院<u>应该</u>是属于一位小姐的起卧处吧？
　　　　乙：<u>应该</u>是。／＊<u>应该</u>。
　　　＊b$_1$. 东跨院不<u>应该</u>是属于一位小姐的起卧处。①
　　　　b$_2$. 东跨院<u>不一定</u>是属于一位小姐的起卧处。

(11) a. 甲：近来有人说结婚是爱情的坟墓，这话<u>应该</u>是对的吧？
　　　　乙：<u>应该</u>是对的。／＊<u>应该</u>。
　　　＊b$_1$. 近来有人说结婚是爱情的坟墓，这话不<u>应该</u>是对的。

---

① 若"应该"表"情理上必须如此"，则本句成立。

    b₂. 近来有人说结婚是爱情的坟墓，这话<u>不一定</u>是对的。
(12) a. 甲：你<u>应该</u>感觉不出从前的那种美味了吧？
    乙：<u>应该</u>感觉不出了。／*<u>应该</u>。
   *b₁. 我<u>不应该</u>感觉不出从前的那种美味。
    b₂. 我<u>不一定</u>感觉不出从前的那种美味。

  另外，"应当₃"与"应该₃"同义，也能直接表达认识情态意义。例如：

  （13）这个目标，经过努力<u>应当</u>可以达到。[《现代汉语八百词》用例]
  （14）李大妈亲自宣传过婚姻法，她<u>应当</u>明白了再嫁没有什么不体面，必定有更深的难言之隐！(老舍《全家福》)
  （15）昨天晚上忘了看看有月亮没有，<u>应当</u>是红色的月牙。(张爱玲《红玫瑰与白玫瑰》)

  在例（13）里，发话者依据"努力就有收获"的个人经验而主观推测"努力之后就能达到目标"这是必然如此的情况；例（14）与例（15）也同样，分别依据对"李大妈"的了解而推测她必然是"明白再嫁没有什么不体面"的，以及依据对天气状况的经验性认识从主观上推测"昨晚的月牙是红色的"这是必然如此的情景，由此表达了认识情态。从句法使用特点上说，"应当₃"与"应该₃"相同，也不能用于单独回答问题，而且也不能被"不"直接否定，这些也均是表达"必须如此"之义的"应当₁"和"应当₂"所不具备的特点，在此不赘。
  最后是"应₃"和"该₃"，二者也能表达认识情态意义。比如：

  "应₃"：
  （16）始终我也没顾得看看脚上拴的是什么东西，大概因为我总以为脚镣全<u>应</u>是铁做的。(老舍《猫城记》)

(17) 吴与二李，是山水画的开创人，这个说法出自唐代权威的画论家，<u>应</u>是有根据的。（郁风《画圣与画风演变》）

(18) 看他此刻神情恍惚，<u>应</u>是受到了惊吓。（网络语料）

"该₃"：

(19) 小心闯了祸，又<u>该</u>挨批评了。[《现代汉语八百词（增订本）》用例]

(20) 你太太不是在洗头发么？这会子也<u>该</u>洗完了。（张爱玲《红玫瑰与白玫瑰》）

(21) 鸟的王国<u>该</u>是美丽的吧，不然怎样会引起那个老雅典人的憧憬？（靳以《鸟和树》）

上述例句也都能体现发话者依据相关个人的认识因素而从主观上推测某事件情景必然怎样，表现为认识情态，且情态意义也均由"应₃"和"该₃"的词义所直接表达，体现为语义性质。在具体使用中，"应₃"区别与表"必须如此"义的"应₁"和"应₂"，表现在它不能被"不"直接否定，表否定时可用"不一定"。请看：

(22) *a. 脚镣不<u>应</u>是铁做的。
　　　b. 脚镣<u>不一定</u>是铁做的。

(23) *a. 这个说法并非出自唐代权威的画论家，不<u>应</u>是有根据的。
　　　b. 这个说法并非出自唐代权威的画论家，<u>不一定</u>是有根据的。

(24) *a. 他不<u>应</u>是受到了惊吓。
　　　b. 他<u>不一定</u>是受到了惊吓。

而"该₃"也同样区别于表"必须如此"义的"该₁"和"该₂"，在于不能被用于单独回答问题也不能受"不"的直接否定，表否定时也可以用"不一定"。请看：

(25)　a. 甲：你又该挨批评了吧？

　　　　乙：该挨批评了。／*该。

　*b₁. 闯了祸也不该挨批评。

　　b₂. 闯了祸也不一定挨批评。

(26)　a. 甲：你太太这会子也该洗完了吧？

　　　　乙：该洗完了。／*该。

　*b₁. 你太太这会子还不该洗完。

　　b₂. 你太太这会子还不一定洗完。

(27)　a. 甲：鸟的王国该是美丽的吧？

　　　　乙：该是美丽的。／*该。

　*b₁. 鸟的王国不该是美丽的。

　　b₂. 鸟的王国不一定是美丽的。

三　得₃

最后，"得₃"表示"估计情况必然如此"，也能表达认识情态。例如：

(28) 慢慢地你就明白了，有那么一天，你我都得作亡国奴！（老舍《茶馆》）

(29) 呦嗬，可不是嘛，起码得有三十七八度。（霍达《绝症》）

(30) 是个母鸡总得下蛋，别磨烦了。（曹禺《日出》）

在"得"的词义作用下，例(28)的发话者依据个人的经验性认识主观推测"你我都将作亡国奴"这是必然如此的情景；例(29)，依据对温度的经验性感知而主观推测"（当前体温）有三十七八度"这是必然如此的情况；例(30)，依据对母鸡会下蛋的相关经验性认识而主观推测"母鸡终将下蛋"这也是必然发生的事件情景。三句也均表达了认识情态意义。虽然与表"必须如此"义的"得₁"和"得₂"相同，"得₃"也不能被用于单独回答问题，并且也不能被"不"直接否定，但

不同之处在于对其否定并非用"不用",而是用"不一定"。请看:

(31) a. 甲:你我早晚<u>得</u>作亡国奴吧?

乙:(早晚)<u>得</u>作王国奴。／＊<u>得</u>。

＊b₁. 你我不<u>得</u>作亡国奴。

b₂. 你我<u>不一定</u>作亡国奴。

(32) a. 甲:这<u>得</u>有三十七八度吧?

乙:<u>得</u>有。／＊<u>得</u>。

＊b₁. 这不<u>得</u>有三十七八度。

b₂. 这<u>不一定</u>有三十七八度。

(33) a. 甲:是个母鸡总<u>得</u>下蛋吧?

乙:(总)<u>得</u>下蛋。／＊<u>得</u>。

＊b₁. 母鸡不<u>得</u>下蛋。

b₂. 有的母鸡<u>不一定</u>下蛋。

综上,认识情态意义可以借由情态助动词的词义直接表达,包括"会₂""应该₃""应当₃""应₃""该₃"和"得₃"等,体现为语义性质。

第二节 语义性的义务情态

义务情态作为汉语中三大主要情态类型之一,其表达的情态义为:发话者依据道德或法律规章以及由此赋予的个人自主权威等因素而认定某事件理所应当被执行或许可被执行。汉语里可以表达义务情态意义的助动词较为丰富,主要包括"能₃""能够₃""可以₃""可₂""应该₁""应当₁""应₁""该₁""得₁""要₂"和"须要₁"等。

一 能₃、能够₃

"能₃"表示"情理上许可",该词义可以表达义务情态。请看例句:

(34) 不能只考虑个人，要多想集体。[《现代汉语八百词（增订本）》用例]

(35) 在空旷的地方才能燃放爆竹，并且还要注意远离其他易燃物品。(《报刊精选》，1995年)

(36) 明天的晚会家属也能参加。(网络语料)

若从情态所体现的"主观性"特性角度看，例（34）表达的是发话者所认定的"为人处世不允许只想个人，要多为集体着想"的个人看法，这是其主观态度的具体表现；从"促成因素"角度看，在该例中促使发话者阐发这种言者主观态度的依据是出于"社会道德"所赋予人们的要求，属于"义务"因素；另外，句中所涉事件"（做人）只考虑个人"也并非发话者直陈的现实性事件，而是他所假想的且在他看来要避免发生的事件情景，由此也体现出了情态"非现实性"的特点。在这一词义的作用下，全句表达出了义务情态意义。而后两例也同样如此，在例（35）和例（36）中，发话者分别是基于"社会规定"和"公司规定"的义务因素在主观上认定"在空旷的地方燃放爆竹"和"家属参会"也都是被允许发生的事，随即表达出了个人态度，表达了义务情态意义。从句法特点来说，"能$_3$"虽然同表"能力"和"功能"义的"能$_1$"和"能$_2$"一样也可以用作单独回答问题，但区别之处在于它多不能受程度副词的直接修饰。请看：

(37)　a. 甲：(我们)能只考虑个人吗？
　　　　　乙：能。／不能。
　　＊b. 不很能只考虑个人。
(38)　a. 甲：在空旷的地方能燃放爆竹吗？
　　　　　乙：能。／不能。
　　＊b. 在空旷的地方很能燃放爆竹。
(39)　a. 甲：明天的晚会家属也能参加吗？
　　　　　乙：能。／不能。
　　＊b. 明天的晚会家属很能参加。

"能够$_3$"与"能$_3$"同义,也可以凭借其词义直接表达义务情态,此时情态意义也表现为语义性质。请看例句:

(40) 我不能够这样地久站下去,瞻仰遗容的人开始接连地来了。(巴金《永远不能忘记的是情感》)

(41) 我能够同贺龙将军到前线生活几个月,这确是一桩值得被人艳羡的最大的愉快。(沙汀《贺龙将军印象记》)

(42) 封锁中能够自由通过的人,谁都不好意思不挺着胸,走得啪啪响。(张爱玲《道路以目》)

在例(40)中,发话者依据"葬礼仪程"认为"我这样久站下去"是不行的;在例(41)和(42)中则是分别依据"上级指示"和"封锁区的规定",认为"同贺龙将军到前线生活"以及"自由通过封锁区"都是被允许发生的事。在"能够$_3$"词义的作用下,三例也都表达了义务情态意义。不过,区别于表"能力"和"功能"义的"能够$_1$"和"能够$_2$","能够$_3$"也多不能受程度副词修饰;而同时区别于同义的"能$_3$","能够$_3$"也多不用于单独回答问题。请看:

(43) *a. 我不很能够这样地久站下去。
　　　b. 甲:我能够这样地久站下去吗?
　　　　乙:能。/ *能够。

(44) *a. 我很能够同贺龙将军到前线生活几个月。
　　　b. 甲:我能够同贺龙将军到前线生活几个月吗?
　　　　乙:能。/ *能够。

(45) *a. 封锁中个别人很能够自由通过。
　　　b. 甲:封锁中个别人能够自由通过吗?
　　　　乙:能。/ *能够。

二　可以$_3$、可$_2$

"可以$_3$"表示"情理上许可",该词义可以表达义务情态。请看例句:

(46) 公园里可以打猎，别墅里要有桑拿浴。(陈世旭《将军镇》)

(47) 如果处理得你不满意，你可以随时找我。(方方《定数》)

(48) 那里有我的一套三室两厅的房子，刚刚装修过，你可以在那里暂住到分到房子那天。(柳建伟《突出重围》)

在例（46）中，发话者依据公园的有关规章而认定"在公园里打猎"是被允许发生的事；例（47）依据发话者个人权威而认定"你随时找我"也是被允许发生的事；例（48）依据发话者对房子的自主所有权而认定"你在我的房子里暂住到分房子那天"也是允许发生的事。在"可以$_3$"词义的作用下，以上三例也均表达了义务情态意义。在具体使用中，"可以$_3$"能够受到否定副词"不"的直接否定，表禁止义，而这是"可以$_1$"和"可以$_2$"所不具备的句法特点。请看：

(49) 公园里不可以打猎。

(50)（在工作时间）你不可以随时找我。

(51) 那是我刚刚装修过的房子，你不可以在那里住。

同样地，与"可以$_3$"同义的"可$_2$"也能够凭借其词义直接表达义务情态意义。例如：

(52) 学校要严格执行国家对接受义务教育的学生免收学费的规定，但可按省级政府和有关主管部门的规定收取杂费。(网络语料)

(53) 行李可寄存在服务台，一会儿再去拿。(网络语料)

(54) 台湾是中国的领土，不可分割！(《人民日报》，2010)

在以上例句中，发话者也分别依据相应的义务因素认定了各自事件的发生是许可的或不被许可的，表达了语义性的义务情态。而从句法特点上看，"可$_2$"也可以受否定副词"不"的直接否定，表禁止义，这是

"可₁"所不具备的句法使用特点。请看：

(55) 台湾不可分割。
(56) 学校不可收取杂费。
(57) 行李不可寄存在服务台。

三 应该₁、应当₁、应₁、该₁

"应该₁""应当₁""应₁"和"该₁"也能表达义务情态。不过与前面两组情态助动词所表达的"情理上许可做某事"的"弱"义务义不同，该组表达的是"情理上必须做某事"的"强"义务义。首先请看"应该₁"。例如：

(58) 生命的意义不仅是索取，也应该有奉献。(郁秀《花季雨季》)
(59) 您既是村长，又是家长，就应该带头儿成全这好事一桩。(老舍《柳树井》)
(60) 是我的工作没有做好，这件事我有责任，我应该做检讨，应该深刻检讨。(张平《十面埋伏》)

以上三例都是表达发话者围绕着一个想象的事件情景而阐发主观言者态度，并且所依据的也均是"义务"因素。比如例(58)，发话者依据道德准则的要求而认定"在生命中做出奉献"是每个人都必须做的事；例(59)，依据"村长"的权利与义务而认定"您带头儿成全这好事一桩"也是"你"(村长)必须做的事；例(60)，依据工作奖惩的有关规定而认为"我做深刻的检讨"也是"我"必须去做的事。上述义务情态意义皆由"应该₁"的词义直接表达，体现为语义性质。在具体使用中，"应该₁"也可以被用于单独回答问题，并且也可以受否定副词"不"的直接否定，表禁止义。这些也都是表推测义的"应该₃"所不具备的句法特点。请看：

(61) a. 甲：生命的意义<u>应该</u>有奉献吗？
　　　乙：<u>应该</u>。
　　b. 生命的意义不仅是索取，也不<u>应该</u>忘记还有奉献。
(62) a. 甲：您觉得您<u>应该</u>带头儿成全这一桩好事吗？
　　　乙：<u>应该</u>。
　　b. 您不<u>应该</u>带头儿成全这桩事。
(63) a. 甲：这件事你有责任，你认为你<u>应该</u>做检讨吗？
　　　乙：<u>应该</u>。
　　b. 这件事我没有责任，我不<u>应该</u>做检讨。

"应当$_1$"与"应该$_1$"同义，也能直接表达义务情态意义。例如：

(64) 说话、写文章都<u>应当</u>简明扼要。[《现代汉语八百词（增订本）》用例]
(65) 我们是工人，是新国家的工人，我们<u>应当</u>学习，多多学习！(老舍《春华秋实》)
(66) 当了母亲的人，处处<u>应当</u>替子女着想，就是自己不保重身体，也<u>应当</u>替孩子做个服从的榜样。(老舍《雷雨》)

从句法使用特点上看，"应当$_1$"与"应该$_1$"相同，表现为可以被用于单独回答问题，而且也可以受否定副词"不"的直接否定。在此不赘。

最后，"应$_1$"与"该$_1$"也能凭借词义直接表达义务情态。请看以下两组例句：

"应$_1$"：
(67) 一想到孙子，他就觉得儿子<u>应</u>负管教他们的责任，而祖父只是爱护孙子的人。(老舍《四世同堂》)
(68) 按老师要求交卷后，<u>应</u>即刻把已考的科目放下，不要再去翻书或与他人对答案。(网络语料)

(69) 市民在自己的家庭内将垃圾分为可回收物和不可回收物，应分类投放。(网络语料)

"该₁"：

(70) 先生，你喝够了茶，该外边活动活动去！（老舍《茶馆》）

(71) 淑菱，现在是抗战期间，凡是一个国民都该以最大的努力，去救亡图存！（老舍《残雾》）

(72) 如今他死了，他死是为大伙，咱们该补助他，大伙说，帮助死的呢，还是帮助活的呀？（周立波《暴风骤雨》）

从句法使用特点而言，虽然"应₁"与"应该₁"相似，但区别在于"应₁"不能用于单独回答问题，需要时只能用"应该"或"应当"。比如：

(73) 甲：你认为儿子应负管教他们的责任吗？
　　 乙：应该。/ *应。

(74) 甲：交卷后应即刻把已考的科目放下吗？
　　 乙：应该。/ *应。

(75) 甲：垃圾应分类投放吗？
　　 乙：应该。/ *应。

而"该₁"却可以被用于单独回答问题，同时这也是区别于"该₃"的句法使用特点。请看：

(76) 甲：你该外面活动活动去了吧？
　　 乙：该。

(77) 甲：抗战期间，每个国民都该以最大的努力去救亡图存吧？
　　 乙：该。

(78) 甲：他死是为大伙，咱们该补助他吗？
　　 乙：该。

四　得₁、要₂、须要₁

"得₁""要₂"和"须要₁"也是凭借词义直接表达"强"义务情态，此时情态意义也具备语义性质。首先是"得₁"，词义表示"情理上必须如此"。请看：

(79) 你<u>得</u>抽空把没登记的书都登记下来。(杨绛《洗澡》)
(80) 我说什么，你都<u>得</u>听着！(冯苓植《雪驹》)
(81) 不管怎么样，先<u>得</u>坚持工作。(雪克《战斗的青春》)

例（79），发话者依据个人自主权威而认定"把没登记的书都登记下来"是"你"必须要做的事；例（80），依据个人权威而认定"我说的话你都听着"也是"你"必须要做的事；例（81），依据工作道德的要求而认定"先坚持工作"也是必须要做的事。此三句均表达了义务情态意义。从使用上看，"得₁"不能单独回答问题，而且也不能受"不"的直接否定形成"不得（děi）"①，对其否定只能用"不用"或"用不着"，这是与"得₃"的区别之处。比如：

(82)　a. 甲：我<u>得</u>把没登记的都登记下来吧？
　　　　　乙：<u>得</u>都登记下来。／*<u>得</u>。
　　*b₁. 你不<u>得</u>把没登记的书都登记下来。
　　　b₂. 你<u>用不着</u>把没登记的书都登记下来。
(83)　a. 甲：你说什么我都<u>得</u>听吧？
　　　　　乙：(都) <u>得</u>听。／*<u>得</u>。
　　*b₁. 我说什么你都不<u>得</u>听。
　　　b₂. 我说什么你都<u>用不着</u>听。
(84)　a. 甲：你<u>得</u>坚持工作吧？

---

① 表禁止义的"不得（dé）"是否定副词"不"对表允许义的"得（dé）"的直接否定，而非对"得（děi）"的否定。"得（dé）"与"得（děi）"是不同的情态助动词。前者由于是非典型成员，本书未作讨论。

乙：得坚持工作。／＊得。
＊b₁. 你不得坚持工作。
b₂. 你不用坚持工作。

最后，"要₂"和"须要₁"也可以凭借词义直接表达义务情态意义。请看以下两组例句：

"要₂"：
（85）谁违反这一条，要给以严厉的处分。（甘耀稷《刘伯承与陈毅的旷世之谊》）
（86）你小心，你这样说话，你要小心。（曹禺《雷雨》）
（87）对一些污染严重的现象，要予以曝光。（《人民日报》，1995）

"须要₁"：
（88）医务工作者须要有奉献精神。[《现代汉语八百词（增订本）》用例]
（89）工作就须要认真。[《现代汉语八百词（增订本）》用例]
（90）所有提交国务院证券监督管理机构的股票发行申请，都须要由发行审核委员会依法进行审核。（《证券法》条例）

从句法使用特点来看，"要₂"可以受"不"的直接否定，这是"要₁"和"要₄"所不具备的特点。比如：

（91）念他是初犯，暂不要给以太过严厉的处分。
（92）你不要太过小心，有什么话就直说。
（93）这件事关系重大，先不要曝光。

但对"须要₁"来说，对其否定也常用"无须"，而并非"不须要"。比如：

(94) *a. 医务工作者不须要有奉献精神，这是不对的。
　　　b. 医务工作者无须有奉献精神，这是不对的。
(95) *a. 工作不须要认真。
　　　b. 工作无须认真。
(96) *a. 所有提交的申请都不须要审核。
　　　b. 所有提交的申请都无须审核。

综上，义务情态意义可以借由情态助动词的词义直接表达，包括"能₃""能够₃""可以₃""可₂""应该₁""应当₁""应₁""该₁""得₁""要₂"和"须要₁"等，体现为语义性质。上述各义项在使用时可以表现出区别于其他义项的固有句法特点，也可作为区分情态意义类型的句法判定依据。

第三节　对汉语环境情态类型的增补

汉语中也存在一种与义务情态较为相似的情态类型，即环境情态①，不过传统或是大都忽略了这种类型，又或是直接将其也视为义务情态，原因在于这两种情态类型皆可以由相同形式的情态助动词表达，并且彼此的情态意义也非常相近，当然若仔细比较也能发现二者存在语义上的差别。请看：

(97) 依照公司规定，你能休假三天。
(98) 从上海到北京，你能坐飞机，也能坐高铁。

上述两例皆可以表示与"许可做某事"相关的意义内容，因此似乎

---

① 这种情态类型的诱发因素与"客观现实环境"有关，依据帕尔默基于"促成条件因素"的定名原则，本书暂作出如此称述。但须明确的是环境情态仅是依据外部客观现实条件环境等因素而促使发话者表达针对一个非现实性事件情景的个人主观态度，这与情态的"非现实性"特点并不冲突。

都表达的是义务情态，不过若仔细分析也能发现其中的差别。比如例（97），"许可你休假三天"的前提因素是依据"公司规定"，这属于规章规则条款等赋予人的"义务"因素，带有明显的人文制定性的特点；但在例（98）中，"许可你坐飞机，坐高铁"的原因却完全不是依据人文制定的"规章规定"的义务因素，而是考虑到"自然现实环境"的情况，即"从上海到北京的路途遥远"，正是基于这一客观现实环境因素而允许"你"有选择坐飞机或坐高铁的可能。其实，除了依据"促成条件因素"的不同之外，若从发话者伴随言说过程所实施的直接言语行为上看，这两种情态类型也有表现差别。如果说例（97）的发话者是在实施一种相对弱等级的"指令"行为，那么例（98）则表现为发话者在实施一种"建议"行为。因为"规章条款"因素可以赋予发话者更高的地位，自然也就可以对地位相对较低的听话者直接发布指令。但"客观现实环境"因素并不能直接赋予发话者高于听话者的地位，两位交际者此时可能地位平等，甚至也有可能发话者的地位较听话者还要低，因此发话者无权指令听话者而只能是平等地给出建议。范晓蕾（2014）曾注意到这两种情态类型存在"受制因素"方面的差异，而吕叔湘（1999：415）也有意将"许可做某事"的义项做出"情理上许可"和"环境上许可"的二分，前者可以直接对应于"义务"因素，而后者也可以直接对应到"客观现实环境"因素之上。由此可见，环境情态与义务情态确也存在差异，具备独立的合理性。

　　环境情态的情态意义表现为：发话者依据客观现实环境或条件等因素而认定某事件理所应当被执行或许可被执行。汉语里可以表达这种情态意义的助动词包括"能$_4$""能够$_4$""可以$_4$""可$_3$""应该$_2$""应当$_2$""应$_2$""该$_2$""得$_2$""要$_3$"和"须要$_2$"等，它们皆可以凭借词义而直接表达这种情态意义，因此也体现为语义性质。而处于该义项之上的这些情态助动词相比于其他义项的使用来说也具备其固定的句法特点。

一　能$_4$、能够$_4$

　　"能$_4$"表示"环境上许可"，该词义可以表达环境情态。请看例句：

(99) 下游能行驶轮船。[《现代汉语词典（第7版）》用例变形]

(100) 这衣服不能再瘦了，再瘦就没法穿了。[《现代汉语八百词（增订本）》用例]

(101) 这也就能在家里穿穿，没法穿到大街上去。（曹桂林《北京人在纽约》）

比如例（99），发话者正是依据"河水下游水面宽阔平缓，适合行船"的现实环境，因而认定"在下游行驶轮船"这是在自然条件下允许发生的事。或者也可以说，正是这样的客观现实情况本身许可了"在下游行驶轮船"这一事件的发生。例（100），基于"衣服的尺码和发话者自己身材"的现实状况，发话者不允许"衣服再瘦"这件事的发生；同样在例（101）中，"社会时代对衣服款式的接受程度"现状只能允许"仅在家里穿这件衣服"。以上均是"客观现实环境"因素允许或不允许某事件的发生。在"能$_4$"词义的作用下，例句均可以表达环境情态意义，体现为语义性质。而在句法使用上，"能$_4$"与"能$_3$"相同，也可以用于单独回答问题，而且也多不受程度副词的直接修饰，在此不赘。

与"能$_4$"同义的"能够$_4$"也能表达环境情态意义。例如：

(102) 在祖国的最北边，离满洲里不远的是达赉湖，若是有人不信在边疆的最北边还能够打鱼，就请他自己去看看。（老舍《内蒙风光》）

(103) 十年过去了，可喜老哥哥还在人间，暑假在家住了一天，没能够见到他。（臧克家《老哥哥》）

(104) 加油站里不能够抽烟。（网络语料）

在例（102）中，依据"边疆的最北边有个达赉湖且湖中有鱼"这一现实情况，发话者认定"在边疆的最北边打鱼"从自然条件上说是被允许发生的事。例（103），"我暑假仅在家住了一天"这一现实情况没能允许"我见到他"这件事的发生；例（104），由于"加油站空气中带有易燃气体成分易发生爆炸"的客观现实，因此不允许"在加油站抽烟"这种事的发生。在"能够$_4$"的词义下，三例均体现了基于客观现实环境因素许可或不许可做某事的发生，表达了环境情态意义。而在句法使用上，与"能够$_3$"相同，"能够$_4$"也多不可以受程度副词的直接修饰，并且也多不被用于单独回答问题。在此不赘。

二 可以$_4$、可$_3$

"可以$_4$"也表示"情理上许可"，该词义能够表达环境情态。比如：

（105）去八尾町有3条路线，<u>可以</u>坐飞机经富山进入八尾；也<u>可以</u>乘信越线后转乘北陆线进入富山；还<u>可以</u>乘东海道新干线沿高山线到达。（森村诚《人性的证明》）

（106）考试当天可能会交通拥堵，<u>可以</u>预先选定好几条备用路线。（网络语料）

（107）这里水面平缓，<u>可以</u>游泳。（网络语料）

在例（105）中，允许人们选择"坐飞机、乘信越线和乘东海道线去八尾町"是基于实际的地理路况；例（106），允许"提前选择备用路线"是基于考试当天道路拥堵的现实情况；例（107），允许"在这里游泳"也是基于这里水面平缓的现实情况。在"可以$_4$"词义的作用下，三例也均表达了环境情态意义。在具体使用中，"可以$_4$"同"可以$_3$"一样，也能受否定副词"不"的直接否定，表禁止义，在此不赘。

"可$_3$"与"可以$_4$"同义，也可以表达环境情态意义，体现为语义性质。例如：

（108）这道菜味道酸甜且不容易坏，<u>可</u>放着慢慢吃。（网络语料）

（109）吃剩的菜<u>可</u>放入冰箱冷藏保鲜。（网络语料）

（110）预防该病的发生，要尽量避开致敏源，如果发痒时<u>可</u>冷敷，但要避免用手揉或热敷。（网络语料）

从句法特点上看,"可$_3$"与"可$_2$"相同,也可以受到否定副词"不"的直接否定,表禁止义,在此不赘。

三 应该$_2$、应当$_2$、应$_2$、该$_2$

"应该$_2$""应当$_2$""应$_2$"和"该$_2$"也能表达环境情态。但与上文表达的"环境上许可做某事"不同,该组表达的意义是"环境上必须做某事"。首先请看"应该$_2$",表示"环境上必须如此"。例如:

(111) 女人还是<u>应该</u>有自己的事业,<u>应该</u>独立,贤妻良母决不是逆来顺受的同义词。(白帆《寂寞的太太们》)

(112) 你们这伙年轻的,嘴上无毛,办事不牢!遇见这种事,<u>应该</u>找个有胡子的来出出主意!(老舍《春华秋实》)

(113) 从家到公司这么远,你<u>应该</u>打个车来。(网络语料)

以上三例都表达了发话者围绕着一个想象的事件情景所阐发言者主观态度,所依据的也均是客观现实环境因素。如例(111),正是当前女性所面临的社会环境现实要求了"女性要有自己的事业以及要独立";例(112),通常年长者办事更有经验的现实情况要求了"找个有胡子的来出出主意"事件的发生;例(113),从家到公司路途遥远的现实环境情况决定了"你打个车来"也是理应发生的事。上述环境情态意义皆由"应该$_2$"的词义直接表达,体现为语义性质。在具体使用中,"应该$_2$"同"应该$_1$",也可以被用于单独回答问题,并且也可以受否定副词"不"的直接否定,表禁止义。在此不赘。再看"应当$_2$"。例如:

(114) 在抗战期间,谁都<u>应当</u>尽力工作,在家里蹲着算干什么的呢?(老舍《残雾》)

(115) 老太太<u>应当</u>下乡看看去,咱们的力量可厚了去啦!妇女都出来了嘛!孩子放不下呀,办托儿所!没有工夫做饭哪,办食堂!(老舍《女店员》)

(116) 荆友忠大吃一惊:"一题子弹?你为什么不早说?你<u>应</u>

<u>当</u>上医院,不该在这里学习!"(老舍《西望长安》)

与"应该₂"同义,"应当₂"也能表达环境情态意义。例(114),抗战时期的特殊环境情况要求了"尽力工作"是每个人都必须做的事;例(115),新时期乡下生活的实际环境情况要求了"老太太下乡去看看(即老太太转变生活观念)"也是"老太太"必须去做的事;最后,例(116),"你"中弹亟须就医这一现实处境要求"你上医院"也是"你"必须做的事。此三句均表达了环境情态意义。从句法使用特点上看,"应当₂"也与"应该₂"相同,在此不赘。

最后,"应₂"和"该₂"也能表达环境情态意义。比如:

"应₂":

(117)首先要确定必须完成哪些学习任务,再根据学习者的实际情况确定哪些<u>应</u>先学,哪些<u>应</u>后学。(网络语料)

(118)认字容易,写字困难,从教学原则考虑,<u>应</u>先易后难,先认后写。(网络语料)

(119)疫情期间<u>应</u>勤洗手并注意消毒。(网络语料)

"该₂":

(120)天一凉,就<u>该</u>加衣服了。(词典例句)

(121)我当了义和团,跟洋人打了几仗!闹来闹去,大清国到底是亡了,<u>该</u>亡!(老舍《茶馆》)

(122)心烦的时候就<u>该</u>多出去走走。(网络语料)

以上各例句也都体现为发话者基于客观现实环境因素而要求某人做某事或某件事发生的必要性,体现为环境情态意义的表达,而且情态意义也皆是由"应₂"和"该₂"的词义直接表现,体现为语义性质。

四 得₂、要₃、须要₂

"得₂""要₃"和"须要₂"也能凭借其词义直接表达环境情态意义,此时情态意义也体现为语义性质。首先是"得₂",表示"环境上必须如此"。请看：

(123) 这楼上有病人，旁边也有病人，你得乖乖的坐着，不要闹。(曹禺《雷雨》)

(124) 张班长取来一棵三八大盖，三排子弹，交给赵玉林，萧队长说："你得多加小心呀老赵。"（周立波《暴风骤雨》）

(125) 你得快点儿，要不然就晚了。（词典语料）

在例 (123) 中，因为楼上和旁边都住着病人，这一现实环境要求了"你乖乖坐着不要闹"是"你"必须要做的事；例 (124)，战场上凶险的环境情况要求了"你（老赵）多加小心"也是"你（老赵）"必须要做的事；最后例 (125) 也同样，当前剩余时间已经不足，这一现实环境要求了"你行动快点儿"也是"你"必须要做的事。此三句均表达了环境情态意义。而在句法使用上，"得$_2$"同"得$_1$"一致，在此不赘。

最后，"要$_3$"和"须要$_2$"也都表示"环境上必须如此"，请看以下两组例句：

"要$_3$"：

(126) 水果要洗干净再吃。[《现代汉语八百词（增订本）》用例]

(127) 在旅游旺季出门要尽可能错开人群流量高峰。（网络语料）

(128) 路很滑，大家要小心。（自拟例句）

"须要$_2$"：

(129) 这种病须要卧床休息，养病须要安心。[《现代汉语八百词（增订本）》用例]

(130) 及至到达广州白云机场上空时，云层较厚，看不到地面，须要利用地面导航设备穿云下降。（《报刊精选》，1994 年）

(131) 人物的各部分都有一定的透视感，勾图及修饰细节的时候须要特别细心一点。（网络语料）

例（126），水果不干净这一客观现实要求了"洗干净才能吃"是必须的；例（127），旅游旺季人员拥挤这一现实环境要求了"出门尽可能错开人群高峰"也是必须的；例（128），路很滑这一现实环境要求了"大家在走路时做到注意小心"。例（129），生病的人需要静养，这一客观现实要求了病人要做到"卧床休息，安心养病"；例（130），机场上空云层太厚，这一现实环境要求了"利用地面导航设备辅助下降"；例（131），人物细节难以勾勒的现实情况要求了"特别细心一点儿"是要做到的事。上述六例也皆是基于各自相应的客观现实环境因素而要求了某人做某事或某事的必要性发生，表达了环境情态意义。而"要$_3$"与"须要$_2$"的使用特点也分别同"要$_2$"和"须要$_1$"一致。

综上，环境情态意义可以借由情态助动词的词义直接表达，包括"能$_4$""能够$_4$""可以$_4$""可$_3$""应该$_2$""应当$_2$""应$_2$""该$_2$""得$_2$""要$_3$"和"须要$_2$"等，体现为语义性质。

第四节 语义性的能力情态

能力情态在帕尔默的经典体系中位列于动力情态之下，其情态意义体现为：发话者认定事件主体（某人或有生物）具备能力而使得某事件有潜在性发生或有潜在性呈现某种情景。在汉语中，这种情态意义可以借由情态助动词"能$_1$""能够$_1$""可以$_1$"和"会$_1$"的词义直接表达，体现为语义性质。处于该义项之上的这些情态助动词相比于使用其他义项时也具备其固定的句法使用特点。

一 能$_1$、能够$_1$

"能$_1$"和"能够$_1$"可以表达能力情态。首先请看"能$_1$"，例如：

(132) 他的腿伤好多了，<u>能</u>慢慢走几步了。[《现代汉语八百词（增订本）》用例]

(133) 小崔太太虽是个寡妇，可是她<u>能</u>洗<u>能</u>做<u>能</u>吃苦，而且脾

气模样都说的下去。(老舍《四世同堂》)

(134) 我们的意见,自然不尽相同,而我们却都能容纳对方的意见。(冰心《我的良友》)

以上句中的"能"皆表示"有能力做某事"。在这种词义之下,例(132)中,发话者认定"他"已经有能力去实施"慢慢走几步"这样的行为了。换言之,发话者正是基于"他"有这样的能力而认定事件"他慢慢走几步"有机会发生,这体现为能力情态意义的表达。例(133)和例(134)两例也是如此,同样是发话者基于事件主体"小崔太太"具备"洗衣做饭吃苦"的能力以及"我们"具备"容纳对方意见"的能力,分别认定事件"小崔太太洗衣、做饭、吃苦"和"我们容纳对方的意见"也都是有机会发生的事件情景。在"能$_1$"的作用下,上述例句均表达了能力情态义,体现为语义性质。从句法使用上看,"能$_1$"也具备固定的句法特点,首先它可以用于单独回答问题,并且当用于陈述语气时,"能"前面还可以通过添加程度副词"很"或"最"等突出高程度意义,而这一点是表"允许"义的"能$_3$"和"能$_4$"常不具备的。请看:

(135) a. 甲:他能慢慢走几步了吗?
乙:能。
b. 他(自己已经)很能走几步了。

(136) a. 甲:小崔太太能洗能做能吃苦吗?
乙:能。
b. 小崔太太最能洗、最能做、最能吃苦。

(137) a. 甲:我们能容纳对方的意见吗?
乙:能。
b. 我们很能容纳对方的意见。

而"能够$_1$"与"能$_1$"同义,也可以凭借其词义直接表达能力情态意义,此时也表现为语义性质情态。但与"能$_1$"的不同之处在于"能

够$_1$"多用于书面语。请看例句,例如:

(138) 人类能够创造工具。[《现代汉语八百词(增订本)》用例]

(139) 凭着这点本领,她能够做一个贤惠的媳妇,一个细心的母亲。(张爱玲《倾城之恋》)

(140) 他能够用自己的两只手举起生活的担子,不害怕,不悲哀。(巴金《一个车夫》)

在"能够$_1$"的词义下,以上例句都表达了能力情态,句中的事件主体也都分别基于自身所具备的能力而使得发话者认定所涉事件有机会在现实中发生。比如例(138),人类具备创造工具的能力;例(139),"她"有能力做一个贤惠的媳妇和细心的母亲;例(140),"他"有能力举起生活的担子。基于各自事件主体具备的能力,发话者认定了事件"人类创造出工具""她做一个贤惠的媳妇和细心的母亲",以及"他用双手举起生活的担子"也都是可以真实发生的事件情景,体现为能力情态的表达。值得一提的是,虽然"能够$_1$"在使用中同"能$_1$"相似,前面可以通过添加程度副词以加强程度意义,而这也是"能够$_3$"和"能够$_4$"所不具备的,但它通常不被用于单独回答问题,否则只能用"能"。请看:

(141) a. 人类最能够创造工具。
b. 甲:人类能够创造工具吗?
   乙:能。/ *能够。

(142) a. 她最能够做一个贤惠的媳妇,一个细心的母亲。
b. 甲:她能够做一个贤惠的媳妇,一个细心的母亲吗?
   乙:能。/ *能够。

(143) a. 他很能够用自己的两只手举起生活的担子。
b. 甲:他能够用自己的两只手举起生活的担子吗?
   乙:能。/ *能够。

二 可以₁

"可以₁"表示"有能力做某事",也表达能力情态。例如:

(144) 我可以要你的命,也可以保住你的命!(老舍《残雾》)
(145) 先打他的马,打倒了马,我们就可以走出去,马的目标大!(曲波《林海雪原》)
(146) 他一顿饭可以吃四大碗。[《现代汉语八百词(增订本)》用例]

例(144),发话者基于自己有能力"要你的命或保你的命"而认定事件"我要你的命"或"我保你的命"皆可真实发生。例(145)和例(146)也同样,发话者也分别依据"打倒了马我们就具备走出去的能力"以及"他有一顿吃四大碗的能力"而认定各自事件"我们走出去"和"他一顿吃四大碗"皆有机会发生。三例都是借由词义直接表达能力情态意义,体现为语义性质。不过,"可以₁"也有其固定的句法使用特点,区别于"可以₃"和"可以₄",它不能被"不"直接否定,对其否定只能使用"不能"。请看:

(147) *a. 我不可以要你的命,也不可以保住你的命。①
b. 我不能要你的命,也不能保住你的命。
(148) *a. 打倒了马,我们也不可以走出去。
b. 打倒了马,我们也不能走出去。
(149) *a. 他一顿饭不可以吃四大碗。
b. 他一顿饭不能吃四大碗。

三 会₁

"会₁"表示"有能力做某事(或懂得怎样做某事)",也可以表达

---

① 若句中的"可以"表达的是"允许"义时(即"可以₃"和"可以₄")则该句成立。此时"不可以"表达"禁止"义。下同。

能力情态。请看例句：

（150）他以前不怎么会说普通话，现在会说了。[《现代汉语八百词（增订本）》用例]
（151）我作过团参谋长，我会指挥，我有文化，我容易掌握机械化的知识。（老舍《西望长安》）
（152）村里的人会酿酒，会织布，会笑，会唱歌。（丽尼《秋夜》）

在例（150）中，发话者基于"他知道怎样说普通话"而认定事件"他说普通话"可以真实发生。例（151）和例（152）也同样，发话者依据"自己具备指挥的能力"以及"村里人有酿酒和织布等能力"而认定各自的所涉事件"我指挥战斗"和"村里人酿酒和织布"皆有机会发生。三例表达的能力情态意义皆为语义性质。从句法使用上看，表达能力情态的"会$_1$"可以被程度副词直接修饰，这也是"会$_2$"不具备的句法使用特点。请看：

（153）他以前不怎么太会说普通话，现在很会说了。
（154）我作过团参谋长，我很会指挥。
（155）村里的人很会酿酒，很会织布，很会笑，很会唱歌。

综上，能力情态意义可以借由情态助动词"能$_1$""能够$_1$""可以$_1$"和"会$_1$"的词义直接表达，体现为语义性质。上述义项在使用时可以表现出区别于其他义项的句法使用特点，这些句法特点也可作为区分情态意义类型的句法判定依据。

第五节 对汉语功能情态类型的增补

传统情态体系中并未提到功能情态，虽然曾有学者发现了这一特殊类型,但也是直接将其作了与其他类型的归并处理。比如彭利贞(2007：146,149)将"表示有某种用途"的"能"表达的情态类型归入动力情态的[能力]类,并认为"'能'表达的是某物的某种用途,但是从物力的角度来说,这也是事物的一种[能力]"。不过也有与之相左的看法,如傅雨贤、周小兵(1991)认为"能"表达的能力意义(表示有能力干什么)与功能意义(表示有某种用途)并不能合并为一。我们以为,将"有能力做某事"和"有某种用途"(即"具备功能被用于做某事")合并为一似乎也须再斟酌,因为这两个义项本身有着不同的内涵特点,而且更为重要的是它们实际上也分别表达了两种不同的情态意义类型。请对比以下两个例句:

(156) 红红<u>能</u>一边唱歌一边跳舞。
(157) 蝉蜕<u>能</u>入药。

两例中的"能"分别是表示的是"有能力做某事"(例156)和"具备功能被用于做某事"(例157),传统认为两句表达的都是能力情态。我们以为例(156)表达了能力情态无可厚非,但难说(157)表达的也是"能力情态",因为在例(156)中的事件主体"红红"具备[+有生][+自主]特点,其本身可以主动发挥能力去做出"一边唱歌一边跳舞"这件事;可在例(157)中,作为一种物品的"蝉蜕"是[-有生][-自主]的,自然谈不上有没有能力去主动做出"入药"这件事,而只能说它有被用于"入药"的功能,是可以被人们拿来入药的。二者呈现了"自主能力"和"非自主功能"的差别,难以合并为一。若采用帕尔默依据"因素"的情态分类命名思路,即依据"促使事件达成条件的性质",这两种义项表达的情态意义类型也并不相同。区别于例(156)中有生的事件主体具备的"能力"因素,例(157)则体现为无生的事件主体具备的"功能"因素,因此表达的情态类型应为"功能情态"更为妥当,我们在此作一区分。

功能情态意义可以表述为:发话者认定事件主体(无生物)具备功能而使得某事件有潜在性发生或有潜在性呈现某种情景。该情态意义在汉语中可以借由"能$_2$""能够$_2$""可以$_2$"和"可$_1$"的词义直接表达，体现为语义性质。处于该义项之上的情态助动词相比于其他义项来说也具备固有的句法使用特点。

一 能$_2$、能够$_2$

首先请看"能$_2$"的表达情况。例如：

(158) 大蒜能杀菌。[《现代汉语八百词（增订本）》用例]
(159) 这个柜子里能藏个人。(毕淑敏《转》)
(160) 运气好，整到一只狍子，皮子能铺盖，肉能吃半拉月。(周立波《暴风骤雨》)

在以上三例中，"能"皆为表示"具备功能被用于做某事"的"能$_2$"。例 (158)，发话者依据"大蒜有杀菌的功能"，认定"用大蒜来杀菌"这是在现实中可以有机会真正发生的事。例 (159)，基于"柜子有藏人的功能"，发话者认定"用柜子藏人"也是可以实现的。例 (160)，由于"狍子的皮可用于铺盖，肉可食"，发话者认为"用狍子的皮做铺盖和食狍子肉"也都是可以实现的事件情景。因此可以说在"能$_2$"词义的作用下，三例均表达了语义性的功能情态意义。从区别特征上看，"能$_2$"与"能$_1$"的差别更多的表现在事件主体自身具备的特性之上，体现为事件主体 [±有生] [±自主] 语义特性差异。从句法使用上看，"能$_2$"与"能$_1$"相似也可以单独回答问题，并且也区别于"能$_3$"和"能$_4$"，在陈述语气里"能$_2$"之前也可以通过添加程度副词"很"或"最"等突出高程度意义。例如：

(161) a. 甲：大蒜能杀菌吗？
乙：能。
b. 大蒜很能杀菌。
(162) a. 甲：这个柜子里能藏个人吗？
乙：能。

　　　　b. 这个柜子里最能藏个人。
（163） a. 甲：袍子的皮子能铺盖吗？
　　　　乙：能。
　　　　b. 袍子的皮子最能（做）铺盖。

表示"具备功能被用于做某事"的"能够$_2$"也同样如此。例如：

（164）您忍一忍喝了吧，还是苦药能够治病。（曹禺《雷雨》）
（165）只有机器的诗才能够给人以一种创造的喜悦。（巴金《机器的诗》）
（166）当一个作家的幸福之处就在于，文学能够把你所面对的世界，所遭遇的人生变得有滋有味儿。（《作家文摘》，1995年）

以上"能够$_2$"也都表达功能情态，体现为发话者依据事件主体所具备的功能而认定某事件可以发生或实现。如例（164）"苦药有治病的功能"，例（165）"机器的诗有使人喜悦的功能"，例（166）"文学作品有使人生变得有滋味"的功能。基于这些功能，发话者认定了各自事件"用苦药治病"，"用机器的诗来使人愉悦"以及"用文学来使人生变得有滋味"均可以有机会实现。同样，在语义特征上，"能够$_2$"与"能够$_1$"也存在事件主体所具备的［±有生］和［±自主］方面的差异。在句法特点上区别于"能够$_3$"和"能够$_4$"，"能够$_2$"也可以受程度副词直接修饰。另外，虽然与"能$_2$"的表义相同，但"能够$_2$"却常不单独回答问题，否则也只能用"能"。请看：

（167） a. 苦药最能够治病。
　　　　b. 甲：苦药能够治病吗？
　　　　　　乙：能。／＊能够。
（168） a. 只有机器的诗最能够给人以一种创造的喜悦。
　　　　b. 甲：机器的诗能够给人以一种创造的喜悦吗？
　　　　　　乙：能。／＊能够。

(169) a. 文学最能够把你所面对的世界，所遭遇的人生变得有滋有味儿。

b. 甲：文学能够把你所面对的世界，所遭遇的人生变得有滋有味儿吗？

乙：能。／＊能够。

二 可以₂、可₁

功能情态意义也可以借由"可以₂"的词义直接表达。例如：

(170) 我随身带着很多袋子，可以装东西。（毕淑敏《雪花糯米粥》）

(171) 徐一鸣的这沓枕巾，也可以做药引子了。（毕淑敏《补天石》）

(172) 有些钥匙可以开不少锁，如果加上耐心和灵巧甚至可以开无穷的锁。（王朔《动物凶猛》）

例(170)中由于"袋子"具备装东西的功能，例(171)"沾有人头油的枕巾"被认为具备做药引子的功能，例(172)"钥匙"具有开锁的功能。依据这些事件主体各自具备的功能，发话者认定句中事件"用我随身带着的袋子装东西""拿沾了人头油的枕巾做药引子"，以及"用钥匙去开锁"均是可以在现实中发生的事件情景，以此表达了功能情态意义。"可以₂"与"可以₁"也存在事件主体在[±有生][±自主]语义特征方面的差异，而且同时在句法使用上也不同于"可以₃"和"可以₄"，表现为不能被"不"直接否定而只能用"不能"表达否定意义。请看：

(173) ＊a. 我随身带的袋子，不可以装东西。
　　　b. 我随身带的袋子，不能装东西。

(174) ＊a. 徐一鸣的这沓枕巾，不可以做药引子。
　　　b. 徐一鸣的这沓枕巾，不能做药引子。

(175) ＊a. 有些钥匙不可以开锁。
　　　 b. 有些钥匙不能开锁。

"可₁"也能直接表达功能情态。例如：

(176) 榆木可制家具。[《现代汉语词典（第7版）》例句]
(177) 书如药，有砒霜，也有蜂蜜，既可治病，亦可害人。（《人民日报》，1995）
(178) 目前，小小银针可治病的观念，早已为美国医学界认可，为广大美国民众接纳。（新华社新闻，2003）

"可₁"也能表示"具备功能被用于做某事"，虽然该义项并未列于词典中，此处很可能有释义遗漏，但上述例句却满足该义项的使用。如例（176），"榆木"具备用来制作家具的功能，（177）"书"兼有治病（即陶冶身心）和害人（即教人作恶）的功能，（178）"小小银针"具备用于治病的功能。因为各自的事件主体具备上述功能，进而发话者认定"用榆木去做成家具""用好书陶冶人的情操""用坏书教会了人作恶""用小小银针去治病"也均是有机会在现实中发生的事件情景，表达了功能情态意义。不过区别于"可₂"和"可₃"，在句法使用上"可₁"也不能被"不"直接否定而只能用"不能"表否定义。请看：

(179) ＊a. 榆木不可制家具。
　　　 b. 榆木不能制家具。
(180) ＊a. 书不可治病，亦不可害人。
　　　 b. 书不能治病，亦不能害人。
(181) ＊a. 小小银针不可治病。
　　　 b. 小小银针不能治病。

综上，功能情态意义可以借由情态助动词"能₂""能够₂""可以₂"和"可₁"的词义直接表达，体现为语义性质。上述各义项在使用时也可以表现出区别于其他义项的固有句法特点，可作为区分情态意义类型的句法判定依据。

第六节　语义性的意愿情态

意愿情态在帕尔默的经典体系中也被列于动力情态之下，其情态意义体现为：发话者认定事件主体具备做某事的意愿而使得某事件有潜在性发生或有潜在性呈现某种情景。在汉语中，这种情态意义可以借由情态助动词"要$_1$"和"肯"的词义直接表达，体现为语义性质。处于该义项之上的情态助动词相比于其他义项的使用来说也具备固定的句法特点。

首先，"要$_1$"表示"有意愿做某事"，该词义可以表达意愿情态。请看：

(182) 我不在你们这上学了，我<u>要</u>回去。(毕淑敏《转》)

(183) 我出门<u>要</u>坐汽车，应酬<u>要</u>穿好衣服，我<u>要</u>玩，我<u>要</u>花钱，<u>要</u>花很多很多的钱，你难道不明白?!(曹禺《日出》)

(184) 二德子不听王利发的话，一下子把一个盖碗搂下桌去，摔碎，翻手<u>要</u>抓常四爷的脖领。(老舍《茶馆》)

例(182)，事件主体"我"有不想在这里上学而"想要回去"的意愿；例(183)，"我"有"出门时就想坐汽车，应酬时就想穿好衣服，想要玩，想要花钱，想要花很多很多钱"的意愿；例(184)，"二德子"在打架时有"想要抓常四爷的脖领"的打算。因为各自的事件主体怀有上述做事的意愿，因此发话者认定话语中所提及的非现实性事件"我回去""我出门时坐汽车，应酬时穿好的衣服，痛快地玩以及花很多很多的钱"和"二德子抓常四爷的脖领"也均是有机会发生的事件情景，这些都体现为意愿情态意义的表达。可以发现在具体使用中，"要$_1$"区别于"要$_2$"和"要$_3$"，表现为对其否定通常会直接用"不想"，而很少会采用直接被"不"否定的形式"不要"。另外,"要$_1$"还可以用在"—不—"格式中,而以上也均是"要$_4$"不具备的特点。请看:

(185)! a. 我不要回去。
　　　 b. 我不想回去。
　　　 c. 我要不要回去?
(186)! a. 我出门不要坐汽车,应酬不要穿好衣服,我不要玩,我不要花钱,不要花很多很多的钱。
　　　 b. 我出门不想坐汽车,应酬不想穿好衣服,我不想玩,我不想花钱,不想花很多很多的钱。
　　　 c. 我出门要不要坐汽车,应酬要不要穿好衣服,我要不要玩,我要不要花钱,要不要花很多很多的钱?
(187)! a. 二德子不要抓常四爷的脖领。
　　　 b. 二德子不想抓常四爷的脖领。
　　　 c. 二德子要不要抓常四爷的脖领?

同样地,表示"有意愿做某事"的"肯"也能表达意愿情态意义,体现为语义性质。例如:

(188) 说吧,叫我干什么,我什么都肯干。(王朔《顽主》)
(189) 大嫂,你太任性!在你的朋友里,只有我一个人肯说出你的毛病,所以你又怕我,又恨我。(老舍《方珍珠》)
(190) 一个妻子往往只肯在房间里悄悄给丈夫擦背,不肯在众人面前替暑天刚回家来,累得满头是汗的男人绞一把手巾。(苏青《论夫妻吵架》)

上述三例都表达了意愿情态,发话者凭借事件主体各自所怀有的做某事的意愿而认定了所要做的事均在现实中有发生的可能。如例(188),凭借"我"有听话且什么都愿意干的意愿而认定"我什么都去干"是有机会发生的事;例(189),凭借"我"有不怕得罪"你"而直言出"你"的毛病的意愿而认定"我说出你的毛病"也是有机会发生的事；还有例（190），凭借"妻子"只愿意在房间里悄悄给丈夫擦背，以及不愿意在大众面前给丈夫绞一条擦汗的手巾，以此认定"妻子在房间里悄悄给丈夫擦背"是在现实中有机会实现的情景，而"在众人面前给累的满头是汗的男人绞一把手巾"也是不太可能会发生的事。但与"要$_1$"不同，虽然同样是表达"有意愿做某事"，"肯"却可以被"不"直接否定。原因或许在于"要"具备多义，当"要$_1$"被"不"直接否定时容易与表达禁止义的"不要$_2$"和"不要$_3$"混淆，而单义的"肯"却不会受此影响。请看：

（191）我什么都不肯干。
（192）在你的朋友里，只有我一个人不肯说出你的毛病。
（193）妻子不肯在房间里悄悄给丈夫擦背，不肯在众人面前替暑天刚回家来，累得满头是汗的男人绞一把手巾。

综上，意愿情态意义可以借由情态助动词"要$_1$"和"肯"的词义直接表达，体现为语义性质。其中，"要$_1$"在使用时也可以表现出区别于其他义项的使用特点，可以作为区分情态意义类型的句法判定依据。

第七节　语义性的勇气情态

"勇气"也算作一种事件主体者自身所具备的并有潜在性促成事件达成的条件因素。虽然在经典的情态体系中并未列出"勇气情态"，但帕尔默（2001：78）在谈及傈僳语情态现象时曾提到"勇气型"（able couragewise），并认为可以归属于动力情态之列。彭利贞（2007）也据此将其作为汉语的一种情态类型。勇气情态意义体现为：发话者认定事件主体具备做某事的勇气而使得某事件有潜在性发生或有潜在性呈现某种情景。"敢$_1$"可以凭借其词义直接表达这种情态意义，体现为语义性质。请看例句：

(194) 刀山敢上，火海敢闯。[《现代汉语八百词（增订本）》用例]

(195) 当他喝了两杯猫尿之后，他忘了上下高低，他敢和上司们挑战划拳，而毫不客气的把他们战败。（老舍《四世同堂》）

(196) 他是鹿家的女婿，凭着这点关系他敢拍着桌子，指着脸子，和鹿书香闹。（老舍《东西》）

在例（194）中，事件主体"某人"具有"上刀山，闯火海"的勇气；例（195）中的"他"在喝醉酒后具有"和上司们挑战划拳"的勇气；在例（196）中，"他"具有"拍桌子"的勇气。因为各事件主体分别怀有这些做事的胆量和勇气，因此发话者认定上述提及的非现实事件"上刀山，闯火海""和上司们挑战划拳"以及"拍桌子"也均是有机会真的发生的事件情景，以此表达了言者态度，表达了勇气情态意义。在使用特点上，"敢$_1$"与大多数表动力义情态助动词一样，也能受程度副词的直接修饰。在表达否定义方面，"敢$_1$"与后文将论及的"敢$_2$"都能受"不"的直接否定，但不同之处在于"敢$_1$"同时也还能受到"没"的直接否定，在这种情况下通常多表现为发话者对处于过去时间之上并未发生的事件情景的追述，这是"敢$_2$"所不具备的使用特点。请看：

(197) a. 刀山最敢上，火海最敢闯。
　　　b$_1$. 刀山不敢上，火海不敢闯。
　　　b$_2$. 刀山没敢上，火海没敢闯。

(198) a. 他最敢和上司们挑战划拳。
　　　b$_1$. 他不敢和上司们挑战划拳。
　　　b$_2$. 他没敢和上司们挑战划拳。

(199) a. 他最敢拍着桌子，指着脸子，和鹿书香闹。
　　　b$_1$. 他不敢拍着桌子，指着脸子，和鹿书香闹。
　　　b$_2$. 他没敢拍着桌子，指着脸子，和鹿书香闹。

综上，汉语中的勇气情态意义主要借由"敢₁"的词义直接表达，也体现为语义性质。

第八节　对汉语价值情态类型的增补

汉语情态助动词所能表达的最后一种主要动力情态类型是价值情态，不过这种情态类型也并未被列在帕尔默经典体系之中，并且传统学界也鲜有讨论。原因除了它不是主流情态类型外，还在于学界对情态类型的划分在一定程度上也会参考形式上的依托，即首先在确定了情态助动词的范围成员后，再由其各自成员的表义特点划归出不同的意义类别。汉语中表达价值情态的助动词是"配"，但由于"配"作为非典型成员，使用频率不高，表义类型也不太明确，因此也常不被提及而使价值情态这种类型被忽略。不过也有学者曾注意到这种语义类别。朱德熙（1982：65）指出，"配"表示估价意义；朱冠明（2005：19，2008：28）也在道义情态类下设"估价"次类，并认为这种情态次类可借由"配"直接表达；还有李明（2016：152 - 153），认为"配"可以表示估价类意义，在使用时主语也多限于人。我们认为，"价值"也可以作为事件主体自身具备的属性并作为"促成某事件达成的条件因素"。正因为事件主体具备价值，因而使发话者认定某事件是值得发生的，而这也体现为发话者围绕着一个想象当中的事件情景来阐发自己的主观看法或态度，符合情态界定。价值情态意义可以表述为：发话者依据事件主体自身所具备的价值而认可了某事的发生。表示"有资格做某事"的"配"便可以直接表达这种情态意义。请看例句：

（200）只有这样的人才<u>配</u>称为先进工作者。[《现代汉语八百词（增订本）》用例]

（201）她突然抬起头，两眼望天。幸福还是会有的，她决心争取幸福，并且要使自己<u>配</u>当一个幸福的人。(老舍《鼓书艺人》)

（202）饱满的肚子最没用，那时候的头脑，迷迷糊糊，只<u>配</u>做痴梦。(钱钟书《吃饭》)

以上三例表达的都是价值情态意义。在例（200）中，"这样的人"自身有"被称为先进工作者"的价值；在例（201）中，"她"有使自己具备"做一个幸福的人"的价值；而在例（202）中，事件主体头脑迷迷糊糊，因此只具备"做痴梦"的价值。因为上述各事件主体具有这样不同的价值，因此发话者认可了句中提及的非现实性事件"称这样的人为先进工作者""她当一个幸福的人"，以及"某人做痴梦"也均是可以成真的事件情景，以此表达发话者的主观态度，表示了价值情态意义。值得一提的是，在具体使用中我们发现，除了可以被用于单独回答问题以及可以被"不"直接否定之外，"配"还可以受到程度副词的直接修饰，而这与绝大多数表动力义情态助动词的句法使用特点基本一致，在一定程度上也可以判定"配"所表达的"价值"义可以作为动力情态意义类别的合理性。请看：

(203) a. 甲：这样的人配称为先进工作者吗？
    乙：配。
 b. 这样的人不配称为先进工作者。
 c. 这样的人最配称为先进工作者。

(204) a. 甲：她配当一个幸福的人吗？
    乙：配。
 b. 她不配当一个幸福的人。
 c. 她最配当一个幸福的人。

(205) a. 甲：他配做痴梦吗？
    乙：配。
 b. 他不配做痴梦。
 c. 他最配做痴梦。

综上，价值情态也应属于动力情态中的一类，在汉语中这种情态意义主要借由"配"的词义直接表达，也体现为语义性质。

本章主要对汉语中可以通过语义手段表达的情态类型进行了梳理，这些情态类型包括：认识情态、义务情态、环境情态、能力情态、功能情态、意愿情态、勇气情态和价值情态。这八种类型也基本上是汉语中所能出现的最为常见的情态类型。其中，环境情态、功能情态和价值情态是我们依据汉语事实所补充的情态类型。上述各类型情态意义皆可以由情态助动词的词义直接表达，因此均体现为语义性质（参见表3-1）。同样地，居于不同义项的情态助动词在使用中也都可以呈现出彼此相区别的句法使用特点，而这些句法特点在某种程度上也可以反过来作为不同情态类型的分辨依据。

表3-1　汉语情态意义类型的表达情况与性质体现

情态类型	表达情况	性质
认识情态 发话者基于个人的认识因素在主观上估计某事件可能呈现某种情景，或在主观上估计某事件必然呈现某种情景	"会$_2$、应该$_3$、应当$_3$、应$_3$、该$_3$、得$_3$"，通过词义表达情态意义	语义性质
义务情态 发话者依据道德或法律规章以及由此赋予的个人自主权威等因素认定某事件理所应当被执行或许可被执行	"能$_3$、能够$_3$、可以$_3$、可$_2$、应该$_1$、应当$_1$、应$_1$、该$_1$、得$_1$、要$_2$、须要$_1$"，通过词义表达情态意义	
环境情态 发话者依据客观现实环境或条件等因素认定某事件理所应当被执行或许可被执行	"能$_4$、能够$_4$、可以$_4$、可$_3$、应该$_2$、应当$_2$、应$_2$、该$_2$、得$_2$、要$_3$、须要$_2$"，通过词义表达情态意义	
能力情态 发话者认定事件主体（某人或有生物）因为具备能力而使得某事件有潜在性发生或有潜在性呈现某种情景	"能$_1$、能够$_1$、可以$_1$、会$_1$"，通过词义表达情态意义	
功能情态 发话者认定事件主体（无生物）因为具备功能而使得某事件有潜在性发生或有潜在性呈现某种情景	"能$_2$、能够$_2$、可以$_2$、可$_1$"，通过词义表达情态意义	
意愿情态 发话者认定事件主体因为具备做某事的意愿而使得某事件有潜在性发生或有潜在性呈现某种情景	"要$_1$、肯"，通过词义表达情态意义	
勇气情态 发话者认定事件主体因为具备做某事的勇气而使得某事件有潜在性发生或有潜在性呈现某种情景	"敢$_1$"，通过词义表达情态意义	
价值情态 发话者依据事件主体自身所具备的价值而认可了在现实中做某事的发生	"配"，通过词义表达情态意义	

第四章
情态义的跨类衍生

在汉语情态助动词的诸多表情态义项中也夹杂了被误当作词义的语用含义,它们是由语用推理产生,并且也可以在上下文语境中被取消掉的"假词义",由这些"假词义"表达的情态意义具备语用性质,即语用情态义。[①] 在汉语中,认识情态、价值情态和能力情态这三类情态意义除了可以借由词义直接表达外,还能够通过这种语用含义("假词义")来表达,它们同时具备语义兼语用的双重性质。研究发现,这些语用情态义的衍生来源主要有三种情况:

第一类 由一种情态义之上衍生出另一种情态义,即情态义的跨类衍生;

第二类 由非情态义的基础上衍生出的情态义;

第三类 同类型情态中由元等级情态义衍生出的高级等级情态义。

本章主要探讨第一种情态义跨类衍生的类型。很多情况下,句子最终表达的是一种情态义 M_1,但实际在字面层面上却表达的是另一种情态义 M_2,前者是基于后者基础上通过语用推理直接衍生的结果(M_1 衍生

---

① 格莱斯(Grice)提出语用含义具备可取消性(Cancellability)以及可推导性(Calculability)等五个方面的特点。而与此相对,莱文森(Levinson)提出规约意义是不可推导也不可被取消的。可参见 Grice, H. P., "Logic and conversation", In P. Cole & J. L. Morgan (eds)., *Syntax and Semantic 3*: *Speech Acts*, New York: Academic Press, 1975. pp. 41 – 58; Levinson, S. C., *Pragmatics*, Cambridge: Cambridge University Press, 1983. pp. 128。

于 M_2)。在汉语中，这种情况多出现在认识情态和价值情态的语用性表达之中，又以认识情态居多，大体可包括以下几种情况。

第一节 由"能力/功能/义务/勇气"衍生"认识"

语用性认识情态义有时可以是由基于字面层面表达的某一种情态义衍生而来。如表达"有可能"义的"能$_5$""可以$_5$""可$_4$"和表达"有把握作某种推断"的"敢$_2$"等，它们实际上并非词义而都是语用含义，分别可以由基于字面上的"能力情态""功能情态""义务情态"或"勇气情态"而衍生。以下我们将主要结合词典例句分别对上述认识情态的语用性质进行验证并尝试描写衍生路径。

一 能$_5$

依据词典释义，"能$_5$"表示"有可能"，表认识情态。不过该义项实际上不是"能"的词义，而是语用含义。请看例句：

(1) 甲：天这么晚了，他能来吗？
　　乙：我看他不能来了。[《现代汉语八百词（增订本）》用例]
(2) 这件事他能不知道吗？[《现代汉语八百词（增订本）》用例]
(3) 满天的星星，哪能下雨？[《现代汉语八百词（增订本）》用例]

在展开对该义项的分析前有一点需要明确，那就是虽然词典释义了上述例句中的"能"都表示"有可能"，但这并不等于可以直接将句中的"能"当作情态副词"可能"或将其视为"可能"的缩略形式。人们在处理上述例句的表义时常可能会无意识地利用到"省力原则"（Zipf, 1949）而直接将句中的"能"当作"可能"，并且尤其例（2）

和例（3），它们均是反问句，带有强烈的反诘语气色彩，在这种语气的作用下也特别容易使人们将句中的"能"直接当作"可能"的缩略。①可如果这样认定，那么这里的"能"也就不再是助动词了。为了排除其反诘语气的干扰，需要首先对例（2）和例（3）做出如下变式用于分析，即变换为：

(2) 这件事他<u>能</u>不知道吗？
→(4) 这件事他<u>能</u>知道。
(3) 满天的星星，哪<u>能</u>下雨？
→(5) 满天的星星，不<u>能</u>下雨。

若依据词典释义，上述例（1）、例（4）、例（5）中的"能"都表示"有可能"，那么该义项可以表达认识情态义。由此可以发现各例句中的"能"都可以直接被替换为"（有）可能"，而且替换以后合乎句法规范，语义通顺，这似乎说明"能"可以表达这种义项。请看：

(6) 甲：天这么晚了，他(有) <u>可能</u>来吗？
    乙：我看他<u>不可能</u>来了。
(7) 这件事他(有) <u>可能</u>知道。
(8) 满天的星星，<u>不可能</u>下雨。

以上三句都表达的是发话者依据个人的有关认识因素主观推测某事件有可能发生或有可能呈现某种情景。在例（6）中，乙的回答表现了其个人主观推测性的态度，依据对所谈论对象"他"的有关了解而主观推测"他来"这是不可能会发生的事。例（7）和例（8）也如此，发

---

① 比如请对比以下 a、b 两个句子，它们均是反问句：a. 你觉得他<u>能</u>做得到嘛？b. 你觉得他<u>可能</u>做得到嘛？在反诘语气的作用下这两句话很容易被直接等同，即误将 a 句的"能"直接当作 b 句的"可能"。但实际上二者的表义是有区别的。a 句中的"能"是情态助动词，在该句中可以是表示"有能力做某事"，因此这句话表达的实际意义可以是"他没有能力做得到"；但 b 句的实际表义却是"他不可能做得到"。

话者可以凭借对所论对象"他"的相关了解以及对天气现象的相关经验和认识分别主观推测"这件事他知道"是有可能的事以及"天下雨"是不可能发生的事。那么，在义项"能$_5$"的作用下，上述例句表达的都是认识情态。不过该义项也并非词义。

（一）语用含义的检验

语用含义区别于规约意义在于其具备可取消性（Grice，1975；Levinson，1983），而且表达不同情态类型的助动词在句法使用特点和句法分布上也有差异，利用以上特点可以对词义和语用含义做出分辨。

首先看例（1）。若从替换的角度看，该例中的"能"除了可以被替换为"（有）可能"之外，同时也能被"有能力"和"（被）允许"直接替换，且替换后也均不影响句子表义，依旧合法通顺，这说明句中的"能"既可以表示"有能力做某事"的"能$_1$"，也可以表示"情理上许可"的"能$_3$"。请看：

(9) a. 甲：天这么晚了，他有能力来吗？
　　　乙：我看他没有能力来了。（"能"为"能$_1$"）
　　b. 甲：天这么晚了，他被允许来吗？
　　　乙：我看他不被允许来了。（"能"为"能$_3$"）

进一步分析，如果说例（1）也表达了"有可能"义，那么该意义却可以通过上下文语境被取消。此处以乙的回答"我看他不能来了"为例。请看：

(10) 我看即便他不能来，小李会开车也可以送他来。
(11) 我看即便他不能来，小李也会请求他父亲同意让他来。

以上两句话中"能$_5$"所表示的"有可能"义，实际上全句表示的"我看他不可能会来"的意义也就被取消了。因为很显然通过后半句话的表达可以看出发话者认定"他"也不是"不可能来"的。那么在例(10)中，"能"实际上可以是"能$_1$"，表示"有能力做某事"；在例

(11)里,"能"可以是"能₃",表示"情理上许可",这两个词义并未被取消。换个角度说,如果从例句中"能"所体现的句法使用特点上看似乎也能佐证原例中的"能"可以是"能₁"或"能₃"而不能是表示"有可能"义的"能₅",因为"能₁"和"能₃"可以被"不"直接否定这是毋庸置疑的,比如原例"我看他不能来了"便是如此。并且通常人们在表达"不可能"的意义时也多会用"不会",而非"不能",比如此时乙的回答应该是"我看他不会来了"。此外还可以发现,句中的"能"也可以与表义务情态的"应该₁"连用且处于连用后位,例如:"我看他不应该能来",依据情态词连用的 EDD 原则,排除了"能"表认识义的情况。可见,"有可能"是语用含义。

例(4)也同样如此。句中的"能"也可以被同时被替换为"有能力"和"(被)允许",且替换后也不影响句子表义。请看:

(12) a. 这件事他<u>有能力</u>知道。
　　　b. 这件事他<u>被允许</u>知道。

而如果说原例(4)也表示了"有可能"义,那么这种意义也是可以取消掉的。比如:

(13) 这件事他肯定<u>能</u>知道,因为他最善于打听消息了。
(14) 这件事他<u>能</u>知道,但我还没来得及告诉他。

以上两例中的"有可能"义,实际上是"这件事他有可能知道"义都能被取消。其中,例(13),句中表"估计必然"义的"肯定"的出现决定了"能"不再表"有可能",否则会造成在推测可能性程度上的语义冲突(即"*这件事他必然可能知道"),依据下文语境,这里的"能"是表"有能力做某事"的"能₁";在例(14)中,下文语境也取消了"这件事他有可能知道"的意义,句中的"能"是表示"情理上许可"的"能₃"。同样地,若从句法使用特点上看,原例(4)中的"能"之前也可以添加程度副词(比如"最":这件事他最<u>能</u>知道),也可以受到"不"的直接否定（比如：这件事他不能知道，如若发话者真的想表示"这件事他不可能知道"的意义，也会使用"不会"而非"不能"），并且还能与表义务情态的"必须"连用且处于连用后位（比如：这件事他必须能知道）。通过这些句法使用特点的检验也能说明句中"能"不表认识义"有可能"。

最后再看例（5）"满天的星星，不能下雨。"句中的"能"虽然不能被替换为"（被）允许"，但可以被替换为"有条件"。此时，"不能"即为"没有条件"。由于"天"具备 [– 生命] 的语义特征，所以"有条件"可以理解为表示"当条件具备时可以发挥功能或作用做某事"。比如：

（15）满天的星星，没有条件下雨。

例（15）可以理解为由于"满天的星星"，可见"天"不具备下雨的条件，比如天空中没有积雨云，因此"天"也就不能发挥其下雨的功能。这么看，原例（5）中的"能"也可以是表示"具备功能做某事"的"能$_2$"。而如果认为例（5）也表达了"有可能"义，此时"不能下雨"即表示"不可能下雨"，那么这一意义也是可以被取消的。比如：

（16）满天的星星，不能下雨，但我们却可以人工降雨。

在例（16）中的"有可能"义，实则表示"天不可能下雨"义被取消了，句中的"能"是表示"具备功能做某事"的"能$_2$"。同样地，从句法角度上说，原例（5）中"能"也可以被"不"直接否定，且也能与表达认识义的"一定"连用并居于连用后位（比如"满天的星星，不一定能下雨"），这也说明"能"符合"能$_2$"的句法特点。

综上，表示"有可能"义的"能$_5$"实则是被误当作词义的语用含义，它可以在上下文语境中被取消。在原例（1）和例（2）中，"能"表达的词义可以是"能$_1$"也可以是"能$_3$"，视具体语境情况而定，而原例（3）句中的"能"表达的词义应是"能$_2$"。

(二) 衍生路径

表"有可能"的"能₅"是语用含义,通过"能₅"表达的认识情态为语用性质,可以凭借能力情态、义务情态和功能情态衍生出来。请看:

(17) 甲:天这么晚了,他<u>能</u>来吗?
乙:我看他不<u>能</u>来了。

我们已经验证了例(17)中的"能"不表达"有可能",它或是表达"有能力做某事"的"能₁"又或是表"情理上许可"的"能₃",依具体语境情况而定。不过从实际来说,相比较甲和乙说出的这两句话,在甲的话语中"能"在通常情况下不太容易会被直接理解为"有可能"。因为甲是在提问,在不同的语境中可以是对"他"是否"被允许来"进行提问,也可以是对"他"是否"有能力来"进行提问。而如果甲确实是想问"他"是否"有可能来",通常也会使用"天这么晚了,他还有可能来吗?"或"天这么晚了,他还会来吗?"的表达方式而不会选择例(17)的提问形式。但如果认为甲说出的话语的确也传达出了"有可能"义,那么该意义也是听话者经过推理而获取到的语用含义,是基于句中的"能"表达"有能力做某事"或表达"情理上许可"这两种词义之上衍生的结果,据此可分为以下两种情况:

第一种情况:[由"能力"衍生"认识"]

依据斯珀波和威尔逊(Sperber and Wilson,汉译本,2008)提出的"关联理论"(relevance),当甲说出"天这么晚了,他能来吗?"这句话时,随即发出了一个"明示—刺激"信号,该信号唤起了听话者乙的如下相关认知语境,促使乙寻找"最佳关联"(optimal relevance)。请看:

(18) a. 天色已晚,导致来这里的交通状况已经不再方便(比如交通停运);
b. 通过对"他"个人相关情况的了解(比如他不会开车

或者他没有车），"他"即便想来也是有心无力的；

c. 如果"他"不具备能力来，那么按照常理来推断，结果就是"他"来不了了；

d. 甲知道a，但甲并不确定b，因而才做出提问；

e. 甲实则关心的是"他"最终到底会不会来，想询问一个确定的结果。

当甲提问后，作为听话者的乙便可以自动调用并扩展上述认知语境（18a-e）对甲所说出的话语进行快速地推理，从而推导出结论（19），由此便产生了"有可能"义：

（19）甲是想问天色已晚，"他"到底还有没有可能会来。

当然又或者是第二种情况：[由"义务"衍生"认识"]

比如，当甲说出"天这么晚了，他能来吗？"这句话时，随即发出了一个"明示—刺激"信号，该信号可以唤起听话者乙的如下相关认知语境，促使乙寻找最佳关联：

（20）a. 人们在夜晚出门通常是不安全的；

b. 通过对"他"个人相关情况的了解（比如他家教严格），"他"是不会被家人允许这么晚还能出门的；

c. 如果"他"不被允许出门，那么按照常理来推断，结果就是"他"来不了了；

d. 甲知道a，但甲并不确定b，因而才做出提问；

e. 甲实则关心的是"他"最终到底会不会来，想询问一个确定的结果。

当听到甲的提问后，听话者乙便可以调用并扩展以上认知语境（20a-e）对甲所说出的话进行推理，同样也可以推理出结论（19），获取到甲是想询问"他"是否有"有可能会来"的意图，并直接将此处的

"有可能"对应成了"能"的表义。由此可见，无论是以上哪种情况，"有可能"都可以利用关联性被推理获取。

同样地，乙说出的话是对甲所提出问题的回答。若依词典释义将回答句中的"能"当作"有可能"，则此时乙也是在进行主观性推测，即"他不可能来了"。当然，这里的"不可能"也并不是否定副词"不"与"能"在词义上简单组合的结果，也是语用含义，因为如果乙真的想表达"他不可能来"，也会采用"我看他不可能来了"，或"我看他不会来了"的形式。但即便如此，甲也能利用关联性通过以上两种情况分别进行相应的推理来获取这种意义。具体来说，当乙给出了回答"我看他不能来了"时，甲也可以自动地调用并扩展认知语境处理乙所发出的明示信息以寻找最佳关联，同样也有以下两种情况：

第一种情况：[由"能力"衍生"认识"]

(21) a. 乙对"他"的情况比较了解，知道"他"是没有能力来的（比如乙知道他不会开车或根本没有车）；
b. 如果"他"没有来的能力，那么按照常理来推断，结果就是"他"来不了了；
c. 乙还用到"我看"，这通常是人们在对事件情景做出可能性推测表达主观看法时所采用的表达方式；
d. 乙是在告诉我一个关于"他"最终到底会不会来的推测结果。

又或者是第二种情况：[由"义务"衍生"认识"]

(22) a. 乙对"他"的情况比较了解，知道"他"不被允许晚上出门；
b. 如果"他"不被允许晚上出门，那么按照常理来推断，结果就是"他"来不了了；
c. 乙还用到"我看"，这通常是人们在对事件情景做出可能性推测表达主观看法时所采用的表达方式；

d. 乙是在告诉我一个关于"他"最终到底会不会来的推测结果。

当听到乙的回答后，甲也可以基于上述不同的情况通过调用和扩展认知语境（21a-d）或（22a-d）对乙发出的信息进行处理，也都可以推理出最终结论（23），从而获取"有可能"的语用含义：

(23) 乙是在表达他主观推测的一种结果，认为"他"是不可能会来了。

下面我们再看一例。在以下这句话中词典释义了句中的"能"也是表达"有可能"，当然这也是语用含义。但与上例的不同在于该例是一个反问句。请看：

(24) 这件事他<u>能</u>不知道吗？

首先，"能"不能被视为是情态副词"可能"的缩略形式。虽然在反诘语气的作用下，"这件事他能不知道吗？"很容易被直接当作"这件事他（有）可能不知道吗？"来理解，但二者实际上表义有区别。整句话表示的完整意义或者说语用含义应该是"这件事他一定知道"或"这件事他不可能不知道"，这是反诘语气在起作用，对"有可能"的反问也就是"一定"或"不可能不"。但实际上，句中"能"的词义或是表示"有能力做某事"的"能$_1$"，或是表示"情理上许可"的"能$_3$"，不过当发话者说出这句话时，听话者也可以通过对自身认知语境的扩展与调用来寻找最佳关联，进而推理出这种语用含义。我们同样也可以依据"能"在词义选择上的不同而分出两种衍生情况。即，当发话者说出"这件事他能不知道吗？"时，该明示—刺激信号可以唤起听话者如下的认知语境：

情况一：[由"能力"衍生"认识"]

(25) a. 发话者对"他"有所了解，知道"他"自身具备知道这件事的能力（比如"他"是一个八面玲珑的人，善于打探消息）；

b. 如果"他"有能力知道这件事，那么按照常理推断，结果将是"他"有可能知道这件事；

c. 反诘的形式通常表示言者心中已有明确的认定结果，通过反诘语气增强表态力度（进一步增强了"有可能"的可能性程度）；

d. 发话者是想传达他最终的认定结果，表达言者态度。

情况二：[由"义务"衍生"认识"]

(26) a. 发话者对"他"有所了解，知道"他"被允许知道这件事（比如"他"自身有知情的权利）；

b. 如果"他"被允许知道这件事，那么按照常理推断，结果将是"他"有可能知道这件事；

c. 反诘的形式通常表示言者心中已有明确的认定结果，通过反诘语气增强表态力度（进一步增强了"有可能"的可能性程度）；

d. 发话者是想传达他最终的认定结果，表达言者态度。

听话者可以依据不同情况分别调用（25a-d）或（26a-d）的认知语境寻找最佳关联，两种情况也都可以推理出以下结论（27），获取到与"有可能"相关的语用含义，即：

(27) 发话者心中明确认定这件事"他"不可能不知道。

从以上两组例句看，"有可能"义可以是基于"能"所表达的"能力"义或"义务"义之上获得衍生。然而除此之外，这种意义也还可以是基于其自身表达的"功能"义之上的衍生。请看：

（28）满天的星星，哪能下雨？

我们已经知道句中的"能"是表示"具备功能做某事"的"能$_2$"，而这也可以成为认识情态衍生的前提。当发话者说出例（28）时，随即发出了一个"明示—刺激"信号，该信号唤起了听话者乙的如下相关认知语境，促使乙寻找最佳关联。依据（29a-d），听话者可推出结论（30），实现［由"功能"衍生"认识"］。

（29）a. 满天的星星说明夜晚天气晴朗；
　　　b. 依据自然客观规律，天气晴朗说明不具备下雨的条件；
　　　c. 由于天不具备下雨的条件（或者说天此时不具备下雨的功能），因此天不会下雨；
　　　d. 发话者用反诘语气加强了其确定性的认定态度。
（30）发话者认定，此时的天不可能下雨。

由此利用关联性，听话者可以调用以上认知语境对发话者发出的"明示—刺激"信号进行处理以寻找最佳关联，获取交际者的交际意图，进而获取到超越于字面上更为丰富的意义内容。在以上三组由"能"所参与表达认识情态的例句中，语用含义"有可能"也就被听话者通过关联性推理而获取到了。

二　可以$_5$

"可以$_5$"表示："有可能"，同样表认识情态，但它也不是"可以"的词义，而是经语用推理衍生的语用情态义。请看例句：

（31）这间屋子可以住四个人。［《现代汉语八百词（增订本）》用例］
（32）甲：你明天可以再来一趟吗？
　　　乙：可以。［《现代汉语八百词（增订本）》用例］
（33）这种车可以坐7个人。［《现代汉语规范词典（第3版）》用例］

按照词典释义，上述例句中的"可以"均表示"有可能"。从表面上看似乎没有问题，句中的"可以"也都能用"有可能"直接替换，而且替换后句子合法、语义通顺，这说明句中的"可以"均能表达这种义项。请看：

  （34）这间屋子<u>有可能</u>住四个人。
  （35）甲：你明天<u>有可能</u>再来一趟吗？
     乙：<u>有可能</u>。
  （36）这种车<u>有可能</u>坐7个人。

例（34）表达的是发话者依据对空间与居住人数的有关经验性认识而主观推测了"这间屋子住得下四个人"，这是有可能的情况。同样地，在例（35）中如乙的回答以及例（36）也都分别可以表达发话者依据个人的有关认识因素主观推测了"我明天再来一趟"这是有可能的，以及"这种车坐7个人"这也是有可能的情况。上述均是认识情态意义的表达。但即便如此，表示"有可能"的"可以$_5$"也不是"可以"的词义。

（一）语用含义的检验

首先能够发现，例（31）中的"可以"也同时能被"（被）用于"和"（被）允许"直接替换，而且替换后句子合法、语义通顺，说明句中的"可以"也能是表"具备功能做某事"的"可以$_2$"，或是表"情理上许可"的"可以$_3$"，能够满足这两个义项的表义。请看：

  （37）a. 这间屋子(<u>被</u>)用于住四个人。
     b. 这间屋子(<u>被</u>)允许住四个人。

而如果说例（31）中的"可以"表达了"有可能"义，那么这种意义（实际上是"这间屋子有可能住四个人"义）也可以通过上下文语境被取消。请看：

(38) 这间屋子可以住四个人,现在已经住满了。
(39) 这间屋子可以住四个人,不允许住五个人,这是规定。

在例(38)中,既然"这间屋子住得下四个人"已被当前事实"现在已经住满了四个人"所证明,那么这句话也就不再表示对"这间屋子有可能住下四个人"的主观性推测,句中的"可以"是表示"具备功能做某事"的"可以$_2$"。而例(39)中,既然也已经有了明确规定,那么该句也就不再表示发话者对"这间屋子有可能住进去四个人"的主观推测,句中的"可以"是表示"情理上许可"的"可以$_3$"。此外,若从句法使用特点上看,表认识义的"可以"不能被"不"直接否定,但原句中的"可以"却能够受到"不"的直接否定(如:"这间屋子不可以住四个人"),这符合"可以$_2$"和"可以$_3$"的句法使用特点。在表达否定义时,"不可以"也还能被替换为"不能"(如:"这间屋子不能住四个人"),这也符合"可以$_2$"和"可以$_3$"在表义上的同义替换。最后,句中的"可以"也还能与表认识情态的"应该$_3$"连用且居于连用后位,这也能说明"可以"不表认识义(如:"这间屋子应该可以住四个人")。

同样地,在例(32)中,"可以"也都能够被"有能力"和"(被)允许"分别替换,而且替换后句子合法、语义通顺,说明句中的"可以"也能是表示"有能力做某事"的"可以$_1$",或是表示"情理上许可"的"可以$_3$"。比如:

(40) a. 甲:你明天有能力再来一趟吗?
       乙:有能力(再来一趟)。
    b. 甲:你明天(被)允许再来一趟吗?
       乙:(被)允许(再来一趟)。

但如果说例(32)也表达了"有可能"义,该意义也可以被取消。比如以乙的回答"可以"为例,此时被取消的意义实际上是"我有可能来"。请看:

(41) 甲：你明天<u>可以</u>再来一趟吗？
乙：<u>可以</u>，但是我不想来了。

在例（41）乙的回答中，有"有可能"义，实际上是"我有可能来"的意义也就被取消掉了，因为乙已经明确回答了自己"不想来了"。该句中的"可以"或是表示"有能力做某事"的"可以$_1$"，或是表示"情理上许可"的"可以$_3$"，而具体表达哪一种词义则依具体语境情况而定。从句法使用上看，例（32）中的回答"可以"也能被"不"直接否定（即"不可以"），并且这种否定性表达也还能用"不能"直接同义替换。与此同时，"可以"也能与表认识义的"应该"连用且居于后位（比如乙回答"应该可以"）。以上这些也均符合"可以$_1$"和"可以$_3$"的句法特点。例（33）同例（31）类型基本相同，这里不赘。

综上，表示"有可能"义的"可以$_5$"虽然能够表达认识情态意义，但它却并非"可以"的词义而是能够在上下文语境中被取消的语用含义。句中的"可以"实际上或是表"有能力做某事的"的"可以$_1$"，或是表"具备功能做某事"的"可以$_2$"，又或是"情理上许可"的"可以$_3$"。

(二) 衍生路径

表"有可能"义的"可以$_5$"也是语用含义，通过"可以$_5$"表达的认识情态也体现为语用性质，它能够基于能力情态、义务情态和功能情态的表达之上衍生而来。请看：

(42) 这间屋子<u>可以</u>住四个人。

句中的"可以"或是表"具备功能做某事"的"可以$_2$"，又或是表"情理上许可"的"可以$_3$"，依照"关联理论"我们也能对句中衍生出"有可能"义的衍生路径进行描写。当发话者说出"这间屋子可以住四个人"时，听话者通过调用自身的认知语境对这句话传达的信息进行推理以寻找最佳关联，从而获取"有可能"的语用含义。比如：

情况一：[由"功能"衍生"认识"]

(43) a. 众所周知完好的屋子具备住人的功能；
b. 如果屋子具备住人的功能，那么自然而然地，人也就有机会可以住进屋子里去；
c. 常规情况下，"屋子"的空间一般都不会太大，住一到两个人较为合适，而太多的人则很有可能会住不开；
d. 依据 a—c，发话者说住四个人，而这通常也已经超过了屋子的常规容纳量，因此他这么说很可能只是在对这间屋子的空间最多有可能容纳几人做出主观猜测。

又或者是情况二：[由"义务"衍生"认识"]

(44) a. 众所周知完好的屋子可以被安排用来住人；
b. 发话者有权利来安排一间屋子住几个人；
c. 依据 a 和 b，发话者说住四个人，这是在行使他的权利来安排这间屋子将住进去四个人；
d. 如果屋子被安排住四个人，那么结果是有四个人将有可能会最终住进屋子里去。

听话者通过调用并扩展以上认知语境（43a-d）可以推理出如下最终结论（45a）；又或者通过扩展（44a-d）而推理出如下最终结论（45b）。以上两种情况都可以让听话者获取到"有可能"的语用含义，即：

(45) a. 发话者是在主观推测，这间屋子的空间有可能住得下四个人。
b. 依据发话者的安排，这间屋子将有可能会有四个人住进去。

尽管如此，若相比较起来，当发话者说出例（42）时听话者做出（45a）的推定结论相比于推出（45b）可能会显得更为直接、自然，这或许是因为获取（45a）所调用的认知语境对听话者甚至可能是对所有人来说在"可及性"（accessibility）上都是更为直接的，或者说是更为省力的。斯珀波和威尔逊（汉译本，2008）认为，受认知语境的支持，每句话都有若干潜在性的解释，但不同的解释在不同语境中，其语境的认知可及度也不尽相同。"一般来说，第一能接受的解释，就是最为可行的，是话语明示通过显义、隐义和语境的最佳组合而获得的最为相关的解释。"（熊学亮，2008：91）从以上分析来看，之所以在相比之下人们获取（45a）更为直接、自然，是由于通常当人们在谈及"屋子住人"的话题时，相比于关联到"屋子被掌权者用于安排住人"来说首先都会更为自然地关联到"屋子的空间和其空间容纳量"等相关方面的认知语境，这些都属于屋子在"具备功能"方面的基本定识内容。但即便如此也仍不能排除在其他某些客观语境下，听话者也会调用其他方面的认知语境（比如以上的第二种情况）而做出（45b）的推定性结论。当然，除了上述之外，由"可以"表达的"有可能"义也可以基于"能力"而衍生。比如：

(46) 甲：你明天可以再来一趟吗？
乙：可以。

若认定例（46）中甲在询问乙明天是否有可能再来一趟，而乙回答"有可能"，这是语用含义，"可以"实际上或是表"有能力做某事"的"可以$_1$"，或是表"情理上许可"的"可以$_3$"，而"有可能"义也能从这两种意义之上得到衍生。比如以甲的询问为例，当甲说出"你明天可以再来一趟吗？"时，听话者乙可以通过调用自身认知语境对这句话传达的信息进行推理以寻找最佳关联，从而获取"有可能"的语用含义：

情况一：[由"能力"衍生"认识"]

(47) a. 甲在询问自己是否具备能力能做到明天再去一趟；

b. 自己有能力可以做到明天再去一趟；
c. 如果自己有能力做到这件事，那么这件事就有机会发生，具备发生的可能性。
d. 相比甲询问自己是否有能力做到"再去一趟"，他其实更关心的是结果，即自己有没有可能真的再去一趟。

又或者是情况二：[由"义务"衍生"认识"]

(48) a. 甲在询问自己是否被允许明天再去一趟；
b. 自己被允许明天再去一趟；
c. 如果自己被允许明天再去一趟，那么这件事就有机会发生，具备发生的可能性。
d. 相比甲询问自己是否被允许"再去一趟"，他其实更关心的是结果，即自己有没有可能真的再去一趟。

通过(47a-d)或(48a-d)，乙均可推出结论(49)获取到"有可能"的语用含义：

(49) 甲更关心的是自己明天有没有可能真的再去一趟。

最后，例(33)同例(31)的类型基本相同，语用含义的衍生路径也基本同例(43)与例(44)一致，此处不赘。

三　可$_4$

"可$_4$"表示"有可能"。用于书面语，口语中只用于正反对举，表认识情态。同"能$_5$"的情况相同，这里首先需要明确：虽然词典释义了"可"也表示"有可能"，但它本身是一个助动词，并不能被直接视为情态副词"可能"的缩略形式。由于三部词典都将"可$_3$"与"可$_4$"归并在一起进行释义，所以经过分析，在所给出的例句中勉强能够满足该义项的也仅有一例①：

(50) 可去可不去。[《现代汉语八百词（增订本）》用例]

若认为句中的"可"表示"有可能"似乎也说得通，那么此时这句话表达的就是认识情态。而且"可"也能够直接被替换为"有可能"，并且替换后句子合法、语义通顺。请看：

(51) 有可能去有可能不去。

例（51）也是发话者依据个人相关认识因素对事件情景从主观上做出可能如此的推测，比如推测自己或某人"去或不去"皆是有可能的情况。不过即便如此，这也并非"可"的词义。

(一) 语用含义检验

首先，该例中的"可"能够被替换为"允许"，且替换后的句子依旧合法而语义通顺，说明"可"也同时能够表示"情理上许可"的"可$_2$"。请看：

(52) 允许去允许不去。

而如果说原例（50）也表达了"有可能"义，那么这种意义也可以在上下文语境中被取消。请看：

(53) 他又去参加这种可去可不去的聚会了。

在例（53）中，因为"他"已经去参加了聚会，所以此时发话者表

---

① 此外，例句"可有可无"和"可大可小"似乎也能满足该释义，但实际上在词典中它们也有被当作固定词语进行释义的情况。比如"可有可无"在《现代汉语词典（第7版）》(2016：739) 被释义为"有没有都可以，形容人或事物不重要"。所以其中的"可"也并不是词而仅是作为一个构成语素，而且也表示的是"许可"义。"可大可小"也如此。

达的也不会是对"他"有没有可能去参加聚会做出主观上的推测，句中的"可"表"允许"义。另外，例（50）中的"可"在句法上能够受到"不"的直接否定（比如"不可去，不可不去"），这也正符合了"可$_2$"的使用特点。因此，表示"有可能"的"可$_4$"虽然可以表达认识情态意义，但它也是语用含义，"可"实际上是表达"情理上许可"的"可$_2$"。

（二）衍生路径

通过上述检验可知，由"可$_4$"表达的认识情态也是语用性质，主要是凭借义务情态的表达衍生而来。请看例句：

(54) 可去可不去。

从关联性的角度看，当发话者说出"可去可不去"时，听话者也可以通过调用自身认知语境对这句话传达的信息进行推理以寻找最佳关联，从而获取"有可能"的语用含义。此时的衍生路径表现为由"义务"衍生"认识"的过程。比如：[由"义务"衍生"认识"]

(55) a. 发话者在直陈针对某个会议，无论他去或是不去都是被允许的，可以自由抉择。
b. 如果他去与不去都被允许，那么结果便是他去或者不去这个会议都是有可能发生的。
c. 发话者在传达关于他是否会去这个会议的最终结果，即有可能去也有可能不去。

通过例（55a-c），听话者可以推出结论（56）获取到"有可能"的语用含义，经上述推理过程，"有可能"便可基于义务义衍生而来。即：

(56) 发话者既有可能去也有可能不去。

四 敢₂

除了"能""可以"和"可"之外,语用性认识情态义还能通过借助表达"勇气"义的"敢"所衍生。"敢₂"表示"有把握作某种判断"。请看例句:

(57) 我敢说他一定乐于接受这个任务。[《现代汉语八百词(增订本)》用例]

(58) 我敢断定明天有雨。[《现代汉语规范词典(第3版)》用例]

(59) 我不敢说他究竟哪一天来。[《现代汉语词典(第7版)》用例]

表示该义项的"敢"也存在着区别于"敢₁"的句法使用特点,比如它不可以单独回答问题(当单独回答问题时,"敢"只能理解为"有勇气做某事"的"敢₁"),而且否定只能用"不敢"而不能用"没敢"(当用"没敢"时,"敢"也只能理解为"敢₁")。请看:

(60) a. 甲:你敢说他一定乐于接受这个任务吗?
　　　　乙:*敢。/ 我敢肯定。
　　　b. 我不敢说他一定乐于接受这个任务。
　　*c. 我没敢说他一定乐于接受这个任务。①
(61) a. 甲:你敢断定明天有雨吗?
　　　　乙:*敢。/ 我敢断定。
　　　b. 我不敢断定明天有雨。
　　*c. 我没敢断定明天有雨。
(62) a. 甲:你敢说他究竟哪一天来吗?

---

① 在例(60)中,(60a)的乙的回答"敢"以及(60c)句之所以不成立,是因为此处是将"敢"当作"敢₂"来展开验证的。如若句中的"敢"是"敢₁",那么两句实则是成立的。下同。

乙：＊不敢。/ 我不敢确定。
b. 我不敢说他究竟哪一天来。
＊c. 我没敢说他究竟哪一天来。

另外，该义项表示的是"有把握作某种判断"，即"对主观上做出的判断很有把握或很有信心"。这种意义也可以理解为"发话者推测某事件有极大的可能会呈现出正如自己所想象的那种情景"。这么来看，"敢$_2$"表达的情态意义也属认识情态的范畴。原例句中的"敢"都可以被替换为"有把握"（"不敢"被替换后即变为"没有把握"），而且替换后句子合法、语义通顺，这似乎说明句中的"敢"表达了这样的义项。不过同样在替换之前也需要对例（57）进行处理，因为在该句中出现的情态副词"一定"可以表达认识情态的"主观估计必然"。为了避免语义干扰，在下文论述中会暂且将其去除。替换后的句子为：

（63）我有把握说他乐于接受这个任务。
（64）我有把握断定明天有雨。
（65）我没有把握说他究竟哪一天来。

在例（63）中，发话者可以是凭借对"他"的想法或性格的有关了解，进而对自己所做出的推测"他乐于接受这个任务"表示很有信心。换个角度也可以理解为，"他乐于接受这个任务"这在发话者看来是有极大的可能性会发生的事件情景。例（64），发话者同样可以是通过对天气状况的经验性认识，对自己所做出的推测"明天有雨"表示很有信心，也可以理解为"明天有雨"这在发话者看来是有极大可能会发生的事。最后例（65）也如此，凭借对所谈论的第三方"他"的有关了解，发话者并没有把握推测"他"究竟哪一天会来，即对"他在具体的某一天来"不能做出极有可能的推测。以上均体现为认识情态意义的表达。可即便如此，"有把握作某种判断"也并不是"敢"的词义。

（一）语用含义检验
首先，原例句（57）—（59）中的"敢"除了可以被替换为"有把握"之外,也同样可以被替换为"敢于"或"有胆量",而且替换后句子也合乎句法规范、语义通顺,这说明句中的"敢"也同样可以是表"有勇气做某事"的"敢$_1$"。比如:

(66) 我<u>敢于</u>说他乐于接受这个任务。
(67) 我<u>敢于</u>断定明天有雨。
(68) 我没<u>有胆量</u>说他究竟哪一天来。

并且进一步看,如果说原例句也表达了"有把握作某种判断"的意义,那么这种意义也可以通过上下文语境被取消。请看:

(69) 我<u>敢</u>大声说他乐于接受这个任务。
(70) 我<u>敢</u>当着大家伙儿的面断定明天有雨。
(71) 我不<u>敢</u>对她说他究竟哪一天来。

在以上例句中,"有把握作某种判断"的意义都被取消了,各句中的"敢"实则都是表达"有勇气做某事"的"敢$_1$"。并且,如果从句法使用特点上看,句中的"敢"也符合"敢$_1$"的特点,比如除了可以被"不"否定之外,实则同时还可以被"没"所直接否定,这一特点在例(60)中也已经呈现。由此可知,表示"有把握作某种判断"的"敢$_2$"也是可以被取消的语用含义。

(二) 衍生路径

由"敢$_2$"表达的认识情态可基于词义表达的勇气情态衍生。请看例句:

(72) 我<u>敢</u>说他一定乐于接受这个任务。

依据释义,句中的"敢"表示"有把握作某种判断",但实际上"敢"表示的词义是"有勇气做某事",前者意义是在全句表义之上经过语用推理而产生的语用含义。表达"有可能"义的认识情态是基于表

第四章　情态义的跨类衍生

"勇气"义的勇气情态衍生而来,即由"勇气"衍生"认识"。依据关联理论,当发话者说出例(72)时,听话者通过调用并扩展自身认知语境对这句话展开推理以寻找最佳关联,从而能够获取到这种语用含义。请看:[由"勇气"衍生"认识"]

(73) a. 发话者正在基于某种事件情景传达一个主观推断;
b. 推断的主体是第一人称"我",说明此处的推断是发话者个人所做出的;
c. 话语中还出现了"一定",该词表示主观估计必然义;
d. 由 a、b 和 c 可知,"他乐于接受这个任务"在发话者看来是必然会发生的事件情景,发话者对此能够非常肯定;
e. 一般情况下当某人表达个人推断时无须强调自己是基于莫大的勇气来做出这一推断;
f. 发话者提到"我敢说",当众强调出他是有勇气敢于做出这个推断;
g. 通常当人们在心里对做某事表示有十足的把握时,往往才会表现得格外有勇气。

听话者通过调用并扩展上述认知语境(73a-g)可以推导出以下结论(74),获取"有把握作某种判断"的语用含义,即:

(74) 发话者对自己做出的推断"他乐于接受这个任务"是很有把握的。

可以发现在以上例(72)中出现了表达"估计情况必然如此"的情态副词"一定",该词的词义可以对处于听话者认知语境中的假设"有把握"起到"增力"(strengthening)作用,这更加便于听话者寻找最佳关联,获取到语境效果。不过,即便没有起增力作用的关键词出现,也仍不妨碍这种语用含义的衍生。请看:

(75) 我敢断定明天有雨。

虽然依据词典释义了例（75）句中的"敢"也表示"有把握作某种判断"，但实际上"敢"的词义仍是表示"有勇气做某事"，即"敢₁"。但与例（72）不同，该句中没有出现表示认识情态意义的副词"一定"或诸如此类的信息词，也仍不妨碍语用含义的产生。当发话者说出这句话时，听话者可以调用并扩展自身认知语境以寻求最佳关联，获取语用含义。比如：

(76) a. 发话者正在基于某种事件情景传达一个主观推断；
    b. 推断的主体是第一人称"我"，这说明此处的推断是发话者个人所做出的；
    c. 由 a 和 b 可知，"明天有雨"是发话者所做出的个人主观推断；
    d. 一般情况下当某人表达个人推断时无须强调自己是基于莫大的勇气来做出这一推断；
    e. 发话者提到"我敢说"，当众强调出他是有勇气敢于做出这个推断；
    f. 通常当人们在心里对做某事表示有十足的把握时，往往才会表现得格外有勇气。

听话者通过调用并扩展上述认知语境（76a-f）可以推导出以下结论（77），获取"有把握作某种判断"的语用含义，即：

(77) 发话者对自己做出的推断"明天有雨"是很有把握的。

可见，"有把握作某种判断"这一语用含义的产生主要是源于当发话者自身做出某种推断时所公然强调这一推断是自己基于"足够勇气"而做出的，从而体现出发话者对自己所做出的推断"在主观上非常确定"且"敢于担保并负责"，由此也就产生出了"有把握"的意义。

综上，虽然"能""可以""可"和"敢"本身不能表达认识情态，但却可以通过语用推理衍生语用性认识情态义，这种衍生可基于其自身词义表达的"能力""义务""功能"或"勇气"义而来，由此实现由"能力情态""义务情态""功能情态"和"勇气情态"向"认识情态"的衍生。

第二节　由"义务"衍生"价值"

同语用认识情态一样，价值情态也可以基于字面上表达的某一种情态意义衍生而来。较为典型的是表达"值得"义的"可以$_6$"和"可$_5$"，它们实际上也并不是词义而都是语用含义，是基于字面上表达的义务情态衍生的结果。以下我们将主要结合词典例句分别对上述价值情态的语用含义性质进行验证并尝试描写其衍生路径。

一　可以$_6$

"可以$_6$"表示"值得做某事"，表达价值情态。在日常使用中"可以"的前面能够经常出现"很""倒"等副词，后面的动词常重叠或带动量。例如：

(78) 美术展览倒可以看看。[《现代汉语八百词（增订本）》用例]

(79) 这个问题很可以研究一番。[《现代汉语八百词（增订本）》用例]

(80) 那篇文章写得不错，很可以读一读。[《现代汉语词典（第7版）》用例]

首先，以上各句中的"可以"都能够被直接替换为"值得"，而且替换以后句子合法、语义通顺，这似乎说明上述句中的"可以"均满足这一义项的表义。请看：

(81) 美术展览倒值得看看。

(82) 这个问题很值得研究一番。

(83) 那篇文章写得不错，很值得读一读。

例（81），基于美术展览有参观的价值，发话者对"去看美术展览"这一事件的发生表示认可。例（82），基于"这个问题"有去研究一番的价值，发话者对"研究一番这个问题"表示认可其发生。最后，例（83）也同样，基于"这篇文章"有读一读的价值，发话者对事件"去读一读这篇文章"也表示认可其发生。以上表达的均是价值情态意义，体现为发话者依据事件主体所具备的价值而认可了在现实中做某事是值得的，或某事是值得发生的。但即使如此，"值得做某事"也并非"可以"的词义。

（一）语用含义检验

从替换的角度看，原例（78）—（80）句中的"可以"也都能够被情态助动词"能"所直接替换。虽然已知"能"本身并没有表示"值得做某事"的词义，但被替换以后可以发现句子似乎仍不妨碍可以表达这种意义。请看：

(84) 美术展览倒能看看。

(85) 这个问题很能研究一番。

(86) 那篇文章写得不错，很能读一读。

替换后的上述各句也都不妨碍表达"值得做某事"义，这似乎可以说明"值得做某事"并非句中的"可以"所直接表达的意义而应是一种被推导出来的意义。进一步看，若去掉例（78）—（80）句中表达程度意义的副词"很"或"倒"后，句中的"可以"似乎既可以被认为是表达了"许可做某事"，但也仍不妨碍在某些特殊语境中被认为是表达了"值得做某事"。请看：

(87) 美术展览可以看看。

(88) 这个问题可以研究一番。
(89) 那篇文章写得不错，可以读一读。

以上三例中的"可以"既能够被替换为"允许"，也能够被替换为"值得"，可见"可以"能够同时满足这两种义项的使用。但相比之下，在三例中"值得做某事"义却又是可以被取消掉的。请看：

(90) 目前只有美术展览可以看看，别的展览都不让看。
(91) 这个问题只有你可以研究一番。
(92) 那篇文章写得不错，可以先借给你读一读。

"值得做某事"义在上述三例中都被取消了，句中的"可以"均是表示"情理上许可"的"可以$_3$"。若从句法使用特点上看，原例句中的"可以"也均符合"可以$_3$"的句法使用特点，包括可以受到程度副词的修饰以及也可以被"不"所直接否定等。这么看来，表示"值得做某事"的"可以$_6$"实则是可以被推导同时也可以被取消的语用含义而不是"可以"的词义。

(二) 衍生路径

语用性价值情态义是基于字面上表达的义务情态义所衍生的。请看例句：

(93) 美术展览倒可以看看。

该例中的"可以"实则是表示"情理上许可"的"可以$_3$"，字面上表义务情态，但可以衍生表"值得做某事"的价值情态。利用关联理论，当发话者说出以上这句话时，听话者可以通过调用并扩展自身的认知语境来寻找最佳关联，经过推理而获取到这种语用含义。请看：[由"义务"衍生"价值"]

(94) a. 发话者了解此次展览的质量水平，具有一定的发言权；

b. 美术展览对每个人来说都是有权利去看的（比如通过买票即可），并且一般也并不需要被他人特别"允许"以后才能去看；

c. 发话者使用了"倒"，表达了一种"将几方面作比较之后更看重某一方"的强调意义；

d. 发话者并无实际许可权利，但仍提出"允许"去看"美术展览"；

e. 结合 a、b 和 c，可基于 d 推理出"美术展览"是相比于其他展览来说在发话者看来更具价值，因此他才特别提出许可去看。

通过调用并扩展以上认知语境（94a-e），听话者就可以推理出以下结论（95），进而获取到"值得做某事"的语用含义：

(95) 在发话者看来，美术展览是相比之下更值得去看看的。

下面我们再分析一例。同样地，下述例（96）也表达"值得做某事"的语用含义，但与上一例的不同之处在于该例句中用在"可以"之前的并不是表达反差比较的"倒"，而是表达具备高程度意义的副词"很"。请看：

(96) 这个问题很可以研究一番。

句中"可以"的实际词义也应是表示"情理上许可"的"可以$_3$"，而通过字面上义务情态的表达，听话者也能借助关联性推理获得"值得做某事"的意义。比如：[由"义务"衍生"价值"]

(97) a. 发话者是该问题领域内的专家，具有一定的发言权；

b. 任何人都有权利去研究某个问题，并且一般也并不需要被他人特别"允许"以后才能去研究；

c. 发话者使用了"很",表达了一种"高程度"的意义内容,使得"这个问题"在众多待研究问题当中被突出强调;
d. 发话者并无实际权利来指派或同意某人研究某个问题,但仍强调自己"允许"研究一番"这个问题";
e. 结合 a、b 和 c,可基于 d 推理出"这个问题"相比其他问题来讲在发话者看来更具有研究价值,因此他才特别强调允许去研究一番。

听话者借助关联性通过扩展调用以上认知语境（97a-e）可以基于话语所传达的信息推理出如下结论（98）,该结论可以表示"值得做某事"的语用含义,即:

(98) 在发话者看来,这个问题是更值得去研究一番的。

可见,"值得做某事"的语用含义似乎可以是衍生于发话者对去做某事表示"高程度"之上的"允许",由此实现了由"义务情态"到"价值情态"的衍生。不过若相比起来,下面的"可$_5$"却又有些不同。

二　可$_5$

同"可以$_6$"一样,"可$_5$"也表示"值得做某事"。虽然该义项也可以表达价值情态意义,这也同样是语用含义。例如:

(99) 这出戏可看。[《现代汉语词典（第7版）》用例]
(100) 北京有不少地方可游览。[《现代汉语八百词（增订本)》用例变形]
(101) 这个展览会有不少东西可看。[《现代汉语八百词（增订本)》用例变形]

以上例句中的"可"也都能被"值得"替换,而且替换后句子合乎句法规范、语义通顺，说明句中的"可"能够表达该义项。请看：

(102) 这出戏<u>值得</u>看。
(103) 北京有不少地方<u>值得</u>游览。
(104) 这个展览会有不少东西<u>值得</u>看。

例（102），基于"这出戏"有看的价值，发话者对"去看这出戏"这一事件的发生表示认可。例（103），基于对"北京的很多地方（景点）"有游览的价值，发话者对"去游览这些景点"表示认可其发生。最后，例（104）也同样，基于展览会有不少东西具备参观的价值，发话者对事件"去参观这个展览会"表示认可其发生。以上均是价值情态意义的体现，但这种意义却是语用含义。

(一) 语用含义检验

首先，原例（99）—（101）中的"可"也都可以被"允许"替换，说明句中的"可"也能够是表示"情理上许可"的"可$_2$"。请看：

(105) 这出戏<u>允许</u>看。
(106) 北京有不少地方<u>允许</u>游览。
(107) 这个展览会有不少东西<u>允许</u>看。

而与此同时，在原例句中"值得做某事"意义也是可以被取消的。请看：

(108) 别的戏都不让看，只有这出戏<u>可</u>看。
(109) 北京有不少地方<u>可</u>游览，但也有不少地方不让参观。
(110) 这个展览会有不少东西<u>可</u>看，但大都没什么价值。

在上述各句中，"值得做某事"义都被取消掉了。句中的"可"是表达"情理上许可"的"可$_2$"，并且也符合其句法使用特点，比如句中的"可"能够受到"不"的直接否定等。可见，表达"值得做某事"

的"可₅"实则也是可以被取消的语用含义而非"可"的词义。

(二) 衍生路径

由"可"参与表达的价值情态也是基于其自身表达的义务情态之上的衍生义。比如：

(111) 这出戏可看。

句中的"可"是表示"情理上许可"的"可₂"。不过与上文"可以₆"的情况却有所不同，在该句中"可"之前并未出现诸如"倒"或"很"等表示高程度意义的副词，但即便如此也仍不妨碍全句衍生"值得做某事"（即"这出戏值得看"）的语用义。利用关联原则，听话者经过推理也可以获取这样的语用含义，实现由"义务情态"到"价值情态"的衍生。比如：[由"义务"衍生"价值"]

(112) a. 发话者可以是对戏曲比较了解，具有一定的发言权；
b. 戏曲是每个人都有权利随时去看的（比如通过买票即可），一般情况下也并不需要得到他人的特别"允许"以后才能去看；
c. 发话者实际上并无允许我是否可以看戏的权利，但仍特别提出"允许"我去看"这出戏"，而未再提及其他的戏；
d. 结合 a 和 b，可基于 c 推理出"这出戏"在发话者看来是更有看的价值，因此他才特别提出"允许我看这出戏"，以此种方式做出推荐。

听话者通过扩展以上认知语境（112a-d）便可以推理出如下结论（113），进而获取到"值得做某事"的语用含义，即：

(113) 在发话者看来，这出戏是值得去看的。

同样地，下一例的衍生过程也是如此。请看：

（114）北京有不少地方<u>可</u>游览。

在这句话中，"可"之前同样未出现"很"或"倒"等副词，但这也仍不妨碍全句"值得做某事"，即"北京有不少地方值得游览"意义的表达。当发话者说出这句话时，听话者经过推理也可以获取到这种语用含义。比如：

（115） a. "北京可游览的地方"指的是北京的游览景点；
　　　　b. 发话者对北京的游览景点比较了解，具有一定的发言权；
　　　　c. 北京的游览景点对每个人来说都是有权利随时去看的，一般情况下也并不需要特别得到他人的"允许"之后才能去游览；
　　　　d. 发话者并无实际权利准许人们是否去游览北京的景点，但仍特别提到北京有不少景点是他"允许"去游览的；
　　　　e. 结合 a、b 和 c，可基于 d 推理出北京有不少游览景点都是在发话者看来具有游览价值的，因此他才"允许"游览并以此种方式做出推荐。

利用关联性，听话者通过扩展以上认知语境（115a-e）便可推理出如下结论（116），进而获取"值得做某事"的语用含义，即：

（116）在发话者看来，北京有不少景点是值得去游览的。

如此看来，即便在没有表示高程度意义副词的参与下，当本无指派实权去允许某人做某事的发话者对某人提出"允许做某事"时，也仍有机会能够引发出"值得做某事"（即"做这件事在发话者看来是值得的") 的语用含义。

综上，虽然"可以"和"可"本身不能表达价值情态，但却可以通过语用推理来表达语用性价值情态义，这种衍生可基于其自身表达的义务义之上衍生而来，由此实现了由"义务情态"向"价值情态"的衍生。

第三节　跨类衍生依据

结合以上分析来看，语用情态义的衍生可以凭借字面上所表达的某一种情态义为基础，这种情况主要以语用性认识情态和语用性价值情态的衍生为代表。前者可基于能力情态、功能情态、义务情态和勇气情态衍生，后者主要基于义务情态衍生。虽同为情态义的跨类衍生，但其内部的衍生依据又彼此不同。

一　由"能力/功能"衍生"认识"的依据

通过对"能力情态"和"功能情态"衍生"认识情态"的路径进行分析可以寻找到其内部的衍生依据。主要包括语用性的演绎推理以及"定识"对推理前提的补充作用。

（一）语用性的演绎推理

话语在字面上传达的意义构成了获取语用情态义的前提意义，而基于这个前提意义衍生出语用情态义还需要配合具体的语用推理过程。

斯珀波和威尔逊（汉译本，2008）曾提到一种"非论证性的演绎推理"（non-demonstrative inference），它是从一个假设推导出另一个假设，直到在话语中找出所谓的"最佳关联"。依据熊学亮（2008：88）的解释："非论证性的演绎推理，就是虽取演绎逻辑的形式，但是逻辑中的项与项或命题与命题之间的意义关联并不绝对……关联理论中提到的所谓的演绎推理，并非严格意义上的形式演绎逻辑，而仅是借助 P→Q、P&Q、P∨Q 等形式演绎逻辑的框架或形式，来支撑语用推理的过程，并采取删除的方式，如 P 通过 P→Q 时被删除而得到 Q，或通过 P∧Q 关联仅取 Q 而删去 P 的过程,以此来减轻信息处理的负担,达到经济的效果。"就本节而言,由"能力情态"和"功能情态"衍生"认识情态"的推理主要用到的便是这种推理形式。具体来看,由"有能力做某事"和"具备功能做某事"的前提意义推理出"某事有可能发生"的语用情态意义属于借助了"实质蕴涵"(material implication)的情况,即"P 通过 P→Q 时被删除而得到 Q",二者满足由 P→Q 的实质蕴涵。依据实质蕴涵的真值关系,只有当后件 Q 为假时,整体上的前件推出后件(P→Q)为假,而在其他情况下整个命题均为真。

其实,关于情态意义间的这种蕴涵关系也曾有学者展开过论述。张文熊(1990)曾对汉语能愿动词句展开逻辑语义分析,其中就涉及对蕴涵关系的探讨。依据其论述,表达动力义的情态助动词其基本词义可以蕴涵"可能"义。而这一结论也恰恰可以用来佐证语用情态意义"有可能"和动力情态相关的前提意义之间存在着实质蕴涵推理关系。请看以下例句:

(117) a. 红红<u>能</u>一边唱歌一边跳舞。
   b. 红红<u>有可能</u>一边唱歌一边跳舞。

在例(117a)中,若"能"是表示"有能力做某事"的"能$_1$",则此时全句表达的字面意义是"红红有能力一边唱歌一边跳舞"。如果将例(117b)中的"可能"理解为"在某时某地有机会发生",则(117a)与(117b)之间存在实质蕴涵关系,即"如果红红有能力一边唱歌一边跳舞,那么红红有可能(去真的做出)一边唱歌一边跳舞(这件事)"。而这一蕴涵关系也能通过以下真值表予以验证:

表 4-1   由"能力"到"可能"实质蕴涵的逻辑语义真值

P:红红有能力一边唱歌一边跳舞	Q:红红有可能一边唱歌一边跳舞	P→Q
T	T	T
T	F	F
F	T	T
F	F	T

在交际中，听话者可以借助上述实质蕴涵逻辑的框架并采用删除的方式，由（117a）出发，通过 P→Q 并删除 P 的模式而推理出（117b），进而获取到"有可能"的意义。当然，基于"功能"利用蕴涵关系推理出"认识"也同样如此。请看：

(118) a. 大蒜<u>可以</u>治病。
　　　b. 大蒜<u>有可能</u>治病。

在例（118a）中，若"可以"是表示"具备功能做某事"的"可以$_2$"，则此时全句表达的字面意义是"大蒜具备治病的功能可以被用于治病"。如果将例（118b）中的"可能"理解为"在某时某地有机会发生"，则（118a）与（118b）之间也存在实质蕴涵关系，即"如果大蒜具备治病的功能可以被用于治病，那么大蒜就有可能在某时某刻被人们用于治病"。这一蕴涵关系也同样能通过实质蕴涵的真值表予以检验：

表 4-2　由"功能"到"可能"实质蕴涵的逻辑语义真值

P：大蒜具备治病的功能可以被用于治病	Q：大蒜有可能在某时某刻被人们用于治病	P → Q
T	T	T
T	F	F
F	T	T
F	F	T

可见，在由"能力"和"功能"衍生"认识"的过程中，语用性的演绎推理是不可缺少的推理形式，也是最为直接最为重要的衍生依据之一。

（二）"定识"的补充作用

斯珀波和威尔逊（汉译本，2008：2）曾提到对所谓"定识"（assumption，又可译为"假设"）的看法："按照我们的定义，思想意谓概念表征（与感觉表征或情感状态相对）。定识意谓被个人当作现实世界表征的思想（与虚拟内容、愿望或表征的表征相对）。"可见，所谓"定识"也就是被当事人在主观上当作事实的思想，其本身也就是当事人自己所认定的客观事实的内容。① 听话者通过调用并扩展自身的认知语境来处理"明示—刺激"信号并进而获取发话者的交际意图，而认知语境也正是处于交际者头脑中已经被内化的多种定识内容之集合。

可以发现，在表达语用情态意义的过程中，话语在字面上有时也会暗含一些并未被言明的额外信息，它们所传达的意义内容也是语用推理所依据的前提意义中重要的组成部分。但即使这些重要信息并未被直接言明，听话者也仍然能够顺利地做出推理，原因则在于其自身的既有"定识"可以对这些隐藏信息给予补充。比如请对比以下三个例句，请看：

(119) a. 这间屋子<u>可以</u>住四个人。
　　　 b. 这间屋子<u>可以</u>住一个人。
　　　 c. 这套别墅<u>可以</u>住四个人。

在例（119a）中，"可以"很容易被认为是表示"有可能"（即词典释义的"可以$_5$"），进而认为这句话表示的是"这间屋子有可能住得下四个人"，但这是语用含义。句中"可以"的真正词义是表示"具备功能被用于做某事"，因此（119a）的字面意义实则应该是"这间屋子具备功能住下四个人"。但需要注意的是，之所以人们会容易将含义"有可能"误当成了"可以"的词义且并未意识到这有何不妥，说明在这句话中必定存在着某种因素促使了人们下意识地或自然而然地进行了语用推理但并不自知。相比之下，例（119b）和（119c）表达的分别就是"这间屋子具备功能住下一个人"和"这套别墅具备功能住下四个人"的字面意义，换言之，这两句话中的"可以"并不会很容易地被认为是表示"有可能"。那么此时的问题便是，相比例（119b）和（119c）来说，人们为何会更加容易对例（119a）下意识地进行语用推

---

① 定识与命题不同。命题是可以确定真值的思想，可真可假。而定识是当事人从主观上当作事实的思想，所以从认知上说不应该是假的。当然，被当作事实的思想也可能有假，但那是认知上的错误。

理而将句中的"可以"误认为是表示了"有可能"呢？我们认为原因或许就在于例（119a）中的某些语言成分唤起了听话者的某些既有"定识"，但与此同时，字面上所传达的信息内容却又与这种被唤起的"定识"产生了矛盾，从而促使听话者进一步扩展认知语境进行语用推理以寻找最佳关联。

在例（119a）中，与听话者被引发的"定识"产生矛盾的信息内容应该是"屋子"和"住四个人"。因为依据常规情况，或者说依据"百科知识"可能更为合适，在我们的一般感知中"屋子"的空间往往并不会太大，通常都是住1—2人较为合适，并不会住上四个人。依据这种定识，常规情况下的"屋子"也就不太可能具备住得下四个人的功能。这种看法也能得到词典在有关释义方面的佐证。《现代汉语词典（增订本）》（2016：1381）将"屋子"释义为"房间"；接着（2016：370）又释义"房间"为"房子内隔成的各个部分"；之后又在同一页中释义"房子"为"有墙、顶、门、窗，供人居住或做其他用途的建筑物"。从词典释义可知"屋子"也仅仅是房子的一个组成部分而已，空间通常比较小，而"一间屋子的空间都不会太大，住不开多个人"也是经常被人们认定为是正确的定识。由于例（119a）传达的字面信息提到的"这间屋子住四个人"与常规既有定识容易发生冲突，所以听话者会更加容易下意识地扩展认知语境去推测发话者可能表达的意义，并且这种可能表达的意义也必须是听话者自己所能够自洽的，进而也就更容易获取"这间屋子有可能住得下四个人"的语用含义。相比之下，例（119b）和（119c）所传达的信息与听话者的既有定识更容易吻合，也就不会再促使听话者进一步付出心力去做出推理以寻找新的最佳关联。

二 由"义务"衍生"认识"的依据

通过对由"义务情态"衍生"认识情态"的路径进行分析，我们发现了隐性的直觉性推理在其中发挥着重要作用。

熊学亮（2000）曾提到一种隐性的直觉性推理。"隐性推理一半依赖话语内容，一半依赖常识。这种推理一般是自动的、无意识的、无须刻意作出努力的思维过程……产生的结论，多半是策略性质的，因此从逻辑学的角度考虑有时似乎是无效的。"（熊学亮，2000：19）在由"义务情态"衍生"认识情态"的推理过程便可归入此列。比如请看以下这组例句：

(120) a. 这间屋子可以住四个人。
b. 这件屋子有可能住四个人。

我们已经谈到过如果将例（120a）句中的"可以"视为表示"具备功能被用于做某事"的"可以$_2$"，那么由该句引发的"这间屋子有可能住得下四个人"便是借由实质蕴涵所支撑的语用性演绎推理而得到的语用含义。不过除此之外，在其他语境下，句中的"可以"也同时能够表达"许可"义，比如是表示"情理上许可"的"可以$_3$"。此时基于这种字面意义获取到的"有可能"语用含义便可以被视为基于一种直觉性的推理模式。具体来看，当例（120a）句中的"可以"表示"情理上许可"，则全句表达字面意义是"这间屋子（被安排）允许住四个人"，由其引发的"这间屋子有可能（被安排）住进去四个人"可视为在前者基础上一种可能出现的结果。简单来说，当某事被允许去做时，无论最终结果是这件事被做了（这件事发生了），又或是这件事没有被做（这件事没发生），这都是遵从义务许可的表现结果，它们统归于"这件事有可能被做（这件事有可能发生）"（即"有可能发生"可等同于"发生了"∪"没有发生"，二者为并集关系）。可见，由"允许做某事"到"某事有可能发生"，前者与后者也存在一种顺序上的承接关系，听话者基于前者完全可以直觉性下意识地推理出后者意义。

三 由"勇气"衍生"认识"的依据

由"勇气情态"衍生"认识情态"主要借助的是由情态助动词"敢"所参与组成的构式来表达的，该构式可以描写为"我敢 V + P$_{命题}$"[①]。

依据《现代汉语八百词（增订本）》（1999：215）和《现代汉语词典

[①] 我们认为在由"勇气"衍生"认识"的过程中，认识情态义从表象上看虽然是凭借"我敢 V + P$_{命题}$"的构式义表达的，但这种构式义实际在本质上是语用含义的固化。后文会展开相关论述。

(第7版)》(2016：424)对助动词"敢"的释义："①表示有勇气做某事；②表示有把握作某种判断。"从情态类型表达上看，义项①表勇气情态，义项②表认识情态。不过，以上2个义项所实现的句法结构存在差异。"敢₂"不可单说，句法主语（大主语）多为第一人称"我"，其所在小句之前或之后须承接一个语义命题，否定形式用"不敢"。例如：

(121) 我敢保证明天下雨。

若在具体语境中，当甲问起"明天肯定会下雨吗?"此时乙回答上面这句话，表达了乙对"明天下雨"的发生很有把握，句中的"敢"是"敢₂"。话语中的事件命题"明天下雨"被置于"我敢保证"之后，当然也可被置于"我敢保证"之前（比如乙也可以回答"明天下雨，我敢保证。"），甚至也可以依据上下文语境而省略（比如乙还可以直接回答"我敢保证。"），可即便被省略，在语义上仍然对该命题有所指向。倘若乙对事件的发生没有把握而作否定回答，也只能是"我不敢保证明天下雨"。以上是"敢₂"的使用特点。相比之下，"敢₁"的句法使用更为宽泛。"敢₁"既可单说也可不单说；对句法主语（大主语）的人称也不作限制；其所在小句之前或之后可接一个命题也可不接命题；其否定形式除了"不敢"外还可用"没敢"。换言之，"敢₁"出现的句法环境涵盖并超过了"敢₂"。同样以例（121）为例，若"敢"是"敢₁"，则在句法上也完全成立，只不过在言说时"敢"常会加重音，此时的表义不再是发话者就"明天下雨"是否为真作主观判断，而是对"明天下雨"为真有勇气敢于做出保证行为。可见，"敢₁"和"敢₂"都能出现在"我敢 V + P_命题"结构中，若将其视为一个构式（construction），则该构式可包含两个子构式：A."我敢₁ V + P_命题"；B."我敢₂ V + P_命题"，两子构式表达的意义因"敢₁"和"敢₂"表义的不同而异，分别是 A："发话者（'我'）有勇气敢于对某事件采取某种行为或措施"；B："发话者（'我'）对命题真值或事件的发生很有把握"。但通过前文我们也已经证实"敢"事实上只有一个词义即"敢₁"，"敢₂"是"敢₁"入句后衍生的语用含义。若情况如此，则在子构式 B 中，"敢"实则也是"敢₁"。

如此看来,"我敢 V + P_命题"在某些情况下可以表达"发话者('我')对命题真值或事件的发生很有把握"的构式义,但这种意义并不能从构式的组成成分中直接推导,其可视为一个典型的半实体构式,而也恰恰是在这种构式中"认识"义得以基于"勇气"义而衍生,其衍生依据则隐藏在组成构式的构件特点以及构件间的特定组配模式之中。

依据戈德伯格(Goldberg,1995)的经典定义,作为"形—义"配对体的构式,其形式或意义的某些方面不能从其构成成分或其他先前已有的构式中得到完全预测。戈德伯格对构式的论述让人们更多地将关注点放在作为整体的"构式"与"构成成分"之间的关系上,施春宏(2014,2015)将其阐述为"构体"与"构件"之间"招聘"与"求职"的相互作用。从构式生成角度看,"构件"的特征和准入条件是展开研究的重要环节。在"我敢 V + P_命题"中,作为变项的动词 V 要具备某些特征才可获得准入,作为常项的"敢"也因在句法和语义上的特殊性才能受到 V 的直接影响,使整体表达出不可从构件推导的认识情态构式义。

(一)构件"V"具备[+定论]语义特征

"我敢 V + P_命题"表达了发话者("我")对命题 P 所述事件的发生很有把握,发话者对事件的发生做出一种主观性定论。如此看来,构体确实对构件 V 提出了"招聘条件",即要求出现在 V 位置的动词可以发挥定论语义功能。换言之,V 自身语义须能表现[+定论]语义特征。通过对北京大学 CCL 现代汉语语料库进行检索,可锁定有效语料 1054 条,经初步统计发现,能够进入"我敢 V + P_命题"中 V 位置的动词共涉及五种语义类共 16 个,它们均或是自身包含,或是可以在语义上衍推[+定论]语义特征的动词类型(参见下表 4 - 3)。

表 4 - 3　　"我敢 V + P_命题"中动词 V 的语义分类及使用频次

语义类	言说类	信念类	承保类	赌信类	誓言类
成员 (频次)	说(474) 断言(41) 预言(5)	肯定(195) 断定(43) 相信(5) 确信(1)	保证(74) 担保(29) 保(12) 作保(1)	打赌(144) 赌(3) 赌咒(2)	发誓(22) 起誓(3)

续表

语义类	言说类	信念类	承保类	赌信类	誓言类
合计	520 例	244 例	116 例	149 例	25 例
频率	50%	23%	11%	14%	2%

在以上五类动词中,"言说类"和"信念类"其自身词义包含[+定论]特征,可直接表达发话者对命题真值或事件的发生做出主观性定论。例如:

(122) 身高 1.90 米、黑皮肤的特雷尔真诚地说:"<u>我敢说</u>,中国在过去 15 年里发生的变化,比世界上任何国家的变化都大,没有一个国家比得上她的发展步伐。"(《人民日报》,1995 年)

(123) <u>我敢断言</u>,在漫长的中国封建社会中,最珍贵、最感人的友谊必定产生在朔北和南荒的流放地,产生在那些蓬头垢面的文士们中间。(余秋雨《流放者的土地》)

(124) <u>我敢预言</u>,美国队在对德国队的比赛中还会有更佳的表现,得更多的分。(新华社新闻,2002 年 6 月)

(125) 在看了中国为此次奥运会做的准备后,<u>我敢肯定</u>,中国会,而且一定能将它办成有史以来最好的一届。("杨澜访谈录之追忆萨马兰奇"访谈记录,2008 年 7 月)

(126) 我没有见过他那三千真钞买来的是两万什么样的假币,但<u>我敢断定</u>,那假币的制作成本不会比高级卫生纸的制作成本大到哪去。(《作家文摘》,1997 年)

(127) 假设只要我自己肯,肯把严厉的拒绝放到我眸子中去,<u>我敢相信</u>,他不会那样大胆,并且<u>我也敢相信</u>,他所以不会那样大胆,是由于他还未曾有过那恋爱的火焰燃炽。(丁玲《莎菲女士日记》)

例(122)—例(124)为"言说类"动词用例。在例(122)中,发话者对"中国在 15 年里发生的变化大过任何国家"很有把握;在例

(123)中,发话者对"封建时期居于朔北南荒流放地的文人间最能产生深厚的友谊"很有把握;在例(124)中,发话者对"美德比赛中美国队将会有更好的表现"很有把握。"说""断言"和"预言",这些言说动词自身均包含[+定论]特征,这是因为当某人"说出""断言"或"预言"了某事的发生时,这本身就是在对该事件做出主观性定论。例(125)—例(127)为"信念类"动词用例。例(125),发话者对"中国能将本次奥运会办成有史以来最好的一届"很有把握;例(126),发话者对"假币的制作成本不比高级卫生纸成本大"很有把握;例(127),发话者对"若我严厉地拒绝,他将不会对我做出大胆的举动"很有把握。通过"肯定""断定"和"相信"的表述,发话者也分别直接对各自的命题内容做出主观性定论,这些动词语义中包含[+定论]特征。上述两类动词均具备构式的准入要求,可进入构式表达完整的构式义。

此外,"承保类""赌信类"和"誓言类"动词,其词义可衍推[+定论]特征。当发话者对命题真值做出"担保""打赌"或"起誓"时,说明其已经对命题真值有了主观性定论。例如:

(128)杜琪温柔地看着她困惑的脸,说道:"慢慢想,别太急,虽然我不知道你们发生什么事,但<u>我敢保证</u>那绝对是误会。"(于晴《红苹果之恋》)

(129)朱益老头把桌子一拍:"好,既然你们下决心要把他扫进东洋大海,我就告诉你,<u>我敢担保</u>,那大字报里的事都是捕风捉影,一派胡言。"(陆文夫《人之窝》)

(130)刘芳亮想了一下,问:"夫人,你觉得老营在这里会万无一失么?"——"<u>我敢保</u>万无一失。"(姚雪垠《李自成》)

(131)"你说的那种爱情在现实生活中是不存在的。<u>我敢打赌</u>,一百对夫妇中有九十五对是凑合。"宜宁说。(戴厚英《人啊人》)

(132)我拥着被子在沙发上一闭上眼睛就进入黑甜乡,<u>我敢发誓</u>一整晚没有变换过姿势,很少有机会睡得这么实。(亦舒《香雪海》)

(133) 一旦把正局长夺回来,你知道我不会白了你,<u>我敢起誓</u>!(老舍《东西》)

例(128)—例(130)为"承保类"动词用例。在例(128)中,发话者对"你们之间绝对存在误会"做出保证;例(129),发话者对"大字报里讲的内容都是一派胡言"做出担保;例(130),发话者对"老营在这里会万无一失"做出保证。之所以能够做出"保证"和"担保",前提是发话者已经心中有数有了定论,"保证""担保"和"保"在语义上都可推出[＋定论]特征。例(131)—例(133)为"赌信类"和"誓言类"动词用例。例(131),发话者打赌"绝大部分夫妻都是在凑合过日子";例(132),发话者发誓"自己一晚上没有变换过姿势,很少有机会睡得这么实";例(133),发话者起誓"一旦把正局长夺回来,我不会白了你"。"打赌""发誓"和"起誓"也均是发话者在自身已有定论的基础上所做出的行为,在语义上也能推出[＋定论]特征。以上语义推出关系表现为:当承认一个命题的同时也就承认了另一个命题,符合衍推(entailment)关系(请见下表4－4)。"承保类""赌信类"和"誓言类"动词在语义上均可衍推[＋定论]特征,它们也均能进入构式,表达完整的构式义。①

表4－4　关于[定论]语义特征的衍推真值关系验证

X：我担保/打赌/发誓事件会发生。	Y：我对事件会发生已有定论。
X→Y	
T	T
F	T/F
X←Y	
T/F	T
F	F

(设X和Y分别代表两个命题,→为推理关系)

---

① 不仅限于动词,可以发现某些带有[＋定论]语义特征的短语也能获得构式中V位置的准入资格。例如:"我敢打包票,……""我敢夸句口,……"等。这里对此暂不作讨论。

(二) 由超定识组配引发溯因推理

不过，即便 V 满足要求获得准入，整体构式义的表达仍需要其他构件配合，常项构件"敢"也发挥了重要作用。从句法上看，作为助动词的"敢"要后接一个动词使用，这为表达定论功能的 V 提供了准入位置。"敢 V"是一个述宾结构（张谊生，2020），在语义关系上"敢"支配"V"。从构式义上看，若 V 表达"作定论"，那么直接支配 V 的"敢"，虽然其词义表"有勇气做某事"，但在语义上须承担"有把握"义的表达，然而"敢"也确能表达这种意义，利用的是其基本词义（"有勇气"）与目标意义（"有把握"）之间的溯因推理（abductive inference）。"溯因推理的关键在于从众多的可溯之因中选出最佳解释作为结论。"（江晓红、何自然，2006）具体来说，当某人公然声称自己"有勇气敢于做某事"时，一种很大的可能性便起因于此人"对做此事很有把握"。换言之，因为"有把握"，才敢公然声称"敢于做"。请看：

(134) 我<u>敢</u>说明天下雨。
P：我有勇气敢于说明天下雨。
Q：我对明天下雨很有把握。

若例（134）的构件组合表义即字面义为 P，那么依据溯因推理可以得到 Q，Q 为 P 的起因。"公然声称有勇气做某事"与"对做某事有把握"通过因果关系相连，这种关联在日常交际的语用推理中高频出现，作为语义模块储存于人脑中，在特定条件下极易被激活，由"勇气"义衍生"把握"义，而表［+定论］的 V 的介入便是很好的激活媒介，起到语用推理"触发器"（trigger）的作用。表［+定论］的 V 与表"勇气"的"敢"的直接组合"敢 V$_{定论}$"往往并不符合人们常规"定识"，因为当人们在表达自己的主观看法或是就某件事做出自己的主观定论时，通常并不需要强调自己是基于莫大的"勇气"才敢于给出观点，而是直接言说便可。如例（134），在定论语境中，若发话者认为明天会下雨，直接说出这一看法便可，并不用强调自己是"鼓足了勇气"

才说的。依据"关联理论","敢说"组合在定论语境中有悖于常规定识,因此会触发受话者进一步扩展认知语境(cognitive context),付出心力寻找新的"最佳关联",进而展开溯因推理获取"有把握认定"的语用意义。简言之,在定论语境中,正是 $V_{定论}$ 的介入导致"敢V"的"超定识"组配触发了对"敢"的溯因推理,而基于"敢"词义溯因的结果便引发了"有把握"义的表达。可见,除了作为变项的动词V具备[+定论]特征外,常项构件"敢"在句法语义上的特性以及与 $V_{定论}$ 的直接组配也是引发构式义不可或缺的重要因素。

四 由"义务"衍生"价值"的依据

通过对由"义务"衍生"价值"的路径进行分析可以寻找到其内部衍生依据,主要是基于关键性信息词引发了超定识组配并进一步诱发了隐性的直觉性推理。

话语中出现的某些关键性信息词也可以对推理的展开起到辅助引发的作用。这种情况在由"义务情态"衍生"价值情态"的过程中的表现最为明显。请看:

(135) 这个问题很可以研究一番。

在例(135)中,"可以"很容易会被认为表示的是"值得做某事"(即词典释义的"可以$_6$"),进而这句话会被认为表达的是"这个问题很值得研究一番"。但这是语用含义,"可以"实则是表示"情理上许可"的"可以$_3$"。导致"可以"之所以容易被认为是表示"值得做某事",这与它前面出现的程度副词"很"也有很大的关系。因为在通常情况下,当某人对做某事表示"许可"时并不需要刻意明确许可的力度,比如是"稍稍许可做某事"或是"非常许可做某事"等,即"可以$_3$"通常并不会与表示程度意义的副词连用。因此"很"的出现也在一定程度上明示了听话者此处需要做出进一步的语义推理。首先,如果没有"很",这句话并不一定是表示"这个问题值得研究一番"。比如去掉"很"后,请看:

(136) 这个问题可以研究一番。

当发话者说出这句话时，也可以仅仅是在对研究"这个问题"给予许可，但并没有说这个问题一定就是"值得去研究"的。比如在下述例(137)中，"可以"仅表达"许可"，全句并没有体现出"值得做某事"的语用含义，它被取消掉了：

(137) 这个问题大家都可以研究一番。

但如果句中出现了表示程度意义的副词"很"之后，其表达的高程度意义加强了"许可"的力度，即"非常许可做某事"，此时便有别于常规情况，这也就更加容易使听话者推理出在发话者看来"这个问题是值得去研究"的语用含义。以下将例(136)和例(135)进行对比，请看：

(138) a. 这个问题可以研究一番。
　　　 b. 这个问题很可以研究一番。

例(138a)符合常规情况，听话者付出最小的心力获得的最佳关联就是"这个问题是被允许研究一番的"。但当发话者"非常许可"做某事时，(138b)句中"很"的出现违背了常规情况，便促使听话者进一步扩展认知语境去寻找最佳关联，推理出"这个问题"或许在发话者看来是"很有研究价值因而是值得被研究一番的"，因此他才会表现出"非常许可"的态度。可见，正是程度副词"很"的出现引发了超出听话者定识的组配模式，而基于这种超定识组配之上的隐性的直觉性推理产生了语用性的价值情态义。

总的来说，语用情态的表达首先可以是基于字面上表达的某种情态之上衍生而来，主要涉及"语用性的认识情态"和"语用性的价值情态"，它们可分别基于"能力情态""功能情态""义务情态"和"勇气情态"上实现跨类衍生，其对应关系可见下表(表4-5，"→"

标识衍生关系),而这也是汉语中语用情态表达的第一种主要类型。

表4-5　　　　　　　　　情态义的跨类衍生类型

类型一: 由一种情态义之上衍生出的另一种情态义(情态义的跨类衍生)	语用性的认识情态	1. 基于能力情态衍生的认识情态 (能$_1$→能$_5$;可以$_1$→可以$_5$)
		2. 基于功能情态衍生的认识情态 (能$_2$→能$_5$;可以$_2$→可以$_5$)
		3. 基于义务情态衍生的认识情态 (能$_3$→能$_5$;可以$_3$→可以$_5$;可$_2$→可$_4$)
		4. 基于勇气情态衍生的认识情态 (敢$_1$→敢$_2$)
	语用性的价值情态	基于义务情态衍生的价值情态 (可以$_3$→可以$_6$;可$_2$→可$_5$)

第五章
基于非情态义衍生出的情态义

本章主要探讨语用情态义衍生的第二种类型，即由非情态义基础上衍生出的情态义。在某些情况下，语用情态义也可以凭借非情态义的基础上获得衍生，最为典型的就是由"将来"和"评价"义之上衍生出的"认识情态"，此类衍生涉及的探讨义项为待考察词表中的"要$_5$"和"要$_6$"。鉴于二者有很多类似之处，下面拟将其放在一起讨论。

第一节 由"将来"和"评价"衍生"认识"

吕叔湘（1999：592 – 593）释义助动词"要"有两个表达认识情态的义项，分别是"要$^{(3)}$"表示"可能"，"要$^{(5)}$"表示"估计，用于比较句"。两个义项分别对应于待考察义项词表中的"要$_5$"和"要$_6$"。请看例句①：

(1) 看样子要$_5$下雨。[《现代汉语八百词（增订本）》用例]
(2) 会议要$_5$到月底才能结束。[《现代汉语八百词（增订本）》用例变形]
(3) 他要$_6$比我走得快些。[《现代汉语八百词（增订本）》用例]

---

① 原例（2）为"会议大概要到月底才能结束"。但为了排除同表认识义的情态副词"大概"的干扰，此处作了变形。

(4) 你比我要₆了解得多。[《现代汉语八百词（增订本）》用例]

依据词典释义，例（1）和例（2）中"要₅"表"可能"，例（3）和例（4）用于比较句的"要₆"表"估计"，以上例句均表达发话者推测事件有发生的可能性，表认识情态。但对此当前也有不同观点。首先，不少学者认同"要"能够表达认识情态，但对其表达何种程度的情态语义等级却有不同看法：若依字面释义，"要₅"和"要₆"皆表低等级"可能"，表弱推测；有学者如郭昭军（2003）和彭利贞（2007）等认为，"要"倾向于表高等级"必然"（或"盖然"），表强推测[①]；也有学者提出，"要₅"和"要₆"带有"释义元语言"性质（李葆嘉，2002），表达"元可能性"，即仅交代事件有发生的可能性而并未明确其可能性等级的高（"必然"）或低（"可能"）。另外，与上述整体观点不同，胡波（2016：124）、刘振前和生为（2021）注意到"要"与其他认识情态助动词的句法特征差异较大，认为"要"表认识情态并非典型；而吴福祥（2005）和 Lin（2012）则分别将上述"要"视为了时标记和体助词，表达时或体意义。我们以为，"要"本身不表认识情态，在使用中其表达的认识情态义，包括等级义"必然""可能"以及"元可能性"义皆是产生于不同推理阶段的语用含义。"元可能性"意义的衍生，以及由"元可能性"进一步提升为高等级"必然"义都是语用推理的结果，这也正体现了汉语情态表达更加注重语用性的特点。

一 对"要₅"和"要₆"语用情态义身份的验证

依据格莱斯（Grice，1975）和莱文森（Levinson，1983），语用含义区别于规约意义在于其具备可取消性（Cancellability），而且同一个助动词在表达不同情态类型时所出现的句法位置也有差异。利用以上特点可以对词义和语用义展开分辨。首先我们可以发现，"要₅"和"要₆"

[①] 彭利贞强调，用于比较句中表"估计"的"要"是"说话人在对比的基础上作出的必然性推断"，将其与表"有可能"意义的"要"合并。在本书中我们暂作区分。参见彭利贞《现代汉语情态研究》，中国社会科学出版社2007年版，第140页。

表达"必然"和"可能"的语义等级皆能被取消。例如：

(5) 看样子要₅下雨。
(6) 会议要₅到月底才能结束。

若说"要₅"表强推测"必然"，表面上看两句话似乎表达发话者对"天下雨"和"会议到月底结束"的发生持较为肯定态度，但这一等级可以被取消。请看：

(7) 看样子没准儿要₅下雨。
(8) 会议可能要₅到月底才能结束。

"要₅"可以与表弱推测的"没准儿"或"可能"连用且句子表义通顺，说明其不表"必然"，否则会与"没准儿"和"可能"形成等级冲突（*看样子没准儿一定下雨/会议可能一定到月底才能结束）。但除此之外也可以发现，"要₅"也能与表强推测的情态词连用。请看：

(9) 看样子绝对要₅下雨。
(10) 会议肯定要₅到月底才能结束。

看来"要₅"也不表弱推测"可能"，否则也将造成语义等级冲突（*看样子绝对可能下雨/会议肯定可能到月底才能结束）。如此说来，"要₅"似乎不具备固定语义等级而表"元可能性"才能与不同等级词连用进而被赋予相应的情态等级。同样的，"要₆"也是如此。请看：

(11) a. 他要₆比我走得快些。
　　 b. 他或许要₆比我走得快些。
　　 c. 他肯定要₆比我走得快些。
(12) a. 你比我要₆了解得多。
　　 b. 你没准儿比我要₆了解得多。

c. 你绝对比我要₆了解得多。

若说"要₆"也表推测，通过例（11b）、例（11c）和例（12b）、例（12c）可推知其本身也不表"必然"或"可能"而表"元可能性"。看来，"要₅"和"要₆"表"元可能性"似乎有一定道理，但情况也并非如此。因为我们发现，"要₅"和"要₆"表达的"元可能性"也能被取消。请看：

(13) a. 看样子要₅下雨。
　　 b. 看样子要₅下雨，马上就下。
(14) a. 会议要₅到月底才能结束。
　　 b. 会议进程表记载，会议要₅到月底才能结束。

若例（13a）中"要₅"表达"元可能性"，发话者推测"天下雨"有可能会发生，那么例（13b）"天下雨"则已经成为发话者确信的将成事实。同样的，若在例（14a）中发话者推测"会议到月底结束"也是存在可能性的，那么例（14b）中既然会议进程表对会议结束时间已经有了明确记载，发话者也仅是在对该情况作直陈而非推测。同样的，"要₆"也是如此。请看：

(15) a. 他要₆比我走得快些。
　　 b. 他确实要₆比我走得快些。
(16) a. 你比我要₆了解得多。
　　 b. 你着实比我要₆了解得多。

若例（15a）中发话者估计"他比我走得快些"是存在可能性的，那么例（15b）取消了该意义，"他比我走得快些"已经成为事实。同样地，例（16a）表达的推测义在例（16b）取消，"你比我了解得多"也不再是发话者主观估计的情况。

由上述分析可知，"要₅"和"要₆"以及引出的等级义和"元可能性"之义都能被取消,说明"要"并不表认识情态,并且这一点在句法使用上也能有所体现。依据情态助动词连用的 EDD 原则和蔡维天(2010)"模态光谱"对情态词的句法位置的标定,当认识情态词在与根情态词连用时应居于上位,其句法节点的位置也最高。① 但显然"要$_5$"和"要$_6$"与此不同。请看:

(17) 这天也该要$_5$下雨了。
(18) 会议必须要$_5$到月底才能结束。
(19) 他必须要$_6$比我走得快些。
(20) 你必须比我要$_6$了解得多。

"要$_5$"和"要$_6$"在与表"义务"义的"该"和"必须"连用时居于下位,这不符合认识情态词的句法位置特点。实际上,"要$_5$"在本质上表达的是"将来"时间义。吕叔湘(1999:593)释义"要$^{(4)}$"(即对应词表中的"要$_4$")表"将要",而该义项也同样满足例句表义。请看:

(21) a. 看样子要$_5$下雨。
    b. 看样子即将下雨。
(22) a. 会议要$_5$到月底才能结束。
    b. 会议将到月底才能结束。

若将例(21a)和例(22a)中的"要$_5$"替换为表达将来意义的"即将"或"将"后句子依旧成立,说明"要"满足将来意义的表达。又依据胡波(2016:159),"将来"所能出现的句法位置可居于义务情态词之后,而例(17)和例(18)也正体现了这一特点。可见,看似表

---

① 根情态包括道义情态和动力情态。EDD 原则即情态词连用时满足 epidemic(认识情态)> deontic(道义情态)> dynamic(动力情态)的顺序。蔡维天(2010)通过分析情态词的句法分布和语义诠释得到其在句法位置上的标定,即认识情态词相比根情态词居于句法节点最高位。

认识情态的"要$_5$"实际上却是表"将来"的"要$_4$",而若说其表达了认识情态的推测义也是基于"将来"之上的衍生义。但与"要$_5$"不同,"要$_6$"衍生的认识情态并不与"要"的具体词义有关,而是与其在句中发挥的功能有关。用于比较句的"要$_6$"不表具体词义,它更像是一个评价标记(evaluative mark)发挥主观评价功能。请对比以下例句:

(23) a. 他比我走得快些。
b. 他要$_6$比我走得快些。
(24) a. 你比我了解得多。
b. 你比我要$_6$了解得多。

以上两例中的 a、b 两句在表义上并无什么显著差别,可见"要$_6$"并不表达具体实在的词义。但在常规语境下,例(23a)和例(24a)为发话者对事件情景的客观直陈,此时"他比我走得快些"和"你比我了解得多"也都默认为客观事实;而相比之下,例(23b)和例(24b)明显带有了更多的发话者主观评价口气色彩,突出了言者主观性的特点。具体可表现为若将这两句话放入转述语境中,话语的表达视角会呈现出明显的言者突显性特点。请看:

(25) 小明说他要$_6$比我走得快些。
(26) 张教授直言你比我要$_6$了解得多。

以上例(25)和例(26)两句话的言说视角都由最初被转述方转向发话者本人,"要"起到了突出言者主观性的作用。看来,"要$_6$"表达的认识情态推测义与其发挥的主观评价功能有关。

综上,"要"本身不表认识情态。表"可能"的"要$_5$"产生于表"将来"的"要$_4$",而"要$_6$"的"估计"义产生于其自身发挥的主观评价功能,它们均是语用情态义。

二 衍生路径描写

"要"表达的"元可能性"义和等级义"必然"同为语用含义,分别是基于非情态范畴的"将来"和"评价"义基础上而获得的衍生。①但我们也发现，伴随着整个衍生过程，情态义的语义等级也被提升了，进而语用情态的衍生也就呈现出多重的衍生层级。借助"关联理论"，通过对语用情态义衍生路径做出描写可见其多级衍生次序。

（一）"要$_5$"的衍生路径

"要$_5$"产生于"将来"义。请看例句：

（27）看样子要$_5$下雨。

当听话者听到这句话后，收到了"明示—刺激"信号，依据交际关联原则会做出如下推断：

（28）a. "天下雨"是将来事件；
　　　b. 将来事件是非事实的事件，其发生在当前来看只能说存在可能性；（"元可能性"衍生）
　　　c. "看样子"说明发话者作此推测有一定的依据；
　　　d. 发话者认为"天下雨"很快就会发生。（"必然"衍生）

（29）发话者认为"天下雨"是必将发生的事。

听话者通过扩展认知语境（28a-d）可以推理出结论（29）。在此过程中，"将来"首先衍生了"元可能性"，并通过进一步推理赋予了高语义等级提升为"必然"。下面再看一例：

（30）会议要$_5$到月底才能结束。

当听话者听到这句话，依据交际关联原则也会做出如下推断：

---

① "要"表达弱推测"可能"的提出源自对词典释义的字面解释，也为语用含义，其衍生是基于非足量示证的推测。日常通过"要"表达弱推测的情况不明显，这里暂不讨论。

(31) a. "会议结束"当前还未真的发生，是个将来事件；
b. 将来事件是非事实的事件，其发生在当前来看只能说存在可能性；（"元可能性"衍生）
c. 发话者对"会议将到月底结束"作出陈述，言辞较为确定，通过说话过程也伴随实施了一个断言或承诺行为；
d. 通常当一个人只有对自己所说话语的内容非常确信时才会实施断言或承诺行为。（"必然"衍生）

(32) 发话者认为"会议将到月底结束"是必然的，非常确信。

听话者通过扩展认知语境（31a-d）推出结论（32）。同样是在此过程中，"将来"首先衍生了"元可能性"并通过进一步推理赋予了高语义而等级提升为"必然"。

（二）"要$_6$"的衍生路径

"要$_6$"表达的推测义产生于其自身发挥的主观评价功能。请看例句：

(33) 他要$_6$比我走得快些。

当听话者听到这句话后，依据交际关联原则也会做出如下推断：

(34) a. 发话者在比较自己和"他"的走路速度；
b. 当前发话者跟"他"并未一起走路；
c. 发话者在说话时表达了强烈的主观性；
d. 基于 b 和 c 可推知发话者是在作主观评价性的推测；（"元可能性"衍生）
e. 发话者口气确定，做出断言，说明其心中认定自己推测正确。（"必然"衍生）

(35) 发话者认为"他"比自己走得快是必然的。

听话者通过扩展认知语境（34a-e）可推导出结论（35）。在此过程中，"要"发挥的主观评价功能首先衍生"元可能性"，并在进一步推理中提升为"必然"。我们再分析一例。请看：

(36) 你比我要₆了解得多。

当听话者听到这句话后，也会从关联性的角度作如下推断：

(37) a. 发话者在对他自己和"我"对某事的了解程度作比较；
b. 当前在对某事的了解程度方面，发话者同"我"究竟谁更了解实际上并没有定论；
c. 发话者在说话时表达了强烈的主观性；
d. 基于 b 和 c 可推知发话者是在作主观评价性的推测；（"元可能性"衍生）
e. 发话者口气确定，做出断言，说明其心中认定自己推测正确。（"必然"衍生）

(38) 发话者认为"我"比他自己对这件事情更加了解这是必然的。

听话者通过扩展认知语境（37a-e）可推导出结论（38）。在此过程中，"要"也是发挥的主观评价功能而首先衍生"元可能性"，并在进一步推理中提升为"必然"。由此可见，"要"在表达认识情态时经历了如下衍生路径，实现了语用义的多级衍生：

A. 要₄（将来）＞要₅（元可能性＞必然）
B. 要₆（评价＞元可能性＞必然）

表 5-1   "要"的词义及语用义层级划分

情态词	词义（功能）	语用含义	
		初级衍生	二级衍生
要₅（即要₄）	将要/将来	元可能性	必然
要₆	评价	元可能性	必然

第二节 多层次的衍生依据

一 初级衍生依据

(一) 从"将来"到"元可能性"

借助"将来"表达的认识情态推测义表现为发话者对事件将呈现某种情景做出个人的主观性预测。"将来"并不是情态，它只是衍生了情态。帕尔默 (1979：2，2001：22) 曾指出："英语中的 WILL 表达的'将来'似乎根本就不是严格意义上的情态问题"，"'将来'时间范畴并不完全表达'非现实性'（irrealis）意义"。虽然帕尔默不赞同把"将来"归入情态，但他对此也并未作进一步论述。其实，"将来"是一个时间 (time) 概念，表达时间意义，而时间意义与情态的"非现实性"并无隶属关系，人们可以借助"将来"表达主观预测的情态义，但同样也能表达非情态义。请看：

(39) 天要$_4$下雨了。
(40) 甲：天气预报说何时下雨了吗？
　　 乙：明天下雨。
(41) 春天已接近尾声，夏天将到来。

以上三句都表达了"将来"义。若说在例 (39) 中，发话者借"将来"表达了主观预测，预测"天下雨"是将有可能会发生的事，相比之下却难说例 (40) 中乙的回答也表达了主观预测。因为此时乙仅是在对甲的提问作回答，对预报的内容作转述，并不涉及乙个人的预测行为。例 (41) 也难说表达了主观预测，因为对于一个具备常识的人来说，是不会对"春天过后会是夏天"做出"有可能"的主观预测的。可见，"将来"的出现并不必然表达主观预测。那么主观预测义来源于何？我们认为它并不来源于"将来"时间本身，而是来源于发生在"将来"的"将来事件"赋予当前交际者的"主观不确定性"。就例 (39) 而言，在常规情况下，如果发话者通过这句话确实表达了主观预测，那也是因为作为将来事件的"明天下雨"当前在事实上还未真的发生，同时发话者也不能保证其会绝对发生。可相比之下，例（41）之所以没有表达主观预测，是因为"春天过后，夏天到来"这是自然界的客观规律，即便在发话当前，作为将来事件的"夏天到来"还未真的发生，但发话者已经绝对确信它将发生，因此也就不会再做预测了。推而广之，对例（39）而言，如果将来事件"天下雨"在发话者看来也被当作如同"春天过后，夏天到来"一样是绝对能够确定将会发生的事，比如此时他看到乌云密布、电闪雷鸣，那么依据相关经验而说出例（39）也仅是在直陈一个将成事实而并不表达主观预测。可见，正是"将来事件"赋予交际者在主观上的"不确定性"衍生了认识情态。

实际上，"时制"（tense），或者说由时制表达的"时间"意义与"情态"是两个彼此截然不同的范畴。帕尔默（2001）从跨语言角度证明了"情态"是独立于"时制"和"体"（aspect）的一个有效的类型学范畴，它们三者是紧密相关的三个跨语言存在的类型学范畴，在英语中可简称为"TAM"。帕尔默指出，如果"时制"指事件的外部时间构成，"体"指事件的性质或事件的内部时间构成，那么"情态"与事件本身以及时体特征都不相关，它只牵涉描述该事件所述的命题的非现实性状况。奈洛格（Narrog，2012：1）也指出："情态概念较为奇特，是因为与其说它指向了一个正如同'时制'或'体'那样性质的语法范畴，更不如说它指向的是一个概念域（conceptual domain）。严格来说，情态应该同时间性（temporality）和体性（aspectuality）同在一个层面。"但需要注意的是，在时间概念的表述中，"将来"确实是较为特殊的一个。比如莱昂斯（1977：677）曾针对"将来"这一概念做出过如下论断："将来（futurity）并非一个单纯的时间概念（temporal concept），它必然的掺杂了预测（prediction）以及与之相关的情态意义元素。"

通过以上分析我们可知，首先，"情态"与"时制"是两个彼此独立的概念，是要被截然区分开的。其次，表达时间意义的"将来"较为特殊，它似乎与"情态"更为贴近。学人易把"将来"与"情态"等同，这似乎是受到了非现实语气意义的影响，因为与"过去"和"现在"不同，对"将来"的讨论往往都是从表达"非现实性"意义的"语气"角度展开的。莱昂斯（1977）也曾指出，在印欧语中，"将来"时间概念最初并没有专门的语言表达形式，而是借助表示非事实性（non-factivity）[①]、虚拟语气（subjunctive），以及表示"意图"（intention）和"渴望"（desire）意义等的语言形式来表达，而这些也恰恰是情态意义的范畴。莱昂斯（1977：815）说："尽管如此，这是一个重要的语言学事实，那就是不像奥古斯丁提到的先知，我们很少能宣称知道了未来的事情，毫无疑问这也就是为何在许多语言中，对居于将来的世界状态若用语法手段来表示是依靠语气范畴，而非时制。"此外，石毓智和白解红（2007：2）也从"将来"时间可以进一步衍生出认识情态意义的角度进行了诠释，指出："当人们使用将来时的时候，他们往往是根据目前的现实信息，对未来事件发生的可能性进行诠释：可以是一种纯客观的未来要发生的事件，也可以是主观上估计其发生可能性的高低。如果是后一种情况，就出现了认识情态问题。人们在使用将来时的时候经常遇到主观估计的问题，久而久之将来时标记就衍生出了认识情态的功能。"非现实性的主观预测义来源于"我们很少能宣称知道了未来的事情"，也就是"不确定的将来事件"，而由"将来"衍生"元可能性"就是语用推理的直接结果。

（二）从"评价功能"到"元可能性"

用于比较句中的"要$_6$"发挥的"主观评价功能"是衍生"元可能性"意义的前提，其中也涉及语用因素。请看：

(42) 他要$_6$比我走得快些。

[①] 早期学者如莱昂斯（1977：800，806，822）曾使用"非事实性"（non-factuality）表述情态，但其所指内涵实际上与"非现实性"（irrealis）一致。帕尔默（2001：1）认为，"非事实性"这个称述在解释情态时容易引起概念混淆，后改用"非现实性"称述。当前，我们对"非事实性"与"非现实性"已有区分：前者指在现实世界中实际上没有发生或还未发生的事件情景；后者指在非现实世界（想象领域）中想象的一个事件情景，无论该事件是"事实性"的（factuality，即在现实世界中是真的发生了），还是"非事实性"（non-factuality）的。

如若在下述语境中：发话者、听话者和第三者"他"正在一起散步，而"他"的位置确实领先于发话者。此时，发话者对听话者说出例(42)并不是表达主观估计，而是在直陈一个现实性事件，即"他确实比我走得快"，此时"要$_6$"也仅是凸显发话者对既成事实的主观评价。但若换一个语境：发话者和听话者两人一起散步时聊起了第三者"他"，发话者实际上并未跟"他"有过一起散步的经历，但根据对"他"的了解，比如知道"他"是个急性子或知道"他"平时走得快而说出例(42)，虽然这也是在作评价，但评价对象是非现实性事件，是在发话者想象领域中展开的比较，此时"他比我走得快些"也只是其主观估计具备可能性的结果。因此，由评价功能衍生"元可能性"的关键还在于作为评价目标的事件是否具备"非现实性"（irrealis）的特点，只有对非现实性事件展开的主观评价才能衍生"元可能性"义。

不过，同一事件是现实性的还是非现实性的在发话者和听话者看来也会存在主观不同，因为储存于交际者头脑中的"定识"（assumption）有时并不一致。针对事件"他要比我走得快些"，如若发话者实际上并未跟"他"一起散过步而仅在做出主观估计，但听话者可能由于曾经跟"他"一起散过步，能很明显地感觉到"他"确实比发话者走得快，那么听话者也会认为发话者是在对一个事实作评价，并不会关联到推测义。反之，若发话者确实是在直陈"他"比自己走得快这样的客观事实，但听话者在自己的"定识"中无法对此提供证明或与其既有"定识"相悖，那么听话者也会认为发话者仅是在作一个主观推测。因此总的来说，用于比较句中的"要$_6$"发挥的主观评价功能是"元可能性"衍生的前提，但同时也取决于语境和交际者"定识"赋予评价目标事件的"非现实性"特点。这涉及语用因素，也是语用推理的结果。

二 二级衍生依据

"要"由"元可能性"进一步衍生出高语义等级"必然"也同样是借助了语用手段，涉及基于"近"将来的推理，基于经验性定识的推理，以及基于特定言语行为的实施等语用因素。

（一）基于"近"将来的推理

"要$_4$"表达的将来义将事件置于将来时间维度上展开讨论，使其成为"将来事件","将来事件"赋予交际者主观上的不确定性衍生出了"元可能性"。然而,由"元可能性"进一步提升为高语义等级"必然"可以是受到"近"将来的影响。可以发现,"要"表达的将来天然带有"近"距离特征,事件的发生在发话者看来距离发话时刻接近,是一个在主观上认为很快就会发生的"近将来事件"。请看:

(43) a. 妈妈要₄回来了。
     b. 妈妈将回来了。
(44)! a. 到那时,妈妈要₄回来。
     b. 到那时,妈妈将回来。

在例(43)中,若将"要₄"替换为同样表将来的"将"后句子表义看似并未受到影响,可一旦对将来时间作非近距离限定时就会发现,"要"和"将"存在主观时间距离上的差异。例(44a)显然不如例(44b)表述顺畅,"要"表达的将来时间在距离上近于"将"。如果从认知的角度看,事件发生在将来时间距离上的远近与事件发生的可能性高低存在着象似关系(iconicity),一个被宣称迫在眉睫即刻会发生的事听起来往往会比在遥远的未来才会发生的事在发生的可能性程度上显得更高。换言之,当某人宣称某事件即刻就要发生,那么可以推断出在他看来,该事件的发生将会无法避免,具备更高的可能性。

(二)基于经验性定识的推理

"定识"是被当事人在主观上当作事实的思想,其本身就是当事人自己所认定客观事实。基于经验或规律性定识做出的主观预测在成真的可能性程度上往往也会更高。例如:

(45) 条件如果起了变化,结果也要₄发生变化。
(46) 不顾实际一味蛮干要₄失败的。

如果说上述两例都表达了发话者做出"必然如此"的推测,那么这种意义的衍生与交际者的经验性定识有很大关系。比如在例(45)中,依据因果关系规律,当条件改变后通常也会影响到结果的改变。基于该定识可预测"当条件起了变化,结果也将发生变化"是必然会发生的事情。而在例(46)中,依据"不顾实际一味蛮干通常都会导致失败"的常规经验,预测"不顾实际一味蛮干终将导致失败"也是大概率会发生的结果。句中的事件均涉及规律或经验性的定识内容,凭此做出的预测更容易让人信以为真,产生"必将如此"的含义。

(三)基于特定言语行为的实施

奥斯汀(Austin,1975)和塞尔(Searle,1983)的言语行为(speech acts)理论认为,人们在说话的同时也就是在做事。在日常表达中,特定言语行为的实施也能被用于强化情态的语义等级,比如"断言"(assertives)和"承诺"(commissives)言语行为。当发话者断言或承诺了某事件将会发生时,可以推出发话者对所说话语的内容持非常确信的态度,因为只有当某人对某事的发生认定为"必然如此"时,才会对事件的发生做出断言或承诺。换言之,断言和承诺行为与发话者对事件的确信态度存在着溯因关系(abductive reasoning)。请看:

(47)会议要$_4$到月底才能结束。
(48)他要$_6$比我走得快些。

发话者在通过说出例(47)的同时也伴随实施了一个断言或承诺行为,既然发话者向听话者断言或承诺了"会议将到月底结束",那么依据溯因推理可以推出该事件的发生在发话者看来也是非常确信"必然如此"的。同样地,在例(48)中,发话者在言语行为层面也对"他比我走得快些"做了一个断言,可推出在发话者看来,他对该事件也十分确信,认定必然为真。总的来看,"要"表达的高语义等级"必然"义是由"元可能性"经语用推理进一步衍生的结果。

第三节 语用情态义的衍生理据

汉语中,情态义经常会有意无意地借助语用手段通过语用含义表达。当前我们所探讨的语用含义并非那些高度依赖特殊语境产生的临时性意义，而是不那么依赖特殊语境，处于规约中却还未完全固化的意义，正如"要"表达的语用性认识情态义看似是词义，而且也被以义项的形式记录在词典中。若从整体的衍生情况看，语用性认识情态的衍生与表达情况居多，除了在本章中讨论的"要$_5$"和"要$_6$"之外，诸如在上一章中我们讨论过的表"有可能"的"能$_5$"，表"可能"的"可$_4$""可以$_5$"，以及表达"有把握作某种判断"的"敢$_2$"也皆是如此。汉语中的认识情态之所以能够更加自然地通过语用手段表达，除了归因于汉语不依赖于形态变化的特点使其在语用性表义上更具优势外，也是情态语法化进程的直接体现。学界早已注意到情态助动词主要是从实义动词虚化而来，而情态义也在总体上呈现出由根情态（Root modality）向认识情态（Epistemic modality）方向的演化。不少表认识情态的助动词也同时能够表达根情态，前者正是从后者基础上逐步衍生的结果。例如：

(49) 他跟我要了一笔钱。（实义动词，词义表"索取"）
(50) 小王要学英语。（根情态助动词，词义表"有意愿做某事"）
(51) 天要下雨了。（认识情态助动词，词义表"将来"；语用含义是"有可能"）

以上清晰地反映了"要"经由"实义动词→根情态助动词→认识情态助动词"方向的过渡。拜比等（Bybee et al., 1994: 256-264）曾对情态义的来源和演变进行分析得出两条演化路径，其中之一为："copula（是）/possessive（领有）> obligation（义务）/predestination（前目标）> intention（意图）> future（将来）。"基于该路径，"要"表示的"将来"义（例51）正是基于"意图"义（例50）虚化产生的词义，并且在此基础上，石毓智和白解红（2007）认为，其下一步虚化方向也正是表"有可能"的认识情态。① 霍伯尔和特拉格特（汉译

---

① 拜比等提出的另一路径为："Desire（渴望）> Willingness（意愿）> Intention（意图）> Prediction（预测）。"我们推测表达言者主观性评价的"要$_6$"可能正是基于这一路径演化的，但仍须求证。

本，2008：92）指出："意义演变最初是语用和联想，它们出现在语流语境中。"而托马斯洛（Tomasello，2014：208）也提出："语言符号是被规约化了的行为表达，包括从词到复杂的句法结构，再到叙事类型的所有手段，人们利用这些手段来影响他人的注意力，规约化仅仅是对以往用法的提炼浓缩。"至少有一部分词义是语用含义经规约化过程而形成的。我们当前讨论的这些"假词义"或许正处于逐步被规约为真词义的过程中，但当前它们仍未完全固化，仍可被取消。

那么随之而来的问题就是，为何认识情态可以基于时间和评价而衍生，"情态""时间"与"评价"这三个范畴之间存在着怎样的联系？其实，从时间概念的表达上不难发现这样一种有趣的现象，那就是当一个时制形式缺乏时间上的指称力度（force）时，它便可能表达了情态，这也是探讨"情态"与"时制"关系的一个前沿问题，正如汉语表时间的"要"由于在指称时间上的力度不突出，却反而能突出表达了情态。其实在其他语言中也能发现类似的情况，比如英语虚拟意义的表达，if 从句的谓语动词采用过去式，主句用 would、should、could、might 等过去式形式；在法语中，表意愿的 vouloir、désirer 和表使令的 demander、insister 之后的从句也采用过去式形式等。情态意义的表达似乎与"时间"存在天然且紧密的联系，这或许是由于在人类思维中对"时空"概念采取了一体化认知的结果。由于时间在空间中延续，二者密不可分，对时间展开语言阐述的同时必然就附带地通过话语展开了一个临时性的世界空间，即"可能世界"也称"想象领域"（realm of thought）。进而，表达与"想象领域"有关的情态范畴也便有机会通过借助对"过去"和"将来"时间维度的阐述以"转喻"（metonymy）的方式被加以呈现。而"评价"表达了言者的主观世界，当主观世界与可能世界重合，评价内容自然便带有了情态特质。换言之，一旦评价的内容具备了"非现实性"的特点，那么也便表达了情态。总之，情态义基于"时间"和"评价"衍生并非毫无理据，范畴间的紧密关联和人类思维的认知特点为情态义的跨范畴衍生创造了基础条件。

总的来说，语用情态也可以基于字面上表达的非情态义衍生而来，正如本章所讨论的由"要"参与表达的语用性认识情态，它主要是基于

"要"自身表达的"将来"义和"评价"义之上而衍生,其对应关系如下表所示(请看表5-2,"→"标识衍生关系),这也是汉语中语用情态衍生的又一种主要类型。

表5-2　　　　　　由非情态义衍生出的情态义类型

类型二: 由非情态义基础上衍生出的情态义	语用性认识情态	1. 基于将来意义衍生的认识情态 (要$_4$→要$_5$)
		2. 基于评价意义衍生的认识情态 (要$_6$:要$_{评价}$→要$_{估计}$)

第六章
情态等级的语用性提升

语用情态义的衍生不仅可以伴随着不同情态类型之间的,以及由非情态到情态之间的转变,还可以在衍生过程中伴随着情态语义等级的提升。正如在上一章中讨论的"要$_5$"和"要$_6$"表达的高等级认识情态"必然"义是基于"元可能性"上的二级衍生便是如此。其实这种现象在汉语中也并非个案,有些高等级情态义就是基于一般等级,确切地说是基于元等级情态义衍生的结果。在待考察义项词表中,表达动力义的"能$_6$"和"会$_3$"便是典型的情况。我们以为,情态语义等级的语用性提升符合语言的"经济性原则"(economic principle,Zipf,1949),这正是人们在借助有限的语言形式表达更为丰富的话语意义,以此实现以简驭繁的最终目的。

第一节 由元等级的"能力"衍生高等级"善于"

在人们的日常交际中,能力情态的表达经常会借助情态助动词"能"和"会"。依据词典释义,"能"和"会"各自分别存在表示"有能力做某事"和"善于做某事"两个义项,二者也同属于能力情态的范畴。不过,若从其所表达的情态语义等级来看,显然后者的语义程度更高,但后者所表达的高等级"善于"义却不是"能"和"会"的词义而是语用含义。以下我们将主要结合词典例句分别对"能"和"会"表达的高等级动力情态义"善于"的语用含义性质进行验证,并尝试描写其衍生路径。

一 能₆（能够₅）

在待考察词表中，"能₆"和"能够₅"表达"善于做某事"的意义。不过在展开具体讨论前，有一些情况也需要说明。

首先看"能"。《现代汉语八百词（增订本）》（1999：414）曾列出了该义项，并言明在使用该义项时前面多有程度副词比如"很""最""真"等的出现。若将"善于做某事"理解为"具备卓越（或高水平）的能力做某事"，那么该释义在本质上仍然与能力有关，可以视为表达高语义等级的能力情态意义。请看以下例句：

(1) 我们三个人里，数他最能写。[《现代汉语八百词（增订本）》用例]
(2) 琴珠还是老样子，她声音嘶哑，穿戴却花里胡哨，很能取悦男人。（老舍《鼓书艺人》）
(3) 这个人真是能说会道。[《现代汉语八百词（增订本）》用例]

上述例句中的"能"皆被认为是表示"善于做某事"。比如例(1)，发话者认定"在我们三个人中，他是善于写的"；例(2)，发话者认为"琴珠是善于取悦男人的"；例(3)，发话者认定"这个人是善于说道的"。在该义项的作用下，三句话都表达了高语义等级的能力情态。不过即便如此，我们认为该义项也并非句中"能"的词义。首先请看前两例。例(1)和例(2)在"能"之前都出现了表示具备较高程度意义的副词"数""最"和"很"，而如若去掉"数""最"和"很"后，原例句似乎也就难以再表示"善于"之义了。请看：

(4) 我们三个人里，他能写。
(5) 琴珠还是老样子，她声音嘶哑，穿戴却花里胡哨，能取悦男人。

当去掉表达高程度义的副词之后，例(4)和例(5)也分别仅是阐释"他有能力写"和"琴珠有能力取悦男人",并没有强调具备的能力等级是高还是低,此时的能力等级为元等级①,不过在交际中通常默认是指具备一般程度的能力而并不强调"善于"。所以从这两例来看,"善于做某事"似乎应该是表示高程度意义的"数""最"和"很"等与表示"有能力做某事"的"能$_1$"相加产生的叠加义,即由"最/很能$_1$"一起表达的意义。但需要注意的是例(3),虽然"能"之前也出现了表达高程度意义的"真",但与前两例的不同之处在于此处的"善于"义并非"真"与"能"叠加产生的意义,而是源于"能说会道"整体的构式义。《现代汉语词典(增订本)》(2016:947)释义【能说会道】为:"善于用言辞表达,很会说话。"可见"能说会道"是一个固定词语,其中的"能"也只是一个构词语素而并非词,进而"善于做某事"也应是源于这一固定词语的整体构式义而不是"能"的意义。同样是表示"善于做某事"的"能够$_5$"也大体如此,虽然该义项也可以表达高等级的能力情态义,但这也并非"能够"的词义。例如:

(6) 王金贞这话就不错!吴老板是公道的,很能够体恤人。(茅盾《子夜》)

(7) 孙膑这个人也是很能够表现自己长处的人,因此也得到了惠王的信赖。(田中芳树《中国武将列传》)

(8) 那时候,我有一位很能够忍受寂寞的朋友。(张小娴《把天空还给你》)

如若去掉句中的"很",则剩下的"能够"也只是表达"有能力做某事"而并不能突出"善于"的程度。请看:

(9) 吴老板是公道的,能够体恤人。

(10) 孙膑这个人也是能够表现自己长处的人,因此也得到了惠王的信赖。

---

① 元等级指并未被特别标明等级程度是高或低的等级。

(11) 我有一位能够忍受寂寞的朋友。

基于上述例句的分析可见,"善于做某事"并非句中"能"或"能够"的词义,而是受到程度副词"很""最"等影响下产生的叠加义。这两个情态助动词自身实则分别是表示"有能力做某事"的"能$_1$"和"能够$_1$",凭借这样的词义表达的能力情态意义自然也体现为语义性质。

不过还有一种情况与上述不同,并且这也是我们最为关心的情况。可以发现,在很多时候话语中的"能"并非作为一个构词语素,并且前面也没有出现任何表达高程度意义的副词,但似乎也可以表达出"善于(或擅长)做某事"的意义。① 请看例句:

(12) 他能吃能喝。
(13) 他能写,一写就是一大篇。
(14) 她能逛街,一逛就是一整天。

首先在以上三例中,"能"皆可以被"擅长"或"善于"所直接替换,而且替换后合乎句法规范、语义通顺,这说明句中的"能"可以表示这一义项。请看:

(15) 他擅长吃擅长喝。
(16) 他善于写,一写就是一大篇。
(17) 她擅长逛街,一逛就是一整天。

在例(15)中,基于"他"在"吃(饭)喝(酒)"方面具备优于常人的能力,比如他吃得多喝得多,因此发话者认定"他"做出"吃得多喝得多"这件事这是在现实世界中随时可以发生的事件情景。在例(16)中,基于"他"具备优于常人的写作能力,进而发话者认定"他

---

① "能够"并不存在这种情况,因此不再讨论。进而,在词表中表达"善于做某事"义的"能够$_5$"实际上并不存在,它实则是"能够$_1$"与表程度副词叠加产生的意义。

去写一大篇"这也是在现实中有机会发生的事。而例（17）也是如此，基于"她"具备强于一般人的逛街能力，发话者进而认定"她逛一整天的街"是在现实中可以有机会真的发生的事件情景。上述这些均体现为高等级能力情态的表达。不过即便如此，"善于做某事"也并非"能"的词义。

（一）语用含义的检验

首先，原例句中的"能"除了可以被"善于"替换之外，也皆可以被"有能力"直接替换，这说明句中的"能"也同样可以是表示"有能力做某事"的"能$_1$"，因此并不一定就强调了句中所提到的"能力"是优于一般人的"善于"的能力。请看：

(18) 他<u>有能力</u>吃<u>有能力</u>喝。
(19) 他<u>有能力</u>写，一写就是一大篇。
(20) 她<u>有能力</u>逛街，一逛就是一整天。

并且，若原例句表达了"善于做某事"，那么这种意义也能够通过上下文语境被取消。请看：

(21) 他自己<u>能</u>吃<u>能</u>喝，并不需要请人照料生活。
(22) 他<u>能</u>写，因为他上过两年学。
(23) 她的脚伤好了，她<u>能</u>逛街。

在上述三例中，"能"也仅仅是表示"有能力做某事"的"能$_1$"而不再强调表达的是"善于做某事"。如果从句法特点上说，原例（12）—（14）中的"能"也均符合"能$_1$"的使用特点，比如它可以被用于单独回答问题，并且也可以受到程度副词的直接修饰等，而通常情况下这并不是表达"善于"义的"能$_6$"所具备的使用特点。请看：

(24) 甲：他现在<u>能</u>吃<u>能</u>喝吗？
乙：<u>能</u>。

(25) 他很能吃很能喝。

综上，"善于做某事"这一义项并非"能"的词义，而是可以被取消的语用含义。

（二）衍生路径

通过前文的检验可知，表"善于做某事"的"能₆"所表现出的高等级能力情态义也具备语用性质，可以凭借元等级的能力情态义基础上衍生而来。请看：

(26) 他能吃能喝。

在该句中，"能"实际上是表示"有能力做某事"的"能₁"。此处的"能"之前即便并未出现表达高程度意义的"很"或"最"等程度副词，但也仍不妨碍这句话表示"擅长吃擅长喝"（即"吃得多喝得多"）的语用意义。利用关联理论，当发话者说出上述这句话时，听话者便可以通过调用并扩展认知语境去寻找最佳关联，经过语用推理而获取到这种语用含义。请看：

(27) a. "能吃能喝"指的是"具备吃和喝的能力"；
  b. 一般正常人都具备吃和喝的能力，这无需被特别强调或者指出来；
  c. 但是发话者特别强调和指出了某人"具备吃和喝的能力"，有可能是为了特别强调此人在"吃喝"方面与众不同，比如有超越于一般人的能力。

听话者通过调用上述认知语境（27a-c），可以推导出以下结论(28)，从而获取到"善于做某事"的语用含义：

(28) 发话者实则是在特别指出某个人吃得多喝得也多，善于吃喝。

可见，"善于做某事"意义似乎可以是来源于对大众所具备的先天最基本能力的特别强调，而原本这种能力是无须被强调出来的。下面我们再看一例：

(29) 他<u>能</u>写，一写就是一大篇。

当发话者说出上述这句话时，听话者也可以通过调用并扩展自身认知语境去寻找最佳关联，经过推理而获取到这种语用含义。比如：

(30) a. "他能写"指的是"他具备写的能力"；
  b. 发话者又说"他"经常"一写就是一大篇"，说明"他"这个人比其他人在具备"写"的能力方面更加突出；
  c. "他"比其他人在"写"方面更加突出，说明"他"具备优于一般人的"写"的能力，更加善于"写"。

听话者通过调用上述认知语境（30a-b），可以推导出以下结论（31），从而获取"善于做某事"的语用含义，即：

(31) 发话者指出"他"比其他人更加善于写作。

不同于在例（26）中人人都具备的"吃与喝"的基本能力，在例（29）中"写"的能力是需要经过后天训练而获得的，因此对这种能力展开特别强调指出似乎也并不为过。可即便如此，利用上下文语境也能实现对"善于做某事"的推理衍生。

二　会₃

"会₃"的情况与"能₆"相似。在展开描写前也有特殊情况需要做出说明。

《现代汉语八百词（增订本）》（1999：278）曾释义"会"表示

"善于做某事",并且也提到其前面常会出现"很""最"等表达高程度意义的副词。请看例句:

(32) 他很会演戏。[《现代汉语八百词(增订本)》用例]
(33) 他这个人哪,最会看风使舵。[《现代汉语八百词(增订本)》用例]
(34) 能说会道。[《现代汉语词典(第7版)》用例]

上述例句中的"会"也皆被认为是表示"善于做某事",那么这三句话表达的也是高等级能力情态意义,但该义项也同样并非句中"会"的词义。首先在前两例中,"会"前也都出现了表示高程度意义的副词"很"或"最",而如若将其去掉后,原例句似乎也就难以再表示"善于"之义了。请看:

(35) 他会演戏。
(36) 他这个人哪,会见风使舵。

当去掉句中表示程度意义的副词"很"和"最"后,这两例也分别仅是在阐释"他有能力演戏"和"他这个人有能力看风使舵",只是在说某人"具备能力做某事"而并未强调"善于"。同样地,在例(34)中"能说会道"是一个固定词组,同前面作为语素的"能"的情况一样,这里"会"也并非一个词而是作为一个构件语素,其表达的"善于"之义也来源于整个词组的构式义。因此结合这三例来看,"善于做某事"意义或是源于表示较高程度意义的副词"很""最"等与表示"有能力做某事(或懂得怎样做某事)"的"会$_1$"相叠加产生的意义,或是源于固定词组的构式义,而并非"会"的词义,因此这也不是我们所关心的情况。不过也可以发现,同"能"一样,很多时候话语中的"会"并非作为一个构词语素,并且前面也没有出现任何表达程度意义的副词,但似乎也可以表达"善于(或擅长)做某事"的意义。请看例句:

(37) 精打细算，会过日子。[《现代汉语八百词（增订本）》用例]

(38) 这个女人啊，会说话。（网络语料）

(39) 她会买东西，经常是既得了好物又省了钱。（网络语料）

首先，上述三例中的"会"皆可以被"善于"或"擅长"直接替换，而且替换后合乎句法规范、语义通顺，说明句中的"会"可以表示这一义项。请看：

(40) 精打细算，善于过日子。

(41) 这个女人啊，擅长说话。

(42) 她擅长买东西，经常是既得了好物又省了钱。

在例（40）中，基于某人在过日子方面具备优于常人的能力，因此发话者认定"（某人）精打细算地过日子"是在现实世界中有机会发生的事件情景。在例（41）中，基于"这个女人"具备很好的与人交流的能力，进而发话者认定"这个女人做到高效地与人交流"是在现实中有机会发生的事。最后例（42）也是如此，基于"她"具备优于一般人的购物能力，进而发话者认定，"她花较少的钱买到更好的东西"也是在现实中有机会发生的事件情景。上述这些均体现为高等级能力情态意义的表达。不过"善于做某事"同样不是句中"会"的词义。

(一) 语用含义的检验

首先，原例句中的"会"除了被替换为"擅长"和"善于"，也皆可以被"有能力"直接替换，这说明句中的"会"也可以仅是"会$_1$"，表示元等级的"有能力做某事（或懂得如何做某事）"而并不一定从词义上就强调了是优于常人的"善于"能力。请看：

(43) 精打细算，有能力过日子。

(44) 这个女人啊，有能力说话。

(45) 她有能力买东西，经常是既得了好物又省了钱。

而如若说原例句也表达了"善于做某事",那么这种意义也能够通过上下文语境被取消。请看:

(46) 他才离开家独立生活,刚会过日子。
(47) 这个女人不是哑巴,会说话。
(48) 她会用手机扫码买东西。

上述三例中的"会"此时也仅是表示"有能力做某事（或懂得怎样做某事）"的"会₁"而不再表示"善于做某事",可见该义项也是可以被取消掉的。另外,若从句法使用特点来看,原例(37)—(39)中的"会"也都满足"会₁"的使用特点,比如它们都可以被用于单独回答问题,同时还可以受到程度副词的直接修饰,通常这不是表达"善于"义的"会₃"所具备的使用特点。请看:

(49) 甲：她这个人,会过日子吗?
     乙：会。
(50) 她这个人,精打细算,很会过日子。

综上可见,"善于做某事"这个义项并非"会"的词义,而是可以被取消的语用含义。

(二) 衍生路径

通过前文的检验可知,表"善于做某事"的"会₃"表现的高等级能力情态义也是语用性质,可以基于元等级的能力情态义之上衍生而来。请看例句:

(51) 这个女人啊,会说话。

在这句话中,"会"实则是表示"有能力做某事"的"会₁"。可以发现,此处的"会"之前并未出现表达高程度意义的"很"或"最"等程度副词,但仍不妨碍这句话表示"擅长说话"的语用意义。利用关联性，当发话者说出上述这句话时，听话者也可以通过调用并扩展自身认知语境去寻找最佳关联，经过推理而获取到这种语用含义。比如：

(52) a. "会说话"指的是"具备说话的能力"；
b. 一般正常人都具备说话的能力，这无需被特别强调或者指出来；
c. 但是发话者特别强调和指出了"这个女人"有"说话的能力"，有可能是为了强调此人在"说话"方面与众不同，比如有超越于一般人的能力。

听话者通过调用上述认知语境（52a-c），可以推导出以下结论(53)，从而获取"善于做某事"的语用含义：

(53) 发话者实则是在特别指出这个女人擅长交际。

可见，由"会"表达的"善于做某事"意义同样也可以来源于对大众所具备的最基本能力的特别强调，而这种能力原本是无须被强调的。再看一例：

(54) 精打细算，会过日子。

依据词典释义，句中的"会"表示"善于做某事"，但这并非"会"自身的词义，"会"实则是表示"有能力做某事"的"会$_1$"。虽然同样地在此处"会"之前并未出现表达高程度意义的"很"或"最"等程度副词，但仍不妨碍这句话表示"善于过日子"的语用意义。利用关联性，当发话者说出上述这句话时，听话者便可以通过调用并扩展认知语境去寻找最佳关联，经过推理而获取到这种语用含义。比如：

(55) a. "会过日子"指的是"具备过日子的能力"；

b. 一般正常人都具备过日子的能力，这无需被特别强调或者指出来；

c. 发话者特别强调和指出了某人"有过日子的能力"，有可能是为了强调此人在"过日子"方面与众不同，比如有超越于一般人的能力；

d. 发话者还说到这个人"精打细算"，而这通常也是"善于过日子"的具体表现；

e. 结合 a—d，可推出"会过日子"与"精打细算"描述的是同一件事。

听话者通过调用上述认知语境（55a-e）可以推导出以下结论（56），从而获取"善于做某事"的语用含义：

（56）发话者实则是在特别指出某个人精打细算，善于过日子。

由此可见，在"会"表达"善于"义的过程中同样也可以利用上下文语境来实现对"善于做某事"意义的推理衍生。

第二节　提升依据

由"能"和"会"参与表达的高等级能力情态实为语用性质的情态，可以基于元等级的"能力"义衍生。结合前文分析来看，其衍生依据主要包括了以下几个方面：

（一）上下文语境

在情态义的表达中，语境尤其是上下文语境经常能够提供重要信息促使听话者展开语用推理获取语用情态义。请看：

（57）他能跑，一口气能跑10公里。

在例（57）中，虽然在"能"之前也没有出现表达高程度意义的程度副词"很"或"最"等，但"能"也很容易会被认为是表示"善于做某事"，进而这句话也就被认为是在说"他"这个人是"善于跑步的"。当然这种"善于做某事"义也是可以被取消的语用含义，句中的"能"实则是表示"有能力做某事"的"能$_1$"。比如：

(58) 他<u>能</u>跑，因为他的身体已经康复了。

此时，例（58）句中的"能"表示"有能力做某事"，而"善于跑步"之义在这句话中就被取消了。其实，例（57）表示的"善于做某事"义也就是"具备较高水平的能力做某事"，它产生于全句表义之上的语用推理。而促使听话者去展开推理的其中一个重要方面是源于例（57）句中的上下文语境"一口气能跑10公里"，因为这正是"善于跑步"或者说是"具备较高水平跑步能力"的具体表现。如果将该信息句替换为同样表现"善于跑步"的其他小句，则也可以促使听话者推理出"善于跑步"的语用含义。比如：

(59) 他<u>能</u>跑，若是真的跑起来谁也别想追上他。
(60) 他<u>能</u>跑，已经三次蝉联全国马拉松冠军了。

而"会"也是如此。"会"也能够有机会表达"善于做某事"的语用意义，在此过程中"会"也存在这方面的因素。请看：

(61) 她<u>会</u>做饭，随随便便就能准备出一桌丰盛的晚宴。

该句中的"会"之前同样也没有出现表达高程度意义的副词，但"会"也很容易会被认为是表示"善于做某事"义，进而这句话被认为是在说某个人是"擅长做饭的"，当然这也是可以被取消的语用含义。句中的"会"实际上是"会$_1$"，表示"有能力做某事（或懂得怎样做某事）"。比如：

（62）她会做饭，她的妈妈之前教过她几天。

在例（62）句中，"会"仅表示"有能力做某事（或懂得怎样做某事）"，而"擅长做饭"之义在这句话中也就被取消了。同样地，促使听话者展开推理的其中一个重要方面也是源于例（61）句中的上下文语境"随随便便就能准备出一桌丰盛的晚宴"，因为这也是"擅长做饭"的具体表现。如果将该信息句替换为同样表现"擅长做饭"的其他小句，则一样可以促使听话者推理出"擅长做饭"的语用含义。比如：

（63）她会做饭，无论给她多么简单的食材也能炒得色香味俱全。

（64）她会做饭，街坊邻居们经常会来找她请教。

可见在情态的衍生过程中，上下文语境经常能够作为引发语用推理的依据，辅助交际者传达与获取超越于字面上的语用情态意义。

（二）基于"定识"冲突诱发的溯因推理

前面我们曾谈到在表达语用情态义的过程中，话语在字面上有时也会暗含一些并未被言明的额外信息，它们所传达的意义内容也是语用推理所依据的前提意义中重要的组成部分。但即使这些重要信息未被直接言明，听话者也仍能够顺利地展开推理，原因则在于其自身的既有"定识"可以对这些隐藏信息予以补充。其实"定识"在语用推理中的作用也不仅在于此，除了补充用于推理的前提信息外，"定识"也可用于反向的推理提示，表现为当听话者获取到的新信息与既有"定识"形成冲突后便会自然地提示自己展开语用推理。比如：

（65）a. 他能吃能喝。
　　　b. 他能说法语。

在日常交际中，例（65a）也经常会被人们直接理解为"他这个人擅长吃喝"即"他吃得多喝得也多"，这是语用含义。这句话中的

"能"实际表达的词义是"有能力做某事",而全句所表达的字面意义是"他这个人有能力吃有能力喝"。但人们之所以会将"善于做某事"误当作句中"能"的词义,是因为无意识地做出了推理,而引发做出这一推理的另一方面因素也正是基于既有"定识"与话语所传达信息的冲突。在例(65a)中,冲突的双方分别是"普通人都具备过吃和喝的基本能力,而这通常并无须被特别指出来"的定识,以及在话语中发话者对"他具备吃喝能力"的特别指出。因为依据常规定识,但凡普通人都具备吃喝的基本生活能力,这一点并不需要被刻意地指出或强调。但话语传达的信息却是发话者在有意对"他具备吃和喝的能力"的特别强调,这便使得听话者明白此处发话者可能并非只是在单纯地说"他有吃喝的能力",而是传达了某些额外的意义,即"他所具备的吃喝的能力比普通人更强",因此也就获取到"善于吃喝"的语用含义。相比之下例(65b)就不太容易被理解为"他这个人善于说法语",它表达的就是字面意义"他这个人有能力说法语"。该例之所以不容易产生"善于"之义是因为话语传达的字面信息与听话者的既有定识更加吻合,这一定识便是"说法语并非一项每个人都会掌握的基本技能,而是需要经过特别学习才能获得的,因此即便被特别强调指出也不为过"。因此听话者直接寻找到了最佳关联,知道发话者是在特别指出"他这个人"与其他人不同"有说法语的能力",因此便不会再付出更多心力去展开进一步推理。同样的,"会"也是如此。请看:

(66) a. 她这个人<u>会</u>过日子。
b. 她这个人<u>会</u>弹钢琴。

首先可回顾前文例(54)的"精打细算,<u>会</u>过日子"。如果说导致"会过日子"表达了"善于过日子"的语用含义一方面是因为受到了上下文语境"精打细算"的影响,那么在这里还可以找到另一方面的促成原因。可以发现,即便去掉上下文语境"精打细算",单说某人"会过日子"似乎也可以表达出这个人是"善于过日子"的意义,比如请看这里的例(66a)。在日常交际中,例(66a)也经常会被人们直接理解为

"她这个人擅长过日子",同样这也是语用含义。这句话中的"会"实际表达的词义仍是元等级的"有能力做某事(或懂得怎样做某事)",而全句表达的字面意义是"她这个人有能力过日子(或知道怎样过日子)"。此处人们也是因为无意识地做出了语用推理,而引发做出这一推理的另一方面因素也正是基于既有"定识"与话语所传达信息的冲突。在例(66a)中,冲突的双方分别是"普通人均具备过日子的基本能力,而这通常并无须被特别指出来"的定识,以及在话语中发话者对"她具备过日子的能力"的特别指出。发话者话语传达的信息显然也与听话者的定识相冲突,这便使得听话者明白此处发话者可能并非只是在单纯地说"她有过日子的能力",而是传达了额外的意义,即"她所具备的过日子的能力比普通人要更强",进而也就获取到"善于过日子"的语用含义。相比之下,例(66b)就不太容易被理解出"善于"义,它表达的就是字面意义"她这个人有能力弹钢琴"或"她这个人懂得怎样弹钢琴"。因为听话者也明白"弹钢琴"并非人人都具备的基本能力,而是需要后天努力学习获得的,因此即便被特别强调也不为过。即便发话者对此特别强调,而这也符合听话者的定识,听话者已经找到了最佳关联,因此便不会再付出更多心力去展开进一步的推理过程。

  基于"定识"冲突能够诱发听话者展开语用推理,而采用的具体推理形式主要是"溯因推理"(abductive inference)。当听话者接收到的新信息与自己的既有"定识"产生矛盾,最为直接的反应便是寻找造成这种冲突的合理性解释,寻找导致定识冲突的原因。这种由"冲突"出发来推理"造成冲突的合理性解释"的形式也是溯因推理的具体表现。请看:

(67)他能吃能喝。
a. 发话者特别强调指出来"他"有吃和喝的能力。
b. 发话者认为"他"在吃喝方面相比于其他人与众不同。
(68)她这个人会过日子。
a. 发话者特别强调指出来"她"有过日子的能力。
b. 发话者认为"她"在过日子方面优于其他人。

当听话者听到例（67）和例（68）两句话时，首先能获取到例（67a）和例（68a）的字面信息，但此时这一信息会与自身的既有定识产生冲突，而（67b）和（68b）正是对这种冲突产生根源展开溯因的结果，从而利用溯因推理获取到高等级的语用性能力情态义。

综上来看，在有些情况下，高语义等级的情态义通常可以基于一般元等级的情态义基础之上衍生而来。除了上一章中讨论的"要$_5$"和"要$_6$"存在这一情况外，本章中的"能$_6$"和"会$_3$"也是如此。这既符合了汉语更加注重语用性表义特点，也是语言遵循经济性原则的重要表现。本章所探讨的这类高等级情态义基于一般元等级情态义基础上获得提升的类型，即为汉语情态语用性表达的第三种主要类型（参见表6–1）。

表6–1　　　　　　　　情态语义等级的语用性提升类型

类型三： 同类型情态中由一般元等级情态义提升为高等级情态义	1. 由具备元等级的能力情态提升为具备高等级的能力情态（能$_6$，会$_3$） 2. 认识情态中由元可能性提升为认识必然（要$_5$，要$_6$）

第七章
情态的表达条件

通过分析语用情态义的衍生路径和衍生依据可以发现，对情态意义尤其是语用性情态意义的表达除了需要借助情态助动词之外，通常也需要借助某些其他语义条件（语内条件）和语用条件（语外条件）的共同配合。不同的表达条件发挥的作用各不相同，彼此间的互动方式也呈现出不同的特点。本章将对这些分居与不同语言层面的表达条件展开归纳，探讨其各自在情态意义的表达过程中所发挥的重要作用。

第一节 情态表达的语义条件

一 情态助动词

情态助动词是情态意义得以表达的最为直接且最为重要的语言条件，无论是在语义情态还是语用情态的表达过程中都发挥着多方面的作用，主要可归纳为以下几点。

（一）标记一个事件的"非现实"性质

情态体现为发话者围绕着一个想象的事件情景所阐发的个人主观看法或态度，表达的具体态度内容即为情态意义。这就要求情态意义的表达首先必然要在发话者的思维或想象领域中展开一个带有"非现实性"的事件情景，并以此作为阐发言者主观态度的针对对象。从总体上说，作为情态表达最为重要的语言条件，情态助动词所发挥的作用首先在于，其词义在表述内涵上所具备的 [+非现实性] 特点可以将话语中所涉事件的性质标记为"非现实性事件"。"非现实性事件"指的是发话者在想象领域中所展开的事件情景,无论该事件在事实上是真的发生了还是未发生,发话者都可以将其置于思维中通过想象来做出感知;而与之相对,"现实性"事件指的是发话者在现实中直接观察或感知到的那些已经发生或正在发生的事实性事件情景,发话者并未在想象中将其展开,只是在针对这一事件的实际情况做出直陈与直接性的描述。

请对比以下几组例句,其中每一组的 a 句和 b 句分别都涉及同一个事件情景,但不同之处在于 a 句中都有情态助动词出现。可以发现,当发话者说出 a 句时,所涉事件均体现为一个想象的非现实性事件情景,此时该事件是在发话者的想象领域中被展开的。但如果去掉情态助动词,且当句中同时也没有其他可以表达非现实性意义的语言成分出现的情况下,b 句都直接表现为发话者对一个事实性事件的直陈或直接描述,此时的所述事件可以被默认为发话者所认定的客观事实,表现为一个现实性事件。请看:

(1) a. 他<u>应该</u>去过我家。("应该$_3$"表"估计情况必然如此")
　　b. 他去过我家。
(2) a. 家里的门窗<u>可以</u>一直开着。("可以$_3$"表"情理上许可")
　　b. 家里的门窗一直开着。
(3) a. 他<u>能</u>一口气绕操场跑十圈了。("能$_1$"表"有能力做某事")
　　b. 他一口气绕操场跑十圈了。
(4) a. 他<u>要</u>住在老房子里。("要$_1$"表"有意愿做某事")
　　b. 他住在老房子里。
(5) a. 他<u>敢</u>站在楼下对女孩儿大声表白。("敢$_1$"表"有勇气做某事")
　　b. 他站在楼下对女孩儿大声表白。
(6) a. 他已经<u>配</u>得到她的爱了。("配"表"有资格做某事")
　　b. 他已经得到她的爱了。

在例(1)中,(1a)句和(1b)句均提到了一个同样的事件情景

"他去过我家",但不同之处在于(1a)中的"应该$_3$"表示的"估计情况必然如此",该词义使得"他去过我家"在这句话中成为发话者所想象的且在主观上估计为是"必然如此"的一个事件情景,因此是一个具备非现实性的事件。但如果去掉"应该$_3$"以后,例(1b)则体现为发话者对"他去过我家"这一事件情景的直陈。从字面上看,例(1b)句中的体助词"过"表达的"先时"和"经历体"意义直接明示了该事件是一个已经发生了的事实性事件,而发话者既然对其展开直陈,也说明了该事件情景是被发话者所认定的事实,已经能够被他直接感知和观察到,因此也是一个现实性事件。后面几例皆是如此。在例(2a)—例(6a)中,各自的事件情景"家里的门窗一直开着""他一口气绕操场跑十圈""他住在老房子里""他站在楼下对女孩儿大声表白""他得到她的爱"也都是在发话者的想象领域中被展开的,都是非现实性的。可如果去掉这些情态助动词以后,各组中的 b 句也都表现为发话者对各自事件实际情况的直陈,此时上述各事件也都成为可以被直接观察的现实性事件。可见,正是情态助动词的出现才能够将一个所论及的事件性质标记为"非现实",或者换句话说,恰当地利用情态助动词可以将一个句中所涉事件的性质由现实性转变为非现实性,而这也是情态意义得以表达的首要前提。

有趣的是,虽然情态助动词可以将一个现实性事件转变为非现实性事件,但在日常表达中对其选择和使用也是有条件的。比如一个涉及现实性事件的直陈"小张去图书馆了",它可以与表达"情理上许可"的"可以$_3$"搭配,比如"小张可以去图书馆了",而"小张去了图书馆"却不能与"可以$_3$"搭配变为"*小张可以去了图书馆"。不过即便如此,该句也仍然可以与表达"估计必然如此"的"应该$_3$"搭配,即为"小张应该去了图书馆"。这里对情态助动词产生选择限制的原因在于,义务情态中的所涉事件在未被特别标明发生时间的状态下多默认倾向于发生在"将来"时间之上,因为只有当事件还未被执行时才能有机会去被许可执行,否则发话者基于"义务"因素发出的指令或许可做某事的行为都会失效。显然在"小王去了学校"中,助词"了"表现的"先时"和"实现体"意义使句中的所涉事件并不满足这一特点,但认识情态对此类事件就没有这种限定。可见，情态助动词在不同义项的使用中与事件发生的"时"（或"时间"）甚至还包括"体"等也都存在一定的限制规则。因此严格地说，虽然情态助动词可以将一个现实性事件的性质转变为非现实性，但对其选用仍然是有条件的。

（二）参与表达用于推理的前提意义

除了利用自身词义直接表达语义性质的情态义之外，在语用情态义的表达中情态助动词也发挥了重要作用，表现在它的出现可以参与构成用于展开语用推理的前提意义。

语用情态义依靠语用推理而产生，这就必然需要基于一个用于展开推理的前提意义。在斯珀波和威尔逊的关联理论中，"前提意义"即完整的字面意义，指的是基于不完整的逻辑式之上经过解歧（disambiguation）和充实（enrichment）等操作后得到的完整命题式。而处于句中的情态助动词其自身词义又是这种前提意义的重要组成部分，若词义缺失则将难以引发听话者做出推理而获取语用情态义。请看：

(7) a. 这种车可以坐7个人。
    b. 这种车坐7个人。

例（7a）句中的"可以"很容易使人误以为表达的是"有可能"，当然我们也已经知道了其为语用含义，它产生于对全句句义上的语用推理，并且它也可以被上下文语境取消。在该句中，"可以"自身或是表示"具备功能被用于做某事"的"可以$_2$"，或是表示"情理上许可"的"可以$_3$"。当表示前者时，全句字面表义为"这种车具备功能容纳7个人乘坐"；当表示后者时，全句字面意义是"这种车被安排允许7个人坐进去"。基于不同的认知语境，上述字面意义都可以被交际者作为推理前提而推理出"这种车有可能坐7个人"（实际上又可以分别理解为"这种车有可能坐得下7个人"和"这种车最终有可能会被安排坐进去7个人"）的语用含义，而在用于推理的前提意义中就包括了情态助动词"可以"自身所提供的两种词义。但如果没有"可以"的参与，即当句子的字面意义缺失了"可以$_2$"或者"可以$_3$"时，听话者也就难以再通过付出同等的心力去获取到"有可能"的语用含义了。如例（7b），如果将该句视为一个完整的且不存在任何省略情况的表达式，在不考虑特殊语境的情况下①，当发话者说出这句话时则会被直接视为对"这种车坐7个人"这一情景的客观直陈。此时，"这种车坐7个人"是发话者所描述的一个自己所认定的事实性事件情景，而听话者此时已经获取到了发话者的意图，找到了最佳关联，也就没有必要再通过付出更多的心力去获取额外的意义。再比如：

（8） a. 在成都<u>可</u>吃的小吃有不少。
b. 在成都吃的小吃有不少。

例（8a）句中的"可"也很容易被以为是表示了"值得（做某事）"，因此认为全句表义是"在成都值得去吃的小吃有不少"，但这也是语用含义。句中的"可"实则是表示"情理上许可"的"可₂"。在该词义的作用下，例（8a）字面上表达的前提意义是"在成都，（我）允许（你）去吃的小吃有不少"。可实际上发话者可能并没有许可听话者去吃某样小吃的权利，他或许只是对成都的小吃文化比较了解，有一定的发言权，并且听话者若要去吃某样小吃也并不需要得到谁人的特别许可才行，只要付钱买单都是可以随便吃的。基于这样的前提义，听话者便可以通过扩展认知语境获取发话者的交际意图，明白发话者是在对成都的小吃做出评价或推荐，认为有不少是值得自己去尝一尝的，由此便产生了"值得去吃"的语用含义。但若没有"可"的出现，这种语用含义也难以产生。比如当发话者说出例（8b）时，也仅是在对"在成都吃的小吃有不少"这一客观事实展开直陈，这种前提义也不足以被听话者再付出额外的心力关联到"在成都有不少小吃是值得去吃"的语用含义。在以上两组例句中，情态助动词都是直接提供了具备非现实性的表情态词义。但有时，即便助动词提供的是非情态词义也仍然可以构成听

---

① 虽然发话者在说出例（7b）时也可以是在做出推测或安排。比如发话者此时或许正在做出一个推测，说出"（我猜）这种车坐7个人"；或者也可以是在利用自身权威正在做出安排，说出"（我要求）这种车坐7个人"。但这些均是处于特殊语境之中存在省略的情况。

话者推理情态的前提义。请看：

(9) a. 不顾实际一味蛮干要导致失败。
    b. 不顾实际一味蛮干导致失败。

例（9a）中的"要"也容易被当作表示"有可能"①，进而认为全句表义是"不顾实际一味蛮干是很有可能导致失败的"。这也是语用含义，句中的"要"实则是表达"将来"时间意义的"要$_4$"。虽然"将来"并非情态义，但正是因为"将来"的表达，使得"导致失败"成为一个在当前来说还并未真实发生的非事实性的"将来事件"，当交际者对这个"将来事件"的发生不能主观确定时，"有可能"也就随之衍生了。而相比之下如果去掉"要$_4$"，例（9b）表达的字面意义更倾向于是发话者在对一条主观认定的经验或规律的直陈，"不顾实际一味蛮干最终导致失败"也已经成为发话者明确的事实，此时也难以再引发"有可能"义的衍生。

综上，语用情态意义的产生需要基于全句字面上表达的前提义而展开的语用推理，而情态助动词的词义又是构成全句字面意义的重要组成部分。情态助动词的词义缺失也将难以引发对语用情态义的推理过程。

（三）发挥功能触发语用推理

在情态表达中，也有情态助动词虽然并不表示具体实在的词义，但可以发挥特有功能触发语用推理。如用在比较句中的"要"所突出的言者主观评价功能有机会使发话者所做出的比较沾染上"主观推测"的非现实性色彩，由此触发听话者展开推理产生"估计"的语用含义。此时，听话者会认为发话者所进行的比较仅是他个人想象的一种情况，是一种"虚拟比较"。请看：

(10) a. 你比我要了解得多。

---

① 第五章曾谈及"要"在交际层面表达的认识义倾向于"必然"，这是语用情态义二级衍生的结果。

b. 你比我了解得多。

在例（10a）中，"要"很容易被认为是表主观"估计"，进而这句话很容易被认为是表示"据我的估计你比我了解得多"或者"你比我很有可能了解得多"的相关意义。但实际上这也是语用含义，它衍生于句中"要"所发挥的主观评价功能。首先可以确定的是，"要"并不表示具体实在的词义，因为结合例（10b）来看，"要"也可以被省略，而且省略之后也不影响句子的表达。可之所以例（10a）相比于例（10b）来说更容易体现出主观"估计"的意味，原因则在于"要"的出现使得发话者所做出的比较"你比我了解得多"在听话者看来并不那么绝对客观，而更像是发话者个人主观上的一种看法而已，因此也会较容易让听话者认为这句话所反映的内容仅是发话者在单方面做出的一种主观估计情况。而如果去掉"要"，如例（10b），当发话者说出这句话时，字面上也只是在对一种自己所认定的既成事实"你确实比我了解得多"做出直陈，此时也将难以使听话者再感觉到发话者正在做出"估计"。

总的来说，情态助动词在情态的表达中起到了至关重要的作用。一方面它的出现可以将一个事件的性质标记为"非现实性"，而这也正是情态得以表达的重要前提；另一方面，除了可以利用自身词义直接表达语义情态之外，其在对语用情态的表达过程中也扮演了重要角色，表现在它除了能参与构成用于展开推理的前提义之外，在不直接提供实在词义的情况下也仍然可以发挥特定功能触发语用推理，产生语用情态义。

二　信息提示词语

除了借助情态助动词，话语中还会经常出现一些关键性的信息提示词语（包括词和短语）。这些信息提示词语有时也能辅助听话者展开语用推理衍生语用情态义，还可以作为促成情态衍生的重要语言条件。请看：

（11）会议大概要到月底才能结束。

首先，即便没有情态副词"大概"的出现，例（11）句中的"要"也很容易会被理解为表示的是"有可能"。这种语用含义产生于事件"会议到月底才能结束"在"要₄"表达的"将来"时间意义之上的"主观不确定性"。听话者正是基于对该事件是否在"将来"之上成真的不确定而推理出"会议有可能到月底才能结束"。但值得注意的是话语中同时也出现了一个表推测意义的情态副词"大概"。《现代汉语词典（第7版）》（2016：240）释义"大概"作为副词，表示"不很准确的估计"，其自身词义也能表达出"主观不确定性"的意义。例如：

（12）a. 他已经回家了。
　　　b. 他大概已经回家了。

很显然，例（12a）表达了发话者的一个确定性的表述，认定"他回家了"已经是确定的事实，即"他确实已经回家了"；但在（12b）中"大概"的出现使得这一事件情景成为发话者主观估计的一种情况，是发话者所不能绝对确定的事。"大概"的出现在例（11）中额外增强了事件发生的不确定性意味，这也会对听话者的语义解码过程产生直接性的影响。请看：

（13）a. 会议要到月底才能结束。
　　　b. 会议大概要到月底才能结束。

当发话者分别说出以上两句话时，例（13b）中的"要"相比于（13a）中的"要"更容易被认为是表达了"有可能"①。从关联性的角度看，听话者通过（13a）获取到"有可能"义所付出的心力其实相比于（13b）来说还要更多，因为他首先需要付出一定的努力去分析"会议将到月底才能结束"这个将来事件情景的发生是否是发话者主观上能

---

① "大概"与"要"的连用从句法角度看是副词对助动词的修饰限定，从语义上看即便"要"经历了由"将来"到"元可能性"的一级衍生表达认识情态，由于其表达的可能性程度并未标明，因此也可以与等级词连用以标明语义等级，实现认识情态的内部连用。

够确定的。如果能够被确定，比如听话者也回忆起他自己曾看到了在会议日程表上明确记录着会议将在月底结束，那么此时"会议将到月底才能结束"只是一个已经能够被确定的将成事实，因此听话者已经找到了最佳关联也便不会再进一步付出额外的心力去推理产生出"会议有可能到月底才能结束"的意义。而如果这一将来事件是否真的发生并不能被主观确定时，听话者才会进一步付出努力推理出此时的发话者通过(13a)仅是在传达一个他所认定的可能性情况，即"会议有可能到月底才能结束"。相比之下，(13b)中的"大概"却可以直接明示给听话者"会议将到月底才能结束"，这在发话者看来也是一种"不很准确的估计"，因此听话者立刻明白了该事件的发生是发话者不能主观确定的，进而直接引导了听话者通过下意识的直觉性推理获取到"有可能"的意义而不会再耗费更多的心力。简言之，在这一过程中，"大概"起到了"显明假设"（manifest assumption）的作用。不过有时，句中出现的关键信息词虽然没有直接明示假设，但其在句中分布位置的特殊性也能发挥提示推理的作用。请看：

（14）这个问题很可以研究一番。

在例（14）中，"可以"很容易会被认为表示的是"值得做某事"，这也是语用含义，"可以"实则是表示"情理上许可"的"可以$_3$"。导致"可以"容易被认为是表示"值得做某事"，这在很大程度上与它前面出现的程度副词"很"有关。虽然"很"没有直接显明假设，也没有去直接表示"价值"义，但在句中却也起到提示推理的作用，这是因为在通常情况下，当某人对做某事表示"许可"时并不需要刻意加强许可的强度，比如是"稍稍许可做某事"或是"非常许可做某事"等，换言之"可以$_3$"通常情况下不会与程度副词连用且居于后位。因此"很"的特殊分布也在一定程度上明示了听话者此处需要做出进一步的语义推理。首先可以确定的是，如果没有"很"的出现，这句话并不一定就是表达"这个问题值得研究一番"。请看：

(15) 这个问题可以研究一番。

当发话者说出这句话时，也可以仅仅是在对研究"这个问题"给予许可，但并没有说明这个问题一定就是"值得去研究"的。比如：

(16) 这个问题大家都可以研究一番。

但如果句中出现了程度副词"很"以后，其表达的高程度意义加强了"许可"的力度，即"非常许可做某事"，这种特殊分布所传达的语义内容有别于常规的定识情况形成了定识矛盾，因此也就促使听话者继续寻找新的最佳关联，推理出在发话者看来"这个问题是值得去研究"的语用含义。若将两个例句作对比，请看：

(17) a. 这个问题可以研究一番。
　　　b. 这个问题很可以研究一番。

例(17a)符合常规情况，听话者付出最小的心力已经获得了"许可研究"的最佳关联。但当发话者"非常许可"做某事时，(17b)句中"很"的出现违背了常规情况，促使听话者推理出"这个问题"在发话者看来是"很有研究价值因而是值得被研究一番的"，也因此他才会表现出"非常许可"的态度。可见，程度副词"很"的出现对语用情态义的引发起到了推进作用。

其实除了关键信息词之外，话语中出现的某些功能性短语也能起到提示推理的作用。首先请看下面这个例句：

(18) 今天要比昨天凉快。

句中的"要"也很容易会被认为是表达了主观"估计"，认为是发话者"估计今天将会比昨天凉快"或者"今天很可能将会比昨天凉快"。这种语用含义产生于句中突出言者主观评价色彩的"要"所发挥的虚拟比较作用。当话语表现出较为强烈的言者主观评价色彩时，听话者便很容易会认定话语的所述内容并不绝对客观，或许仅代表了言者个人的主观看法而并未得到事实上的证明。但实际上，言者主观性的凸显也不一定就代表着所述内容不是事实，作为语用含义，"估计"义能否产生还要结合话语的具体语境情况而定。比如设想在下述语境中，发话者和听话者此时正在同一空间，他们二人都可以明显感觉到今天的气温确实相比于昨天要低一些。当发话者说出例（18），表达的是一种既成事实上的比较，可以理解为"今天确实比昨天凉快"。听话者也并不会在此基础上额外付出心力去推测发话者表达了其他的意义，因为听话者已经寻找到了最佳关联，知道发话者是在对当前的客观事实展开直陈。此时，虽然句中的"要"突出了言者主观评价的表义色彩，但并不足以促使听话者展开推理。但如果换一个语境，比如发话者和听话者一大早出门，看到天空并不像前一天那样晴朗无云而是多云的天气。此时若发话者说出例（18），听话者就会明白发话者是在表达他的个人主观看法，并且可以结合当前语境情况进一步推理出发话者所做出的比较"今天比昨天凉快"实际上是出于他自己的一个预估结果，因为今天是否真的比昨天凉快还有待验证，比如至少要等到中午的时候才能知道这个说法是否正确。此时，"要"凸显的言者主观评价色彩便产生了虚拟比较的意味，进而促使听话者推理产生主观"估计"的语用含义。以上是在未出现关键提示信息的前提下语用含义的衍生过程。但如果在句中出现了某些能够直接明示假设的功能性短语，那么也将使语用含义的衍生更为顺畅。比如：

（19）看来今天要比昨天凉快。

例（19）中出现了一个表示主观推测意义的"看来"，其表达的"言据性"（evidential）[①]意义也可以表示发话者是基于当前的某些证据

[①] "言据性"在帕尔默的情态系统中属于命题情态的下位类别，与认识情态并列，大体可以理解为是发话者基于一些视听证据的基础上表达的主观看法。

而对某种情况做出主观推测。请看：

  (20) a. 他已经走了。
    b. 看来他已经走了。

  例（20a）可以视为发话者在对"他确实已经走了"这一客观事实的直陈，表达的是发话者的绝对确定性态度；例（20b）表达的可以是发话者基于掌握一些现有证据的前提下（比如目前在这里转了一圈却仍然没有看到"他"之后）所做出的主观性推测，表达的仍是不确定性的意义。所以在"看来"的作用下，例（21b）相比于（21a）也就更加容易使听话者推理出主观"估计"的语用含义。"看来"表达的推测义直接对听话者显明了假设，此时发话者所做出的比较并非已成事实上的比较，而是一种主观上的推测结果。请看：

  (21) a. 今天要比昨天凉快。
    b. 看来今天要比昨天凉快。

  总的来说，信息提示词语主要用于提示听话者开展语用推理，在情态义的跨类衍生以及由非情态义衍生情态义的过程中都发挥着重要作用。

三　构式或固定搭配

  话语中出现的某些特殊结构或特定的构式（construction）也能有助于听话者展开语用推理而获取语用情态意义。一个典型的例子就是在第四章中曾着重探讨的由"敢"参与表达情态构式的情况，我们探讨了变项构件 V 的语义特征以及以构式义的面貌出现的语用含义其衍生的直接依据。下面我们将换一视角来看构式在语用推理中发挥的作用。请看：

  (22) 我敢说他乐于接受这个任务。

句中的"敢"很容易会被认为是表示"有把握作某种判断",这种语用含义的产生在很大程度上与句中所出现的特定结构"我敢 V$_{定论}$"有关。① 从整体上看,例(22)中的主语是第一人称"我",如果将其换为其他人称的话则难以表达"有把握作某种判断"。比如:

(23) a. 你敢说他乐于接受这个任务,我可不敢。(不表"有把握")
b. 她敢说他乐于接受这个任务。(不表"有把握")
c. 小王敢说他乐于接受这个任务。(不表"有把握")

例(23)中的三句话分别是将例(22)中的第一人称主语"我"替换为其他人称,可替换后的各句都难以再产生"有把握"的相关意义,它们均表示的是"某人(你、她、小王)有勇气说出他乐于接受这个任务"。句中的"敢"皆是"敢$_1$"。另外,例(22)中的主要动词"说"在句中也并不表"言说",而是表示"定论"义,如果将其替换为其他表达同类意义的动词后也仍不影响"有把握作"意义的表达,但如果被替换为表达其他意义类的动词后,则难以再表达"有把握"。比如:

(24) a. 我敢肯定他乐于接受这个任务。
b. 我敢打赌他乐于接受这个任务。
c. 我敢保证他乐于接受这个任务。
d. 我敢发誓他乐于接受这个任务。(以上皆可以表示"有把握")

但是:

e. 我敢坦白他乐于接受这个任务。

---

① "把握"义虽然可以被认为是"我敢 V$_{定论}$ + P$_{命题}$"的构式义,但其本质上是源于语用含义对构式义的固化。

f. 我敢承认他乐于接受这个任务。

g. 我敢宣布他乐于接受这个任务。

h. 我敢想象他乐于接受这个任务。（以上皆不能表示"有把握"）

将"说"替换为同样表达"定论"意义的"肯定""打赌""保证"和"发誓"以后，例（24a）、（24b）、（24c）和（24d）仍然可以表达"有把握"义；可如果替换成表示"非定论"意义的"坦白""承认""宣布"和"想象"以后，例（24e）、（24f）、（24g）和（24h）显然也就不再能表达这种意义，其中的"敢"也仅是表示"有勇气做某事"的"敢$_1$"。最后我们还可以发现，除了符合上述条件之外，若想表达"有把握作某种判断"，在"我敢 V$_{定论}$"的中间也再难以插入其他语言成分（否定副词"不"除外）。请看：

(25) a. 我敢说他乐于接受这个任务。（可以表示"有把握"）

b. 我不敢说他乐于接受这个任务。（同上。此时表示"没有把握"）

但是：

c. 我敢大声说他乐于接受这个任务。（不能表示"有把握"）

d. 我没敢说他乐于接受这个任务。（不能表示"有把握"）

例（25a）可以表达"有把握"，其否定形式是（25b），此时是发话者对所做出的某种判断表示"没有把握"。但相比之下例（25c）和（25d）却不能再表达这种与"有把握"相关的意义。可见，"有把握作某种判断"的表达与特定的结构"我敢 V$_{定论}$"的整体组配有很大的关系。其实，上述四句中的"敢"都是表"有勇气做某事"的"敢$_1$"。所谓"有把握"指的也就是"发话者对自己的判断很有把握"，表现出强烈的言者主观性特点。人们容易对自己的判断抱有十足的把握，但相比起来却难以对他人的判断抱有把握，这是因为自己在主观上难以对他人所做出的判断负责，这也就要求在"有把握"意义的表达中做出判断的主体自然应该是代表发话者本人的"我"而不能是其他人。至于为何可以由"敢于做某事"的前提意义引发出"有把握"的语用含义也不难理解，因为当人们敢于当众明确表示出自己有足够的勇气去断言某事的发生时，往往也正是因为他们心里已经有了十足的把握。反过来说，因为心里对做出的断言很有把握，才会使人更加敢于当众宣称自己有足够的勇气做出此种断言并对此负责。

在汉语中，利用构式或固定的结构搭配表达语用情态义也是比较普遍的情况。虽然这种语用情态意义表面上都是以"构式义"的形式被呈现出来的。比如在我们先前所探讨过的语用情态义中，有些也常常是衍生在某些特定的结构组配之中，或者说出现在某些特定的构式表达之中。比如助动词"要"在表达"估计"义时主要出现在结构"NP 要比 NP + VP"之中（例如："他要比我走得快"），这是由非情态义衍生情态义的情况；"能"和"会"在表达"善于"义时也多出现在"NP + 能/会 + V_{常规动作}"之中（例如，"他能吃能喝""这个女人会说话"），这是情态语义等级的语用性提升情况；"可以"所表达的"值得"义也常常在"NP + 可以 + VV"中才能够出现（例如："美术展览可以看看"），这是情态义跨类衍生的情况。虽然我们将这些衍生的意义作为语用含义来展开探讨，不过换个角度看，若将其视为整体的构式义也未尝不可。首先，无论是语用含义还是构式义，二者都是不可从字面层面上直接表达出来的意义。并且，如果将这种意义视为构式义，那么其在本质上也是语用含义，或者更为确切地说，也是从语用含义对构式义的固化而来。施春宏（2021：2-3）指出："构式是一种知识，而且这种知识是基于言语实践而形成的认知结果，是经验概括和抽象的产物，是大脑中自主存在和独立运作的语言实体……这种知识观必然强调知识具有在线生成性（online generativity）和固化—规约性（entrenchment-conventionalization）的特征，这就决定了构式知识既有动态浮现性，也有历史继承性。"据此我们能够认为，在长期言语实践中依托特定语言结构被频繁地在线生成与使用的语用含义，也可以作为经验性的知识逐步被固化为该特定结构的构式义，而这也便构成了上述谈及的构式义本质上实为语用含义的理论基础。

那么在此之上我们也不妨做个大胆的猜想，那便是在经历相当长的时间后，构式义也可能会依托构件被主观拆解，使某些构件将有机会获得新的构件义，而这一过程也同步于语用含义固化为词义的过程，这也恰好说明了本书中我们所探讨的某些"假词义"缘何而来，它们可能正处于对构式义的人为拆解的过程之后，作为构件的情态助动词获得了新的构件义但又尚未完全固化为词义的阶段。比如以构式"我敢 $V_{定论}$ + $P_{命题}$"为例，很可能在经历了相当长的时间后，整体的构式义"发话者（'我'）对事件的发生很有把握"会依托构件被主观拆解，其中"有把握"义将会由构件"敢"来承担表达，进而随后彻底固化为"敢"的词义，这也是极为可能的结果。

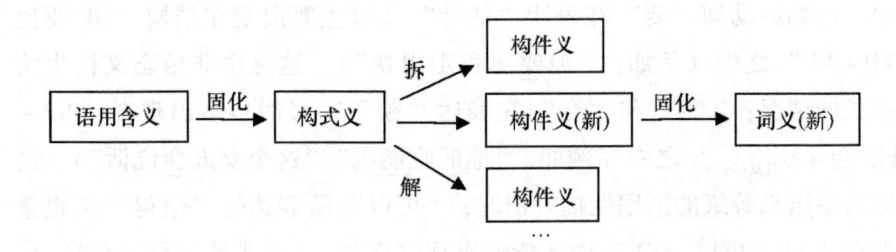

```
语用含义 →固化→ 构式义 →拆→ 构件义
                         → 构件义(新) →固化→ 词义(新)
                         →解→ 构件义
                                  …
```

图 7-1 构式义在词汇语法化中的位置与作用

所以，总的来说，话语中出现的某些特定构式和固定结构有时也能起到引发推理的作用，也可以作为情态表达过程中重要的语义条件。利用构式或固定搭配来实现语用情态义的衍生，这种情况可以出现在情态义的跨类衍生、由非情态义衍生出情态义以及情态语义等级的语用性提升的三类过程之中。

第二节 情态表达的语用条件

一 语境

"语境"（Context）这个概念最早由波兰语言学家马林诺夫斯基

(Malinowski）提出。他将语境分为两类，即文化语境（Context of culture）和情景语境（Context of situation）。文化语境指说话人所处的社会文化背景，情景语境则是言语行为发生的具体情境。在马林诺夫斯基的影响下，弗斯（Firth）创立了相对完备的语境理论，认为语境除了包括语言本身的上下文以及在语言出现环境中人们所从事的活动之外，整个社会的环境、文化信仰、参与者身份地位和经历，以及参与者之间关系等都应该算为语境的一部分。[①] 语境在汉语情态的表达过程中至关重要：在语义情态的表达中，语境起到了对情态助动词多重词义的选择与消歧作用；在语用情态的表达中，语境则主要用于协助听话者做出语用推理。

（一）语境对多重词义的选择与消歧

在语义性质情态的表达里，语境主要用于对多义情态助动词的不同词义做出选择。例如：

(26) a. 车<u>应该</u>停在地下车库。
   b. 地面上一辆车也没有，车<u>应该</u>停在地下车库。
   c. 按照要求，车<u>应该</u>停在地下车库。

在例（26）中，（26a）本身有歧义，"应该"可以被理解为是表达义务义"情理上必须如此"的"应该$_1$"，此时发话者认定"车停在地下车库"是必要的或必须如此的；当然，"应该"也可以被理解为是表达认识义"估计情况必然如此"的"应该$_3$"，此时是发话者主观推测"车停在地下车库"是必然的。但是在语境作用下，这种歧义能够得到消解，显然例（26b）中的"应该"是"应该$_3$"，而例（26c）中的"应该"是"应该$_1$"，语境对"应该"的多重词义起到了选择作用。不过这

---

① 斯珀波和威尔逊在《关联理论》中将用来解释话语所需要的一套前提（不包括话语本身所传达的假设）称作"语境"，即"认知语境"，其理论背景来自弗德（Ford）的认知理论。"认知语境"的内容非常广泛，其构成主要包括三个部分：1. 情景知识（具体场合）；2. 上下文（工作记忆）；3. 背景知识（知识结构）。从构成上说，"认知语境"不仅包含了传统语境内容，也包括了交际者的"定识"内容。在本书中我们采用传统语境观，暂不将"定识"纳入其中。

种情况并不是我们主要关心的问题，我们更为在意的是下面这种情况。

(二) 语境协助听话者展开推理

在表达语用性质的情态时，语境主要用于协助听话者展开语用推理，以获取超越于字面上的语用情态义。这种协助可用于情态义的跨类衍生、由非情态义衍生情态义，以及情态语义等级提升的三类衍生之中。首先是情态语义等级提升的类型，请看：

(27) 半斤白酒他一口气就干了，他能喝。

例(27)中的"能"很容易会被认为是表示"善于做某事"，即表达"他"是"擅长喝酒"的。这也是语用含义，它产生于听话者在语境中的推理。如果去掉特殊语境，则语用含义也会被消除。比如：

(28) 他的胃炎已经好了，他能喝。

显然在例(28)中，"能"表示"有能力做某事"，而"擅长喝酒"就被取消了。相比来看，例(27)中"善于做某事"的语用含义可以是源于听话者基于上下文语境"半斤白酒他一口气就干了"的推理，这正是"擅长喝酒"或者说"具备高水平喝酒的能力"的具体表现。如果将该信息句替换为同样表现"擅长喝酒"的其他小句，那么一样也可以促使听话者推理出这种语用含义。比如：

(29) 在拼酒上他可是无人能敌的，他能喝。

可见通过语境的作用，情态的语义表达能够有机会获得在程度等级上的提升。不过在更多情况下，借助语境也常常可以协助听话者从字面上的一种情态义推出另一种情态义。比如：

(30) 他家的小吃非常有名，你可以尝尝。

例（30）中的"可以"很容易会被认为是表示"值得做某事"，进而这句话表达的是发话者在对"他家的小吃"作推荐，认为是"值得尝尝"的。不过这也是语用含义，"可以"实则是表示"允许做某事"的"可以$_3$"。请看：

(31) 等汤熬好了，你可以尝尝。

当去掉特殊语境之后，例（31）句中的"可以"表示"许可做某事"，而"值得尝尝"义在这句话中就被取消了。同样地，例（30）所表示的"值得做某事"的语用含义来源于听话者基于上下文语境"他家的小吃非常有名"的推理，这也是语境协助推理语用情态义的具体表现。

最后，在由非情态义衍生情态义的推理过程中也经常需要借助语境作用。比如：

(32) 看目前这大环境，房价要跌。

在例（32）中，"要"实际表达的是将来时间意义而非情态义，但全句却仍能够表达出"房价有可能跌"的认识情态义，这在一定程度上也是由于受到语境的影响。若去掉特殊语境，则认识情态义也将消除。请看：

(33) 房价确实要跌。

相比之下，例（33）不再表达"有可能"义。反观例（32），"有可能跌"的意义来源于听话者基于上下文语境"看目前这大环境"的推理，也正是语境直接提供了做出推理的证据。总而言之，语境在情态义的表达过程中扮演着重要角色，能够在三类语用情态的衍生过程中都发挥出重要作用。

二 定识

依据斯珀波和威尔逊（汉译本，2008：2），所谓"定识"也就是被当事人在主观上当作事实的思想，其本身也就是当事人自己所认定的客观事实的内容。与命题不同，命题是可以确定真值的思想，可真可假，而定识从认知上说不应该是假的。① 听话者通过调用并扩展自身的认知语境来处理"明示—刺激"信号以获取发话者的交际意图，而认知语境也正是处于交际者头脑中已经被内化的多种定识内容之集合。"定识"在语用情态的推理过程中也扮演着重要角色，所起到的作用主要有两点：一是补充用于推理的前提信息，二是形成定识冲突以诱发语用推理。

（一）补充推理前提信息

在表达语用情态意义的过程中，话语在字面上有时也会暗含一些并未被言明的额外信息，它们所传达的意义内容也是语用推理所依据前提意义中重要的组成部分。即使这些重要信息并未被直接言明，听话者也仍能够顺利地展开推理，原因在于听话者自身的既有"定识"可以对这些隐藏信息予以补充。"定识"所发挥的这种补充信息的作用常用于情态义的跨类衍生以及由非情态义衍生情态义的两类语用性表达类型中。首先是情态义跨类衍生的情况，请看：

(34) 这件事他<u>能</u>知道。

例（34）中的"能"并不表示认识情态的"有可能"，但这并不妨碍听话者可以基于全句推出"这件事他有可能知道"的意义。在推理过程中，听话者的"定识"对作为推理前提的逻辑式起到了"丰义"（enrichment）作用。如果在听话者的"定识"中，发话者口中的"他"是个八面玲珑且具备打探各种消息的能力之人，那么听话者可以据此来直接推断出"他"早晚是有可能知道这件事的；同样地，在听话者"定

---

① 当然，被当作事实的思想也可能有假，不过那也只是认知上的错误。

识"中,如果"他"是被允许知道这件事的,即他对此事有知情权,那么也可以推出"他"将有可能最终会知道这件事。基于听话者"定识"的不同,表达"有可能"义的语用性认识情态也便能实现基于能力情态或义务情态的跨类衍生。不过除此之外,"定识"也常用在由非情态义到情态义的衍生过程里。比如:

(35) 你再熬夜下去身体要垮的。

例(35)中的"要"实则表达的是将来时间义而非情态义,但之所以听话者可以基于字面上的表义很容易推理出认识情态的"必然"义,主要也是因为其"定识"充盈了推理前提。因为"如果不能得到充分休息身体就会出毛病"已经是储存于交际者"定识"中的必然性经验,依据这一经验,听话者完全可以通过推理而认定"再熬夜下去身体将垮掉"将是必然会出现的结果,由此实现了从"将来"向认识情态的跨范畴衍生。

(二) 形成冲突诱发语用推理

除了补充缺失的前提信息外,"定识"最主要的作用还在于形成认知冲突以诱发语用推理。当听话者接收到了"明示—刺激"信号,若其传达的信息内容与自己的既有"定识"相悖,那么通过推理寻找最佳关联的整个认知过程也就被激活了。利用定识冲突引发语用推理的情况常被用于情态义的跨类衍生以及情态语义等级的语用性提升过程之中。首先是跨类衍生的情况,请看:

(36) a. 这出戏可看。
b. 这份机密文件可看。

例(36a)句中的"可"也很容易被当成表示"值得做某事",因此认为这句话表达的是"这出戏值得看"。但实际上,"可"是表"情理上许可"的"可$_2$",整个句子从字面上表达的也仅仅是"这出戏允许看"。但同样人们之所以会将语用含义"值得做某事"误当成句中

"可"的词义且也并未意识到有何不妥,也是由于人们在对语言信息解码的过程中无意识地展开语用推理的结果,而诱发推理的原因则在于既有"定识"与话语信息产生了冲突。在例(36a)中,发生冲突的双方是听话者对"看戏"的有关定识与"可$_2$"表达的词义"情理上许可",因为依据常规定识,当某人如果想去看戏只要自行买票即可并不需要得到谁的特别"许可"才能去看,并且发话者实际上也并没有实权去"许可"听话者去看戏,因此话语所传达"允许看戏"的信息与听话者的既有定识产生了冲突,这使得听话者明白发话者可能传达了额外的意义,进而促使自己展开语用推理以寻找新的最佳关联,获取到"在发话者看来,这出戏是值得去看的"语用含义。相比之下,例(36b)就不太容易被理解成"这份机密文件值得看",它表达的就是字面意义"这份机密文件(被)允许看"。之所以该句不容易产生"值得"义也正是因为话语所传达的字面信息与听话者的既有定识已经吻合,即"在一般情况下,若要看机密文件都是须要获得上级许可或批准的"。听话者既然已经直接寻找到了最佳关联也就不会再付出更多的心力去展开进一步推理。可见,正是通过"定识"上的冲突,语用性的价值情态也便基于义务情态实现了跨类衍生。

除了作用于情态跨类衍生的情况外,通过定识冲突引发的推理也常用于情态语义等级的提升过程中。比如:

  (37) a. 这个男人,<u>会</u>干活儿。
     b. 这个男人,<u>会</u>开车。

在日常表达中,例(37a)也经常会被人们直接理解为"这个男人擅长干活儿",但话语中的"会"实际表达的词义是"有能力做某事(或懂得怎样做某事)",因此全句在字面上的意义也仅仅是"这个男人有能力干活儿(或这个男人知道怎样干活儿)"。人们之所以会容易将"善于做某事"误当作例(37a)中"会"的词义也是因为无意间做出了推理,其产生也是基于定识冲突。在该例中,冲突的双方是"普通人均具备过干活儿的基本能力,而这通常无须被特别强调指出来"的定识，以及在话语中发话者对"这个男人具备干活儿能力"的特别强调。这种冲突提示了听话者此处传达了额外的意义，即"这个男人所具备的干活儿的能力比普通人更强"，因此也就获取到"善于干活儿"的语用含义。相比之下例（37b）就不太容易被理解成"这个男人善于开车"，因为话语传达的字面信息与听话者的既有定识已经吻合，即"开车并非一项每个人都掌握了的基本技能，而是需要经过特别学习才能获得的，因此即便被特别指出并强调也不为过"。听话者此时既然已直接寻找到了最佳关联，也不会再付出更多心力去展开下一步推理。

总而言之，话语中的某些语言成分可以唤起听话者某些相关的既有"定识"，它们在听话者展开语用推理的过程中也起到了很大的作用。从认知语言学的角度上解释，与同一概念相关的多个定识常常会以"模块"的方式储存于交际者的头脑中，当其中某个定识被话语信息唤起，相应模块中的其他一系列定识也将被一并激活，这些被激活的定识可以对理解话语意义起到信息补充和形成定识冲突的作用，可以促进听话者展开推理并最终获取语用情态意义。

三　多种语用推理模式

话语在字面上传达的意义以及依靠语境和相关定识补充的缺失信息构成了相对完整的前提意义（即"完整的命题式"），基于这个前提意义获取语用情态意义还需要配合具体的语用推理过程。

在关联理论中，语用推理（inference）是一个非常重要的核心内容。斯珀波和威尔逊所提到的被用于日常语言表达中的语用推理是一种"非论证性的演绎推理"（non-demonstrative inference），这种推理是从一个假设推导出另一个假设，直到在话语中找出最佳关联。"给定言者的话语，单凭词语和句法所提供的编码信息而得到的真值条件语义解释是未确定的（underdetermined），听者需要借助隐性推理机制，从言者话语推导出显义（explicature），即话语语句自身的完整命题内容，进而推出更多的命题——高阶显义（higher-order explicature）[即命题态度（propositional attitude）]和可能存在的寓义（implicature）"。（蒋严，2002：18-19）这类日常语用推理又与形式逻辑推理存在差异。徐盛桓（1991）认为，语用推理所具备的特点包括有既注重理性思维又注重非纯理性的思维相结合，是同语境相结合的一种动态推导，不排除主观经验性附会等；而形式逻辑推理是纯理性的思维活动，体现为一种静态推导，它仅是为了求出客观性的知识。可见，在日常交际中所使用的语用推理（即"非论证性的演绎推理"）与形式逻辑推理并不完全是一回事，其外延相较于形式逻辑推理还要更为宽泛。

关于语用推理的多样模式，熊学亮（2000，2008）、蒋严（2002）、曾凡桂（2004）、江晓红和何自然（2006）等也都有过深入探讨，但就本书所提到的语用情态义衍生方式上说，涉及的推理模式主要可以归纳为以下三种：

(一) 语用性的演绎推理

语用性的演绎推理即借助形式演绎逻辑的框架来支持语用推理过程，并采取删除推理前件保留推理结果的一种推理模式，如 P 通过 P→Q（P 蕴涵 Q）时被删除而得到并保留 Q。这种推理模式主要用于情态义的跨类衍生过程中，包括由"有能力做某事""具备功能被用于做某事"，甚至还可基于"有意愿做某事"等前提意义推理出"某事有可能发生"，其推理过程满足 P→Q 的实质蕴涵（material implication）。依据实质蕴涵的真值关系，只有当后件为假时，整体上的前件推出后件（P→Q）为假，而在其他情况下整个命题均为真。请看：

(38) 小王<u>能</u>说法语。
　　P：小王有能力说法语。
　　Q：小王有可能说法语。
(39) 木头<u>能</u>做家具。
　　P：木头有做家具的功能。
　　Q：木头有可能用来做家具。
(40) 小王<u>要</u>出国留学。
　　P：小王有意愿出国留学。
　　Q：小王有可能出国留学。

在以上例（38）—例（40）中，我们都能依据各自的 P 命题推出 Q 命题，P 在逻辑上实质蕴涵 Q，通过这种演绎推理模式可以实现认识情态的跨类衍生。其实通过以上三例也不难发现，除了在前文中我们着重探讨的能力情态和功能情态之外，意愿情态在逻辑语义中也能实质蕴涵认识情态，可见动力情态类型与认识情态间天然存在着蕴涵推理的关系。

（二）溯因推理

在日常交际中，溯因推理（abductive inference）也是非常重要的一种语用推理模式。关于溯因推理的使用地位，不同学者也有不同看法。比如蒋严（2002）认为，语用推理不过是溯因推理的一种，是溯因原则在言语交际中的具体应用形式。不过江晓红和何自然（2006：16）也指出："由于任何与观察到的现象和有潜在因果关系的现象都可能被作为结论推出，因此，溯因推理存在解释力过强的问题。"但无论如何，溯因推理也常被用于语用情态意义的表达过程，主要运用在情态义的跨类衍生以及情态语义等级的提升这两种衍生类型之中。首先是情态义的跨类衍生，请看：

（41）那篇文章写得不错，很<u>可以</u>读一读。

在例（41）中，"可以"表示的是"情理上许可"，全句的字面表义为"那篇文章写得不错，非常许可（你）读一读"，但这句话却可以传达出"那篇文章写得不错，很值得去读一读"的语用含义。该句中，听话者基于字面义推理出"值得"义也是利用到了溯因推理，那便是听话者明白，只有当发话者认为"那篇文章"有读的价值是值得去好好读一读的时候，他才会做出"非常许可"的举动。再比如：

（42）我<u>敢</u>断定明天有雨。

例（42）句中"敢"的词义是表示"有勇气做某事"，全句表达的字面意义是"我有勇气断定明天有雨"，但这句话却可以引发"我有把握断定明天有雨"的语用含义。因为听话者明白，只有当某人对自己的判断有十足把握的时候，那么他做出"当众宣布自己敢于下如此定论"的行为也便是一种可能出现的结果。换句话说，当众宣布"我敢于断定"的原因也正是发话者心里对自己的断定是"有把握"的。

以上两例均是溯因推理用于情态义跨类衍生的情况。不过除此之外，溯因推理也常被用在情态语义等级的提升过程之中。请看：

(43) 他<u>会</u>玩儿。

该句中的"会"仅表示"有能力做某事（或懂得怎样做某事）"，所以这句话字面上也仅是在表达"他知道怎样玩儿"。但由于发话者特别指出"他"这个人是"会玩儿"的，并且这又与听话者的既有定识"普通人都具备玩的能力而无需被特别强调"形成冲突，因此促使听话者展开推理去寻找最佳关联，进而明白了发话者想要表达的实则是"他擅长玩儿"的意义。换言之，也正是因为"他"相比于一般人来说更"擅长玩儿"，所以才会引出发话者对"他具备玩儿的能力"的特别强调，由此也便实现了能力情态的语义等级提升，这同样也是对溯因推理的直接利用。

(三) 隐性的直觉性推理

所谓隐性的直觉性推理是一种推理速度很快且基本上无须耗费任何努力的无意识推理过程。比如依据一个推理前提"Pat has eaten three of the cakes."（帕特已经吃了三块蛋糕了）人们可以直觉性且快速地推理出结论"Pat hasn't eaten four of cakes."（帕特没有吃四块蛋糕）隐性的直觉性推理模式一般是自动的、无意识的、无须刻意作出努力的思维过程（熊学亮，2000）。本书所提到的很多推理过程都可以归入此列。比如一个情态义跨类衍生的例子，请看：

(44) 这辆车<u>可以</u>坐七个人。

依据前文的探讨，如果将该句中的"可以"视为表"具备功能被用于做某事"的"可以$_2$",那么由该句引发的"这辆车有可能坐得下七个人"便是借由实质蕴涵所支撑的语用性演绎推理得到的语用含义。但在其他语境下,句中的"可以"也同时能够满足"许可"义的表达,即"可以$_3$"。此时,基于这种字面意义获取到的"有可能"语用含义便是利用了隐性的直觉性推理模式。具体来说,当例(44)表达的字面意义为"这辆车被安排允许坐七个人",那么由其引发的"这辆车有可能被安排坐进去七个人"可视为在前者字面意义的基础上一种可能出现的推理结果。简单来看,当某事被许可去做时,无论最终结果是这件事被做了(这件事发生了),又或是这件事没有被做(这件事没发生),这都是遵从义务许可的表现结果,它们统归于"这件事有可能被做(这件事有可能发生)"。因此,由"允许做某事"到"某事有可能发生",二者存在一种顺序上的承接关系,听话者基于前者也完全可以直觉下意识地推理出后者意义,进而实现认识情态的跨类衍生。

除了情态义的跨类衍生外,这种隐性的直觉性推理模式也常用于由非情态义衍生情态义的推理过程之中。比如:

(45)看样子<u>要</u>散会了。

例(45)中的"要"表达将来时间意义,全句字面上的表义是"看样子即将散会"。但这句话可以引发"看样子有可能散会"的语用含义,它产生于处于"将来"时间之上的将来事件"散会"对于交际者的主观不确定性。而与此同时在该句中,这种不确定性又可以进一步由表达主观估计义的短语"看样子"进一步显明。当听话者意识到发话者对自己所做出的论断"即将散会"并不能绝对确定时,便可以直觉性地认为"即将散会"也仅是一种将有可能出现的情况,那么"有可能"的语用含义也就顺应产生了。再比如:

(46)他<u>要</u>比我挣得多。

这也是一个由非情态义衍生情态义的例子,但与上例的不同之处在于句中的情态助动词并不提供具体实在的词义而仅是发挥突出言者主观评价色彩的功能。倘若听话者在不知道发话者和"他"各自具体薪酬的情况下，也会直觉性地认定此时发话者所做出的比较只是他个人估计的情况。另外，加之既有"定识"的作用，薪酬问题属于个人隐私，大概率下发话者也不会那么容易能够得知"他"的具体薪酬，因此听话者便直觉性地明白发话者仅是在表达他个人的一个主观性推测，由此产生了"估计"义，这也是利用了隐性的直觉性推理模式。可见，"要"的出现是展开推理的关键，如果没有"要"加强了言者的主观评价色彩，听话者也会直接将"他比我挣得多"视为发话者对客观事实的直陈。综上来看，隐性的直觉性推理也是语用情态衍生所伴随的重要推理过程，可被用于情态义的跨类衍生以及由非情态义衍生情态义的表达过程之中。

总的来说，虽然听话者对语用情态意义的推理常常是自动的、快速的且无刻意的，但其实已经无意间利用到了诸如语用性的演绎推理、溯因推理，以及其他一些隐性的直觉性推理等多样的推理模式，多样化的语用推理过程也是语用情态义得以衍生的重要语外条件。

四　言语行为

"言语行为"（speech acts）理论的诞生源于奥斯汀（Austin）对逻辑证实主义的批判。19世纪末20世纪初，西方哲学普遍发生了转向，从逻辑实证主义学说转向语言的实际应用。受维特根斯坦（Wittgenstein）"哲学必须直面语言，语言要在使用中发挥作用"的思想所影响，奥斯汀于1955年提出了"言语行为"理论以反对逻辑实证主义，提出了"施为句"无真假但确实有意义的思想，主张"归根到底，我们要阐释的唯一实际现象是在完整的言语环境中的完整的言语行为"。（Austin，1975：147）随后，帕尔默（2001）将"言语行为"引入了情态范畴，成为其情态思想的特色之一。[①]

在日常表达中，借助特定的言语行为也可以用于强化情态的语义等

[①] 帕尔默将言语行为引入情态范畴，主要表现在对义务情态的讨论中，将其分为"指令类"（directives）和"承诺类"（commissives）两种类型。当前学界对言语行为是否属于或者部分属于情态范畴仍有争议。针对这一点我们将在本书的最后章节展开探讨。

级,比如借助"断言"(directives)和"承诺"(commissives)这两种言语行为。请看:

(47) 不听老人言是要吃亏的。

从交际角度上看,例(47)表达的是认识情态"必然"义,即"不听老人言肯定会吃亏"。但实际上我们已经知道了句中的"要"是表达"将来"意义的"要$_4$",因此全句的字面表义实则是"不听老人言是将会吃亏的"。在该句中,认识情态义衍生于将来时间义,句中涉及的将来事件"由于不听老人言而吃亏"正是作为一个非现实事件而具备了"主观不确定性"使这句话可以衍生出"元可能性"的语用含义,即"不听老人言是有吃亏的可能性的"。但是之所以这句话最终能够表达认识上的"必然",实现了情态语义等级的提升,除了是基于"定识"的推理(即"不听老人言,吃亏在眼前"的经验)外,也在于发话者在表述的过程中同时伴随实施了一个"断言"的言语行为,因为当发话者断言某事件将发生时,可推出发话者对所说话语的内容非常确信,也只有如此,发话者才会实施这种行为。再比如:

(48) 地是同样的地,在我们这儿,产量要高得多。

同样地,在例(48)中"要"不表认识情态义而表达主观评价义,我们已经知道当所评价内容对听话者来说如果是不能确定的或者说是一种"非现实"的情况下,听话者可以基于字面上的评价义跨范畴推理出认识情态的"元可能性"义。但之所以这句话最终能表达出发话者的"必然"性判定,认为"我们这的产量比其他地方高这是必然的"意味,也是因为在交际中发话者所伴随实施了一个"承诺"行为,正因为发话者对所说的话语内容十分确信才会自然而然地实施这一行为。另外也能发现,利用"断言"和"承诺"的言语行为在提升情态语义等级的过程中总是伴随了一个溯因推理的过程。换言之,"断言"和"承诺"与发话者对事件的确信态度存在溯因关系。借助这种关系,通过这两种特定言语行为的实施也可以使情态的语义等级获得语用性的提升。可见，对特定言语行为的利用也是衍生语用情态义的重要非语言手段。

综上所述，在汉语情态的表达过程中，尤其是在语用情态的表达过程中都会更加需要利用诸多语义条件和语用条件的多元配合与互动。对此可以做出如下归纳：

   情态表达的语义条件（语内条件）主要可包括：情态助动词、信息提示性词语、构式或固定搭配。
   情态表达的语用条件（语外条件）主要可包括：语境、交际者"定识"、常规语用推理模式、言语行为。

上述诸表达条件分居于语义和语用的不同语言界面，在三类语用情态的衍生过程中都发挥着重要的作用。若从依赖程度上看，在语义条件中，情态助动词是必有项，而利用情态助动词所参与组成的构式或固定搭配也能实现对三类语用情态的衍生；相比之下，信息提示性词语则是选有项，主要起协助推理的作用。在语用条件中，语境和交际者"定识"是必有项，在具体的推理过程中二者至少选有其一便可形成语用情态义衍生的推理前提；语用推理也是必有项，但具体选用哪一种推理模式则主要基于不同的情态衍生类型而定；至于言语行为则是选有项，主要配合溯因推理在提升情态语义等级的过程中发挥作用（参见表7-1）。

表7-1 不同表达条件在三类语用情态义衍生过程中发挥作用的情况

	一 情态义的跨类衍生	二 由非情态义衍生出的情态义	三 情态等级的语用性提升
语义条件（*为必有项）			
情态助动词*	+	+	+
信息提示性词语	+	+	
构式或固定搭配	+	+	+

续表

		一 情态义的跨类衍生	二 由非情态义衍生出的情态义	三 情态等级的语用性提升
语用条件（*为必有项）					
语境*		+	+	+
交际者"定识"*		+	+	+
语用推理模式*	语用性演绎推理	+		
	溯因推理	+		+
	隐性的直觉性推理	+	+	
言语行为				+

第八章

寓于情态表达中的人们认知思维特点

汉语情态意义的表达极具语用性的特点。以情态助动词为表达手段，通过描写情态的衍生路径就会发现，情态意义的传达与获取在很多情况下也需要同时依靠语义和语用诸多条件的相互配合。因此我们认定，一个完整的情态传达过程必然伴随了不同程度的语义和语用界面的互动。洪堡特（汉译本，1999：39）曾指出："语言是一个民族生存所必需的'呼吸'，是它的灵魂所在。"语言是思维的工具，也是各个民族在思想、实践和文化上的"外衣"。语言能够全面地反映出一个民族全部精神活动和生产、生活活动的状态。与此同时，作为认知语言学的基本假设，语言结构也可以体现人们一般的认知能力。就情态范畴而言，它表达的是人们对客观世界的主观认识和判断，是人类内在世界的语言表现。也因此，情态语言不仅具备独特的表达与运作模式，其底层也能够体现出鲜明的关于人们认知方式的人文性色彩，这种色彩就寓于情态语言界面的互动关系之中。本章将从情态的表达模式出发，对寓于其中的人们认知思维特点尝试展开挖掘。

第一节 对"时空关系"的认识

"时间"与"空间"是人类认知领域中的两个基本范畴，而"时间"与"空间"的互动也一直是认知语言学的重要议题之一。在日常语言交际中，我们处处都能够基于语言的组成结构观察到人们对时间与空间互动关系的认识。在情态的表达里，语用情态义的衍生也利用到了时间与空间的互动关系。请回顾下面的例句：

(1) 会议要到月底才能结束。

"要"表达的是"将来"时间意义，发话者在字面上仅在陈述"会议将持续开到月底结束"这样一种存在性的情况，但在"将来"的作用下，事件"会议到月底结束"成为一个具备非现实性的将来事件，由其引发的主观不确定性成为衍生认识情态"有可能"意义的前提。因此我们得出了结论，情态意义是可以借由"时间"概念而被引发的。虽然在当前研究中我们并不把"时"作为一个情态范畴而纳入其中，但"时"与"情态"的关系却错综复杂，因为我们对处在未来的世界状态是不能具有认知的，而只能具备信念（beliefs）。因此，莱昂斯（1977：815）才会指出："作为一个描述未来事件或事态的陈述的意图，必然是一个主观性模态的话语：比起陈述而更像是一个预测。"这也就解释了为何在一些语言中，将来意义的表达形式已经进入了表达纯情态意义类型的领域之中。但其实不仅仅是对"将来"意义的表达，很多语言中的"过去式"形式也不一定就是指称"过去"时间，而是也用于指称情态。请看以下例句：

(2) I thought I'd come with you, if you don't mind.
    （如果你不介意的话，我想跟你一起去。）
(3) If I said that, you would hit me.
    （如果我那么说，你会打我的。）

以上两句都是英语中虚拟意义的表达方式，虚拟语气也属于情态范畴。比如例（2）反映的是说话者的试探性，询问说话者自己是否能够与听话者"一起走"，即询问这种情况是否有机会发生。而例（3）的过去式形式也被嵌入一个"反事实背景"（counterfactual context）之下，即与实际情况相反，一旦"我那么说"之后，便会出现"你打我"这一事件的发生。可见，无论是借助"将来"还是依靠"过去"，在语言中借助时间意义的表达都有机会引发情态意义。那么为何我们可以借助"时间"概念来表达情态意义呢？在前面章节里我们曾提到过一个可能性的解释，即情态义的表达之所以与"时间"存在紧密联系的背后，或许是由于在人类思维中对"时空"概念采取了一体化认知的结果，这便涉及体现在语言结构中的"时间"与"空间"的互动关系。

"时间"与"空间"的互动形式可以包括六种情况：时空相关、时空类比、时空依存、时空隐喻、时空整合以及时空转喻（马书东，2018）。它们分别代表了六种不同的认知思维模式。这六种认知模式也可以在语言的表达中体现出来。

1.【时空相关】关系。即时间和空间在人们认知上可以互相协同。例如：

（4）a. 墙上挂着两张画，一上一下。
　　　b. 天上的飞鸟一上一下。

同样都是"一上一下"的描写形式，但在例（4a）中表述的是两张画在空间维度里一上一下排列的静止状态，而在例（4b）中则是在描述飞鸟的活动情况，即一会儿向上飞，一会儿向下飞，表现为一个在时间的流动过程中动态的演变过程。可以看出，"时间"和"空间"两个概念在语言表达里是能够互相抑制且相互激活的。

2.【时空类比】关系。即时间和空间共享了特定的结构或特征。比如依据高尔顿（Galton，2011），"时间"和"空间"范畴都具备"延展性"属性，进而时间与空间可以基于这一共同属性在语言中进行类比。请看：

（5）a. 汤洒了一地。
　　　b. 孩子们唱了一整个通宵。

在例（5a）中，汤所占据的空间由"碗"到了"一地"，由此实现了汤在空间层面上的延展。而在例（5b）中，"唱"这个动作在时间层面上由一个时间点延展到了"一整个通宵",由此实现了"唱"这个动作在发生时间上的延展。由于"时间"与"空间"都具备"延展性"属性,因此在语言表达中二者也常被以类比对的表述形式出现,比如"一时一地"的表述形式。此时,"时间"与"空间"便被视为了共享量级范畴的一个类比对。

3.【时空依存】关系。即处于时间流中的一个事件在概念上必然预设了一个空间性实体的参与。比如:

(6) 孩子们在院子里跑来跑去。

在例(6)中,如果不存在一个实体"孩子们",也就不存在空间"院子里",那我们也就不能观察到处于时间流中的位移变化"跑来跑去"。因此,处于时间流中的进行性事件必然也会预设空间实体的存在。

4.【时空隐喻】关系。莱考夫和约翰逊(Lakoff & Johnson, 2003)认为,隐喻的本质就是用一种事物去理解和经历另一种事物。利奇(Leech, 1969: 148)也指出,隐喻建立在表达方式的字面意义和比喻意义之间的"相似"(similarity)或"对比"(comparison)概念基础之上,它是一个三项模型,包括:"本体"(被解释成分)、"喻体"(解释成分)和"背景"(对比的基础)三个成分。在时空互动关系中,由于空间相比于时间更为具象,因此通常的情况是人们利用"空间"来隐喻"时间"。比如:

(7) 我只能知道我的身前事,不能知道我的身后事。

在例(7)中,利用空间距离的"身前"和"身后"来隐喻"人活着的时候"与"人死去之后"的时间阶段,这也是语言中经常可见的表现方式。

5.【时空整合】关系。即两个或多个现实的时空事件整合成为一个想象或虚拟的时空事件。例如:

(8) 说来说去，还是那么几句话。

在例（8）中，将两个现实中的时空事件"说"和"来去"相整合，一起构成了一个虚拟行为"说来说去"的表达。

6.【时空转喻】关系。即"时间"与"空间"的相互通达，这种通达以经验的相关为基础。我们认为，语言中借由时间来表达情态意义主要是利用了时间与空间范畴之间的转喻关系。在具体展开之前，我们先来看看"转喻"（metonymy）。

莱考夫和约翰逊（2003 ［1980］：35）将"转喻"界定为通过一个实体指称另外一个实体。例如：

(9) The Times has not arrived for the press conference yet.
［《时代》（的记者）还没有来参加新闻发布会。］

在例（9）中，以"The Times"（《时代》）来指代该杂志的，实现了由杂志指称记者的转喻。我们能够发现，转喻的实现要求两个物体间要具备相关性，而"时间"与"空间"也具备这种关系。霍金（Hawking, 1988）认为，时间不可能完全独立于空间，而是与空间形成一个称为"时空"（space time）的实体。这就为"时间"与"空间"之间的转喻建立了基本联系，即二者之间的转喻可视为同一整体中的两个部分彼此间的转喻关系。例如：

(10) 小王从上海一路睡到了北京。
(11) 墙上钟表的时针转了一圈，可她还是没有回家。

在例（10）和例（11）中，分别是利用了空间距离"从上海到北京"的路程以及"钟表的时针转一圈"的距离来指代走这一段路程以及转这一圈的距离所花费掉的时间，这便是由"空间"转喻"时间"的情况。再比如：

(12) 从徐州到苏州的火车有6个小时的路程。
(13) 我炒一个菜的功夫他就到家了。

在例（12）和例（13）中，分别是利用了"火车从徐州开到苏州"的时间以及"我炒一个菜"的时间来指代徐州到苏州的两地距离和"他"距离回家路程的长短，这便是由"时间"转喻"空间"的情况。可见，"时间"与"空间"经常能够在语言里实现转喻性的表达。另外，汉语中也经常可见利用时间框架组构空间内容的表达形式。比如"时疏时密""时宽时窄""时而蜿蜒时而陡峭"等，虽然有"时"的出现，体现了时间的流动过程，但都是在讲述空间的布局情况，这也是利用了"时间"对"空间"的转喻。其实从情态的表达来看也是如此。情态所具备的"非现实性"基本特点要求其所描述的事件是一个想象中的事件情景，而想象事件的展开必然预设了一个"想象领域"或者"可能世界"。因此，通过对事件在"此刻"之外的其他时间点上展开语言阐述而使之变为想象事件的同时，必然就附带地通过话语展开了一个供时间流动和事件发展的临时性的想象的世界空间，进而，表达与"想象领域"有关的情态范畴也便有机会通过借助对"过去"和"将来"时间维度的阐述以转喻的方式被呈现出来。

在先前的讨论里我们也曾提到语言中可能存在这样一个普遍性的问题，那便是无论何时，当一个时制形式缺乏时间上的指称力度时，那么它便可能是表达了情态。汉语表时间的"要"即是如此。又如英语虚拟意义的表达，以及法语中"意愿"和"使令"意义的表达等也都是这种情况，这也是当前我们难以解决的一个探讨"时"与"情态"间关系的前沿性问题。但是也能看到，在"时间"与"空间"的转喻过程中似乎也存在着一定的负相关性。比如，当一个可以同时表达"时间"意义和"空间"意义的词在具体使用中如果突出表达了"时间"意义时，则它的"空间"意义特征就会被削弱。反之，如果突出表达了"空间"意义，则其"时间"意义特征就会被削弱。比较典型的例子是汉语词汇的名动互转问题。例如"发展"一词，请看：

(14) a. 这个社会正在发展着。
　　　b. 社会的发展。
　＊c. 社会的发展着。

在例（14）中，"发展"可以凸显为事件运动的时间过程，此时后面可以添加表示持续体意义的助词"着"，如例（14a）。另外，"发展"还可以凸显为空间中的实体对象，此时"发展"表示的是"发展成果"，因此可以受到定语修饰，前面可以出现表示定中关系并能够标记实体化意义的助词"的"，即例（14b）。但是，当"发展"凸显为空间实体时，却不能再后置"着"了，如例（14c）。这说明"发展"从动词到名词的转换，或者说在从突出时间过程到突出空间实体的转换中伴随着[＋持续]特征的丢失。由此可见，概念间的转喻并不仅仅是简单地从一个概念指向另一个概念，其间也涉及"时间性"与"空间性"的负相关性，二者呈现出此消彼长的状态，那么这也与时间指称词"如果不突出表达时间意义便会突显表达情态意义"的特点存在内部的一致性。

总而言之，转喻是人们认识世界和表达世界的一种重要的认知思维模式，也是人们的认知工具，它寓于语言表达的方方面面。依托"时间"概念表达语用性情态意义的衍生方式便是对时空转喻关系的直接利用，体现了人们对"时空"概念采取了一体化认知的思维模式特点。

第二节　从"Realis"到"Irrealis"的"事件框架"

我们曾提到在情态类型的设立中，帕尔默对动力情态的情态地位产生过质疑，认为动力情态并不具备"主观性"特征，其表达的内容看起来更像是对事实（factual）的非情态性陈述。比如以"John *can* speak Italian."（约翰能说意大利语。）为例，帕尔默认为这句话并没有表达发话者个人的主观看法或态度，而仅是在对"约翰有能力说意大利语"这一客观事实展开事实性的直陈。对此我们给出的解释是，如果发话者确实仅是在对其自认定的"某人实际上确实具备做某事的能力"（即约翰确实有说意大利语的能力）展开客观事实上的直陈，那么此时不表达情态；但如果发话者并不是在直陈这一客观事实，而是在表示某人因为有能力而会导致某个事件有潜在性发生的情况（即约翰因为有能力而使得他说意大利语这件事在某时某地有机会发生），那么此时便表达了情态，虽然这两种意义都依托了相同的语言形式表达出来。请看：

(15) 甲：约翰能说意大利语吗？
     乙：约翰能说意大利语。
(16) 甲：明天要接待一个意大利贵宾。
     乙：约翰能说意大利语。

在例（15）中，回答者乙仅是在针对甲的提问作回答，此时乙在直陈一个客观事实，并不涉及"主观性"和"非现实性"的意义内容，因此并不表达情态。但在例（16）中，乙的回答实际上传达的是约翰在明天有能力去跟意大利贵宾通过说意大利语而实现接洽，即表达出"约翰说意大利语这件事在明天有机会真的发生"，这种意义具备"主观性"特点，而且所涉事件也包含了"非现实性"特点，进而便表达了情态。其实不仅仅是能力情态，其他类型的动力情态也皆是如此。比如意愿情态和勇气情态等的表达情况，请看：

(17) a. 甲：小王有什么打算？
        乙：小王要出国留学。
     b. 甲：这个项目交给小王做吧。
        乙：小王要出国留学。
(18) a. 甲：小刘敢徒手抓老鼠吗？
        乙：小刘敢徒手抓老鼠。
     b. 甲：我看到仓库里有一只大老鼠。
        乙：小刘敢徒手抓老鼠。

在上述两组例句中，例（17a）和例（18a）中的乙均是在针对甲的提问做出直接性的回答，默认为是在直陈客观事实。不过在例（17b）和例（18b）中，乙做出回答的目的并非在于直陈一个客观事实，而是在表达所提到的事件"小王出国留学"和"小刘徒手抓老鼠"是可以有机会发生的，这两例满足情态的特点，表达了情态意义。据此我们不难发现，动力情态的表达过程实际上是通过表面言说一个现实性的实际情况来表达一个事件有机会发生。换言之，是利用表面上的"现实性"（realis）表达作为一个前提条件来凸显最终可以出现的"非现实性"（irrealis）结果的过程，这种认知思维模式正是对"事件框架"（event frame）的利用。

"框架"（frame）这个概念最早是由查尔斯·菲尔莫（Charles Fillmore）于20世纪70年代中期引入语言学领域。菲尔莫（Fillmore, 1975）第一次引入"框架"概念时，将其定义为能与场景的原型实例建立联系的语言选择的任何系统——最简单的例子是词的组合，也包括语法规则和语言范畴的选择。随后菲尔莫（1985）又说，框架是知识的统一特定框架，或经验有机的系统化。之后，菲尔莫（1992）将框架看作认知结构，为编码为词语的概念所预设的知识。所以从一开始，"框架"就被认为是语言概念，而现在又从认知上得到了重新解释，即每个句子都通过选择动词和它所管辖的特定句法形式来激活一个场景中的某个认知视角。对此我们可以理解为，"框架"是指在理解某一个概念时所需要的所有背景知识，既包括语言知识也包括非语言知识。相比于简单的框架来说，复杂框架中有时也会包含若干个子框架，如果这些子框架彼此间能够依据时间结构排列，便会进入"脚本"（script），形成一个关于"事件序列"（event sequences）的知识结构，由此便可以得到一条"事件框架"。关于[乘坐飞机飞行]事件框架的概要参见表8-1。

塔尔米（Talmy, 2000a：259）对"事件框架"的界定是："被一起激活或被互相激活的一组概念成分及其相互关系，它可以被认为存在于一个事件框架中或构成了一个事件框架，而那些被认为是次要的成分——不管它们是被微弱的激活或根本未激活——则在该事件框架之外。"借助事件框架，我们就可以很容易理解动力情态的表达过程。以

表8-1　　　　[乘坐飞机飞行]的事件框架

1.登机前	到飞机场→办理值机→过安检→寻找登机口→等待登机通知
2.飞机上	起飞前：登机→寻找座位→放行李→坐下并系好安全带→听安全须知→起飞 飞行中：用餐→与邻座聊天、睡觉、阅读、看电影等→上洗手间→系安全带→降落 降落后：解开安全带→起身拿行李
3.飞机落地	下飞机→取行李→出机场

能力情态的表达"约翰能说意大利语。"为例，我们尝试拟构了一个粗略的事件框架，其概要如下。请看：

表8-2　　　能力情态[约翰说意大利语]事件框架

事件框架各阶段	例句："John can speak Italian." (约翰能说意大利语。)
1.事件主体具备能力条件	1.约翰懂得怎样说意大利语。
2.外力条件引起事件发生	2.主管找约翰谈话请他接待外宾。
3.事件主体决定行动	3.约翰同意接待外宾。
4.事件链的中间次事件	4.约翰穿好衣服，整理好发型……走入会场，见到外宾。
5.最终结果	5.约翰与外宾用意大利语展开交流。("约翰说意大利语"这件事有机会真的发生)

我们发现，在整个事件框架中，第1阶段是现实性（realis）的表述内容，从第2阶段开始是在经历发话此刻时间点之后的时间历程，所预设的事件将有机会在"将来"时间段上展开，进而使得第5阶段也就是最终结果具备了非现实性（irrealis）的特征，成为一个有机会发生的事件结果。因此，能力情态意义的表达实际上是通过对首阶段的"现实性"表述来预示或者唤起尾阶段的"非现实性"结果的过程，而以能力情态为代表的整个动力情态类型的表达在本质上也均是基于这一认知的

思维过程。

在一个事件框架中，通过对事件首阶段的表述是可以唤起对整个事件框架的预期的。这也证明了在动力情态的表达中，通过对首阶段"现实性"的表述而唤起尾阶段"非现实性"的结果是具备可行性的。请看：

（19）小张走进一家小酒馆。
　　　他向服务员点了一杯啤酒。
　　　他付了钱离开了。
（20）＊小张走进一家小酒馆。
　　　他看见了一位服务员。
　　　他站起来离开了。

人们对例（19）描述的故事在理解上会更加自然顺畅，是因为它符合我们已经内化了的［去酒吧喝酒］的事件框架。但是相比之下，例（20）所描述的故事并不符合首句（即事件链的第一阶段）所唤起的对整个事件框架的预期。同样地，在动力情态的表达里，比如仍以"约翰能说意大利语"为例，我们也是通过对第一阶段"约翰懂得怎样说意大利语"（或"约翰有说意大利语的能力"）开启注意力视窗（windowing of attention）[①]，由此来唤起对处于事件框架最终阶段的预期，而中间内容都是被隔断（gapping）的。

由此我们能够认为，汉语动力情态的表达过程实际上蕴含着一种"事件框架"的认知思维模式，这种认知模式的产生基于人们对客观世界的观察，以及对处于客观世界中事物之间关系的基本认知之上所形成的认知结构，同时这也是人类经验和理解中的一种联系抽象关系和具体意象的组织结构。

---

① 塔尔米（Talmy）将这种凸显事件框架中特定部分的认知过程称为"开启注意力视窗"。对于相反的过程，即没有被突出的特定部分，或者说忽略了的某些部分则称为"隔断"。

第三节 对"省力"的追求

徐盛桓（1996：26）曾指出，"语言表达在许多情况下都是不完整的，如果任何表达都要完整，那么语言交际将会成为不堪负荷的过程"。现代社会的快节奏发展引起的匆忙感使得人们在说话时越来越追求简单和经济。在日常交际中，我们经常会采用不完整的或者说更为简洁的表达方式，但这种表达方式也并不会影响到人们彼此之间对语言所传达信息内容的理解。比如表达高等级能力情态义的经典例句：

（21）这个女人会说话。
（22）他能吃能喝。

以上两例是在汉语语用情态表达中通过借助元等级的情态语义衍生高等级情态语义的表达模式，这就是利用简洁的语言形式传达更为丰富信息内容的典型例子。从字面上看，虽然发话者只是在直陈这个女人"具备说话的能力"以及某人"具备吃和喝的能力"，但这并不影响发话者传达出这个女人"善于交际"和这个人"善于吃喝"（即"吃得多喝得也多"）的意义，并且这种意义也能被听话者直接获取而无任何障碍。设想一下，如果我们不采用这种简洁的形式而是选用一种能够覆盖全部信息内容的更加完整的语言表达形式来进行传达时，则可能会是以下的情况。比如发话者此时可能会说：

（23）这个女人相比于一般人而言更加擅长交际。
（24）他相比一般人而言在吃喝方面都表现得更加突出，吃得多喝得多。

很显然，例（21）和例（22）的表达方式相比于例（23）和例（24）来看，使用了更少的语言材料，并且也更少地占用了表述时间，但其所传达的信息内容却并没有任何损失，相比之下这种表述更为经济，对发话者而言也更为省力，这就是语言交际中人们所遵从的"省力原则"（也称"经济性原则"）的直接体现。法国语言学家马蒂内（Martinet, 1955）曾指出，在语言的交际过程中存在着一种能够促使语言运动和发展的力量，这种力量来源于隐藏在人们交际和表达之中的表现在体力上和智力上的自然惰性的冲突。其实，人们在交际中无时无刻不在尝试利用更为简洁高效的方式做出更为省力的表达，而"省力"或者说"经济"也正是产生诸如例（21）和例（22）表达方式更深层的动因。

西方学界对语言经济性思想的追求可追溯至 17 世纪。当时随着各国交流的增多，出现了很多翻译和语言上的障碍，促使哲学家们思考创造一种"世界性语言"的想法。为了构建完美的人工语言，哲学家们提出语言结构应遵循"经济性"原则。如法国哲学家笛卡尔（R. Descartes）在 1629 年提出人工语言必须只能有一种变位法、变格法和构词法，并提出"一般人借助词典可以在六个月内掌握这种语言"的最终评价目标，这是追求语言"经济性"的最早体现，而这一思想也开始得以继承、延续与发展。19 世纪 70 年代，以保罗（H. Paul）为代表的青年语法学派提出，语言是朝着更加方便、简化和节省力气的方向发展的；法国语言学家帕西（P. Passy）在 1890 年提出了语言演变的"最少用力原则"；丹麦语言学家叶斯伯森（Jespersen）于 1922 年提出的"省力说"，即评价一种语言是不是"好的语言"，要看说话人在言说时是否费力最小而听话人却能收获最佳效果；等等。以上这些都是语言"经济性"思想的延续和发展。至 1942 年，美国哈佛大学学者齐波夫（Zipf）提出了一条指导人类行为的根本性原则，即"省力原则"（the Principle of Least Effort），表述为用最小的代价获得最大的收益。齐波夫（1949）认为，如果在所有其他情况均等的前提下，人类的行为都将会遵循一条最为省力的路径。语言的经济性可以从两个角度进行分析。从说话人的角度看，如果能够用一个词表达所有的意义，这对自己来说是最为经济的，因为此时说话人不需要再花费更多的努力去掌握其他的词，也不需要考虑该如何从一堆庞大的词汇群体中选择出一个最合适的词，这种"单一词词汇量"可以满足多种用途。但是从听话人的角度看，这反而是最为费力的，因为听话人要考虑这个词在某一个具体特定的场合中表达了什么意义，这几乎是不可能的。相反，对听话人而言，最为省力的则是每个词都只有一个意义，在词汇中实现词的形式和意义一一对应。这两种经济性原则是互相冲突和矛盾的，齐波夫把这种冲突叫作一条言语流中的两股对立力量，即"单一化力量"（the force of unification）和"多样化力量"（the force of diversification），只有当这两股力量达成平衡才能实现真正的"省力"和"经济"。马蒂内（Martinet, 1955）也曾谈及这一原则，将其称为"经济性原则"（the principle of economy），并将其与"交际需要"（the requirements of communication）对应起来。马蒂内认为，"经济性原则"与"交际需要"是构成语言经济的两个主要因素，即说话人既需要传递自己的信息，又要尽可能减少自己在脑力和体力上的损耗，这种思想与齐波夫完全一致。

不难发现，"省力原则"在后来很多语言理论的发展和变革中其实都有所体现。比如美国语言哲学家格莱斯（Grice, 1975）所提出的"会话合作原则"中关于"量"的准则中的"信息不过量"；美国语用学家霍恩（Horn, 1984）基于"省力"的需要而将"会话合作原则"简化为两条，即 Q 原则和 R 原则；还有美国语言学家乔姆斯基（Chomsky, 1977）提出的"最简方案"，也是以最经济的步骤满足系统的要求。"省力"在语言表达和人类思维与认知活动中都有体现，这也是人的一种本能体现，其发挥作用的可行性在于人的思维速度要远远快于语言表达的速度。基于齐波夫对"单一化力量"和"多样化力量"的区分，我们可以将用于语言交际中的"省力"区分为"表达上的省力"和"理解上的省力"。"表达上的省力"是发话者所追求的内容，即在语言输出时尽可能地采取省力策略；"理解上的省力"是听话者所追求的内容，即对听到的语言形式进行解码的过程中尽可能做到省力。为了实现交际的顺利推进，只有两方通过妥协达到最优平衡才是最为经济的交际方式，这便要求发话者在发话时要最大限度地对已知信息进行缩减，在能够实现交际目的的前提下尽可能省略掉一些信息，而这些信息也必须是可以在语境中或者在听话者的既有"定识"中能够被补充出来，具备一定程度上的可恢复性（recoverability），否则也只会弄巧成拙。以例（21）为例，在"这个女人会说话"中，被发话者省略掉的信息至少包括：

  (25) a. 正常人都具备说话的能力。
    b. 发话者所提到的这个女人听话者也认识。
    c. 这个女人是个正常的人。
    d. 此时我们正在将这个女人的说话能力和其他一般人展开比较。

  以上被省略掉的信息也完全可以在听话者的既有"定识"中获得补充，因此听话者可以快速获取到发话者所要表达的意思其实是在强调"这个女人善于交际"。可如果缺失信息不能被有效补充，反而可能会使交际变得更加"费力"。设想下述语境，如果听话者乙根本不知道发话者甲所说的"这个女人"究竟是谁，又或者乙虽然知道"这个女人"是谁，但由于接触不深，在乙的印象中"这个女人"原本一直是个腼腆害羞且不善言辞的人，那么甲和乙的交际过程也会更加麻烦。请看：

  (26) 甲：这个女人会说话。
    乙：你说的哪个女人啊？
    甲：还能有哪个女人，就是住村口那个带着仨孩子的寡妇。
    乙：你是说她很会说话吗？
    甲：她很擅长交际。
  (27) 甲：这个女人会说话。
    乙：我知道她不是哑巴。
    甲：我知道你知道她不是哑巴，我的意思是她其实很善于交际。

  以上仅是针对发话者实现"表达上的省力"而提出的要求。若针对听话者而言,"理解上的省力"的实现除了要求听话者具备相应的能够补充话语缺失信息的"定识"外,还可以包括对特定话语形式所具备的经验性把握,就好比人们将对客观世界的认知以"框架"或"经验"的形式储存于大脑中,当认识新事物时便会直接从旧有"经验"出发帮助快速地理解新鲜陌生的事物。在语言交际里,听话者也可以对这种模式加以利用。比如,当某种特定的超越于字面之上更为丰富的意义频繁地借助某种固定但简省的语言结构形式做出表达时,那么这种"丰富意义"与"简省形式"便可潜移默化地在人们的思维过程中以认知模块的形式获得绑定并储存。之后,当听话者在某时某地再度听到类似的简省性表达时便也能更为"省力"地通过对已有模块的直接套用而获得"丰富意义",实现"理解上的省力"。请看:

(28) a. 他能吃能喝。
b. 他能睡。
c. 这个女人会说话。
d. 小王这人会拍领导马屁。
……
(29) 她这个人,能交际,会张罗事儿。

通过例(28)可以看出,高等级的能力情态义可以凭借元等级能力情态义的语言形式被频繁地表达出来,但这种语言形式也具备一定的特征,那就是事件活动 V 通常是人们与生俱来的,或者并不需要在后天特别去学习就能够掌握的"常规动作",进而"能/会"与"V$_{常规动作}$"的搭配形式便与高等级的能力情态义绑定并以认知模块的形式储存于听话者的大脑中。在后续交际里,当听话者再度听到类似语言表达形式时便会直接利用已有经验做出直接性的省力理解,轻易地获得高等级能力情态义。正如例(29),听话者可以直接获取"擅长交际"和"善于张罗事儿"的意义。同样地,在基于特定构式的形式之上获得语用情态义的过程也是一个典型"理解上的省力"的例子。请看:

(30) a. 我敢断定明天下雨。
　　　b. 我敢担保房价要涨。
　　　c. 我敢发誓我从未见过这么美丽的姑娘。
　　　d. 我敢打赌他现在肯定不在家。
　　　……

(31) 我敢说他乐于接受这个任务。

通过例（30），在日常交际中"对做某事有把握"这种意义可以频繁地凭借"我敢 V$_{定论}$"的语言形式得到表达，久而久之在交际者的认知模式中，"把握"义也便与这一特殊结构获得绑定，实现了语用义固化为构式义的过程。当听话者再次听到这一结构时便可以凭借这种经验上的绑定直接做出省力性的理解。如例（31），当听话者识别出发话者所谓的"说"也仅仅只是在作一个定论，那么凭借经验会直接获取到"有把握"的意义。

总之，"省力"是人的本能，是人们在展开认知过程中的一种心理价值追求。在言语交际中的交际者无论是在信息编码和输出又或是信息接收和解码的过程中都会无意识地遵循"省力"原则。反过来说，言语交际的双方也在有意识地利用"省力"的思维模式推动并实现言语交际的高效和顺利进行。

第四节　注重"直觉"

人的思维活动可以分为两类：一类是逻辑的、推理的，一类是经验的、直觉的。前者强调思维的严整性和证明的纯粹性，是一种闭合收敛的思维模型；而后者的特点是形象性和模糊性，是一个具备创造性和开放性的思维模型（吾淳，1998）。实际上，"直觉"（intuition）也是人的本能之一。当人们遇到问题时，能够迅速地运用自己的全部知识和经验立刻做出判断或寻找到答案，这就是运用了直觉，而直觉的本质是人类思维的直接能动性，利用直觉做出的推理就是"直觉推理"（intuition inference)。在前文中,我们曾对语用情态义的表达所借助的语用条件展开了归纳,其中提到的"隐性的直觉性推理"实际上就是直觉推理,这种推理具体表现为交际者通过话语信息所做出的一种非常快速且无须耗费任何努力的无意识推理过程,而这也是一种自动的思维过程。我们发现,在汉语情态的语用性表达中经常会借助这种直觉性的推理模式,并且在三类主流推理模式中,用到直觉性推理的情况也是最多的(请看表8-3)。

表8-3　　三种主流推理模式在语用情态表达中的运用情况

语用推理模式	语用情态衍生类型
语用性的演绎推理	"能力"衍生"认识"
	"功能"衍生"认识"
溯因推理	"勇气"衍生"认识"
	"能力"语义等级提升
直觉性推理	"义务"衍生"认识"
	"义务"衍生"价值"
	"将来"衍生"认识"
	"评价"衍生"认识"

通过上表可以直观地看出,在八种情态衍生的情况中利用直觉推理实现的语用情态义衍生就占到四种情况。具体请看:

(32)他的车可以停在大门口。
　　a. 他的车被允许停在大门口。
　　b. 他的车有可能停在大门口。

在例(32)中,若"可以"表达了"许可",那么依据(32a),因为"他的车停在大门口"是被允许的,因此"他的车"在某时某刻就真的有可能"停在大门口",进而可以利用直觉直接推理出(32b),"他的车停在大门口"是有可能的情况,这是由"义务"衍生了"认识"。

(33) 下个月的音乐会你可以去听听。
　　a. 下个月的音乐会允许你去听听。
　　b. 下个月的音乐会值得你去听听。

在例（33）中，若"可以"也表达"许可"，那么依据（33a），发话者实际上并没有允许听话者"去听音乐会"的许可权利，但仍然许可听话者去听听"下个月的音乐会"，因此可以直觉性地推理出发话者其实是在给听话者进行推荐，进而可以得到（33b），即"下个月的音乐会"在发话者看来是"值得去听听"的，这是由"义务"衍生了"价值"。

(34) 一会儿要下雨。
　　a. 一会儿将会下雨。
　　b. 一会儿有可能下雨。

在例（34）中，"要"表达"将来"时间义。发话者字面上只是在直陈（34a），但因为"天下雨"是将来事件，是一个还未真实发生的"非现实性"事件，基于"主观不确定性"可以使听话者直觉性地推理出（34b），即"天下雨"确切来说谁也不能保证真的会发生，因此也只能说是"有可能"的情况，这是由"将来"衍生了"认识"。

(35) 他比我要了解得多。
　　a. （我认为）他比我了解得多。
　　b. 我估计他比我了解得多。

在例（35）中，"要"表达主观评价义。发话者所做出的比较"他比我了解得多"带有强烈的个人主观性评价色彩，即（35a）。基于这种强烈的主观性表达方式可以直觉性地推理出（35b），即"他比我了解得多"可能仅仅只是发话者自己主观臆想的一种具备"可能性"的情况，这是由"评价"衍生了"认识"。在以上例（32）（33）（34）和（35）中由 a 到 b 的推理几乎都是人们下意识直接做出的反应，这是一种快速的、无意识的且似乎是根本不需要耗费多少心力的推理过程，都是对直觉推理的运用。

直觉推理是人们利用直觉做出的快速反应，而对直觉的研究目前主要在哲学和心理学领域中展开。所谓"直觉"应该包括"感受、感性意识或感觉、知觉等"，"无论是通过外感官还是通过内感官，或是说通过外直观还是内直观，但凡直观肯定是对对象的直接感受，它（直觉）可以把外在的形体性内在化或把内在的普遍性形体化来进行直接感受"。（照日格图，2009：63 – 64）关于直觉是如何产生的，有些学者认为它与人的既有经验有关，认为基于直觉的推理是从直接知识和过往的经验中得出的（Cosmides & Tooby, 1994）。因为与分析加工的过程截然不同，直觉性的决策几乎并不需要经过任何的分析加工过程。此外，也有一些学者认为，直觉是一种"有限的推理"，它是在不断重复的缜密思考中诞生的。简言之，通过直觉的处理过程和通过分析的处理过程在本质上并没有什么不同，只是当任务生疏时，人们更倾向于使用分析加工过程，一旦熟练以后则直接改为使用直觉加工过程。其实，以上两种看法彼此间也并不冲突，因为当生疏的任务加工过程一旦熟练，也便可以成为过往的"知识或经验"，从而变成直觉推理的起始条件，因为这样也会更加省力。所以，或许我们也可以认为，直觉是知识和经验所不能逾越的最终归途。

从普通逻辑学和心理学的角度看，人们通常认定的逻辑分析方法指的是诸如比较与分类、抽象与概括、归纳与演绎等。不过这些逻辑方法也并非单纯的逻辑，而是直觉与逻辑的统一。（照日格图，2009）比如就"比较"来看，它是通过将不同的对象相互比照，从中找出其共同点和区别点的逻辑方法。但在比较时，人们对事物的把握所运用到的感觉和感知，以及人们对比较结果的直观把握等其实已经用到了直觉。再比如"抽象"，它把握的是组成事物的各要素中那些"共有的个别性"，是对事物共同性的抽取，这种思维活动并不是单纯地使用逻辑，因为整个的抽象过程也是建立在比较的基础上分类了事物的区别性而选取了其中的共同性的过程，因此也用到了直觉。由此可见，直觉分析与逻辑分析在本质上并不存在矛盾。

在人们的日常交际中，直觉推理无处不在，因为它极为省力，几乎是人们下意识所做出的一种最为直接的反应，因此也必然会成为人们最常使用到的语用推理模式。而且，通过对这种直觉推理的运用，我们还能获取到相比于其他推理模式来说更加多重不同的语义结果以供选择，这对于要求实现快速且高效的语言交际过程来说是非常重要的优势。比如：

（36）小王吃了三个荠菜包子。

（37）a. 小王吃的不是肉包子。

　　　b. 小王没有吃两个荠菜包子。

　　　c. 小王吃饱了。

　　　d. 小王还没有吃够。

　　　e. 小王爱吃（荠菜）包子。

　　　f. 桌上不翼而飞的馅饼不是小王吃的。

　　　g. 今天做的荠菜包子很美味。

　　　h. 小王不挑食，也是可以吃荠菜包子的。

　　　i. 小王的经济实力一般，吃不起肉包子。

　　　j. 荠菜可以吃，可以用作包子馅。

　　　……

当发话者说出例（36），听话者至少可以在不同的具体语境中下意识并快速地反映出（37a）到（37j）等不同的语义结果而并不需要耗费太多心力。可见，这种推理模式相比于其他推理模式来说能够通过付出最小的心力而获得最大的收益效果，具备更高的能产性，因此也更具活力与适用性。

总而言之，"直觉"诞生于人们长久积累的知识和经验，是把对已知情况的熟练掌握内化成一种"下意识"的情况。基于直觉的分析过程即直觉性的思维过程，这也是人们在认识客观世界的过程中以及在展开各种实践活动的过程中所用到的不可缺少的重要思维模式。

第五节 追求"礼貌"的交际价值

情态传递的是发话者针对某个事件所表达出的个人态度,但其传递方式是将该事件首先置于可能世界之中,通过谈论其有可能呈现一种怎样的情景来表达对该事件的看法或态度。这种相对间接或委婉的处理方式在交际中有时会显得更为礼貌。因此,选择情态性的表达方式有时也是出于人们对"礼貌"价值的追求。

在交际中要注意礼貌。格赖斯(Grice)的"会话合作原则"虽然解释了话语字面意义和实际意义间的关系,解释了会话含义的产生与理解,但并未解释人们为何会利用它来含蓄间接地表达自己的主观意志。因此利奇(Leech,1983)提出了"礼貌原则"(politeness principle),作为补充,"礼貌原则"具有更高一层的调节作用,维护了交谈双方的均等地位以及友好关系。"概括地说,礼貌原则就是在其他条件相同的情况下,把不礼貌的信念减弱到最低程度。"(何兆熊,2000:212)而如何才能做到礼貌,利奇认为,构成礼貌的因素在于话语中包含的命题指向的行动内容给交际双方带来的"惠"(benefit)、"损"(cost)情况以及话语留给听话者的自主选择程度。简单来说,给对方"惠"越多"损"越少,或给对方自主选择的程度越高,那么也就越礼貌。在交际中,借助情态的表达方式可以很好地体现人们对"礼貌原则"的遵从,比如义务情态的表达过程就是一个很典型的例子。我们知道,人们说话的同时也是在实施言语行为,有时出于某些目的会要求对方做事,在言语行为上就体现为发布"指令"。从双方的惠损情况以及听话者可选择的程度上来说,通过表达义务情态而使对方去做某事相比于直接要求对方去做某事会显得更为礼貌。请看:

(38) a. 你去找他好好谈谈!
b. 你<u>应该</u>去找他好好谈谈。
c. 你<u>可以</u>去找他好好谈谈。

通过以上这组例句可以看出，从 a 到 c，听话人得到的利益递增，其自主选择程度也越来越高，因此礼貌程度也在递增。设想两个人在进行如下对话：A 在向 B 诉说他自己因为某人 C 而苦恼。此时若 B 直接对 A 说出 (38a) 则是在凭借自己的权威直接向 A 发号施令，这种情况下，听话人 A 在事件执行上的自主选择程度最小，因此这句话在礼貌程度上也最低；而当 B 说出 (38b) 时，指令程度得以弱化，此时并不是在直接对 A 发号施令而倾向于给出建议，建议 A 去做某事，这种情况下 A 的自主选择程度较 (38a) 有所提高，因为如果只是给出建议而不是发号施令，A 可以选择不采纳建议且不会有碍于 B 的颜面；最后，当 B 说出 (38c) 时，虽然也是在给出建议，但相比于前者来说这种建议的力度进一步弱化，而此时听话人 A 的自主选择程度最高，受惠也最大，因此这句话也最为礼貌。由此可见，义务情态的表达 (38b) 和 (38c) 比非义务情态的直接指令 (38a) 更为礼貌。

　　此外，义务情态表达方式的礼貌性还体现在它可以让做事的一方自然地明确做这件事的原因并非出于发话者的个人意志，如此可以避免发话者与作为执行者的听话人处于对立地位。换言之，如若在听话人注定受损的情况下，发话者的受惠越小则会显得更为礼貌。例如：

(39) a. 你去把车停到停车场！
　　 b. 你<u>得</u>把车停到停车场。

　　在以上这组例句中，设想如下情境：当司机 A 开车要驶入某单位，此时门卫 B 对 A 说 (39a) 时礼貌程度最低，这是因为从司机 A 的角度看，门卫 B 似乎是在凭借自己的个人权威直接对其发号施令，强加其个人意志，这种情况下在 A 看来 B 存在最大的受惠情况，此时 A 和 B 也处于对立地位。但如果当门卫 B 对司机 A 说 (39b) 时，相比于前者会更为礼貌。因为在 A 看来，要求他把车停到停车场的依据并非门卫 B 的个人意志，而是在于其他，比如是依据该单位的规章要求等，B 是不得已按照规章办事，所以这种情况下 B 的受惠最低甚至于没有受惠，此时 A 与 B 也不会处于对立地位，进而相比于前者来说也就显得更为礼貌。

如此看来，相比于直接向对方发出指令，采取义务情态的表达方式有时可以表现得更加礼貌。

其实除了义务情态之外，恰当地利用动力情态的表达方式有时也会显得更为礼貌。前文曾提到动力情态的表达过程在于发话者实际要表达的并非字面层面上的现实性意义，而是由字面意义所引发的非现实性意义，这种非现实性意义即言者的主观态度，是以一种隐晦的形式被表达出来的。有时在交际中，用这种方式来传达言者的主观意志相比于直接明了地传达主观意志会显得更为礼貌，因为这可以给听话人留有更多的余地，也就是保证听话人具备更高的自主选择程度。比如以能力情态的表达为例，请看：

（40）a. 让小王去表演一边唱歌一边跳舞。
　　　b. 小王<u>能</u>一边唱歌一边跳舞。

设想一下在下述语境中，老师在跟同学们商议在即将举办的联欢会上有谁可以表演怎样的节目，此时某同学说出（40a），其礼貌程度最低，因为这句话是在直接让某人去做事，要求"小王去表演一边唱歌一边跳舞"。此时，作为听话人的"小王"在执行这件事上的自主选择程度最低。但当该同学说出（40b）时，礼貌程度增高，因为他并未直接要求"小王"去做事，而是在表达"小王到时候表演一边唱歌一边跳舞的节目"是一种有可能性的结果，并且这种意义的传达也较为隐晦。此时，听话人的自主选择程度最高，相比前者也就更为礼貌。

总的来说，"礼貌"是人们在交际中所遵从的交际价值，也是贯穿于整个交际过程中的一种必须遵从的思维模式。选用恰当的情态表达方式可以更好地遵从礼貌原则，进而保证交际的顺利进行。

第六节　传统"中庸"哲学思想的体现

除了具备"主观性"和"非现实性"之外，情态语言也具备语义上的"梯级性"特点，比如从"可能"到"必然"，从"许可"到"必须"等。在日常的情态表达中我们也能发现一个有趣的现象，那就是除非针对某种具体的情态语义等级展开言说以示强调，在一般情况下，当人们在向他人表达自我意志时常常并不喜欢直接使用表示极端语义程度的情态词语，而是更倾向于采用语义等级较弱或相对缓和的表达形式。比如：

（41）a. 明天一定下雨。
　　　b. 明天要下雨。

在例（41）中，除非发话者是在跟听话者针对"明天下雨"的具体可能性程度展开讨论，否则通常情况下在对个人主观看法的传达过程中，相比例（41a）而言人们往往会更多采用例（41b）的表达形式。这一方面或许是因为"明天下雨"是个具备非现实性的将来事件，而该事件是否会真的发生对自己来说也难有定数，发话者出于谨慎考虑也不会把话说得太过绝对。而另一方面如果从交际心理博弈的角度看，极性词语的使用往往伴随着极端自我意志的输出，常常带有强势的或带有攻击性的话语色彩，这对整个交际过程来说也是弊大于利的。再比如：

（42）a. 你现在马上给我走！
　　　b. 你现在可以走了。

设想在下述情境中：甲乙二人因意见不合吵架，此时甲想赶走乙而说出例（42），除非甲此时真的非常气愤并且想把两个人的关系进一步闹僵，通常情况下相比于例（42a）而言，甲会基于一定的礼貌或面子原则而选择例（42b）的表达方式以便让乙更容易接受。此外，再比如：

（43）a. 这个画展你必须要去看看。
　　　b. 这个画展你可以去看看。

发话者自身并没有能够指派听话者去做某件事的权利,如果他真的很推荐听话者去"看画展",那么相比于例(43a)来说他也更可能会选择较为缓和的表达方式例(43b)。不过,以上三例中的 b 句虽然在字面上表达的语义等级相对缓和,但在具体语境中却可以衍生极端的情态语义等级,可即便如此,相比于各例中的 a 句而言,借助 b 句表达的极端自我意志也更加容易被听话者所接受。在面对高等级的情态义表达时多会倾向于选择低等级义或较为缓和的表达方式,追求在表达自我意志的过程中也能留有余地,不会把话说得太过或太满,这种方式体现的就是中国传统的"中庸"哲学思想。

"中庸",又称中行、中和、中道,也就是"平衡"的意思,它是伴随着中国早期的哲理思考而产生的概念,其基本特征是注重事物的均衡性和行为的适度性。"中庸"思想认为,任何事物或行为都包括两个相互对立或者对应的方面,只有两个方面达到平衡状态,事物或行为才处于一种最为合理且最为完善的境界。反之,若处于不均衡状态,则事物或行为是不合理或不完善的,这也将被视为偏颇或偏激。在古代,中庸思维的产生可以追溯至《尚书·尧典》,其中"直而温,宽而栗,刚而无虐,简而无傲"就是中庸思维的体现。在《皋陶谟》中也有同样的语句,描述"九德",即"宽而栗,柔而立,愿而恭,乱而敬,扰而毅,直而温,简而廉,刚而塞,强而义",也表现了中庸思维。可见,中庸思维早在中国古代的先秦时期便已经产生了萌芽。孔子在《论语》中对中庸思维形态的论述较多,如"不得中行而与之,必也狂狷乎""乐而不淫,哀而不伤""过犹不及""适可而止"等。后人子思继承孔子思想作《中庸》,提出"从容中道,圣人也""中也者,天下之大本也""执其两端,用其中于民"等也都流传千古。而中国人在日常生活和处事交往中,遵循的一个突出的思想就是"中庸",这种思想也早已经成为人们心理上的一个烙印。其实在汉语的造词以及日常表达中也处处能够体现出中庸思维。中华民族自古重视的"和谐"就是中庸思想的体现,而当前我们也将"和谐"作为追求和坚持的核心价值观。不难发现,在汉语中有大量的词语都能够反映出这种对和谐价值观的崇尚与追求。比如"和睦""和顺""和解""和谈""融合""随和""心平气和""家和万事兴"等。此外,很多固定短语也都能体现中庸思维。如"木秀于林,风必摧之;推出于岸,流必湍之;行高于人,众必非之""枪打出头鸟""树大招风""大智若愚"等。在日常表达中,当遇到难以确定或不便于明确表明态度立场的时候,人们也会选择相对平和或折中的表达方式,比如半实体构式"不X不X"的构造,如"不温不火""不好不坏""不偏不倚""不卑不亢""不快不慢"等,这种否定两头而选取中间的语义构造特点也是中庸思想的体现。最后若从交际方面来看,人们在表达个人态度时往往也不会采用过于极致的表达方式,内敛含蓄的表达品格中也蕴含着中庸思维。比如当看到某人较胖时会选择说对方"不太瘦",又或者当遇到一碗难以下咽的饭菜时也会选择"不是很好吃"的表达方式等。

总而言之,通过汉语情态的表达我们也能够体会到隐藏在其背后的"中庸"哲学思维,这也是儒家乃至整个中国传统文化的思想内核。汉语在表达方式和表达内容上的多元化也反映出中华民族所特有的文化属性。

第九章
一些扩展性的问题与思考

本章主要围绕与情态相关的一些问题作扩展性的探讨,包括情态与言语行为的关系问题、情态的语用性表达问题,以及情态的"言据性"问题等。

第一节 情态与言语行为

帕尔默思想的特色之一是将"言语行为"[①]引入情态范畴,体现在对义务情态(deontic modality,也称道义情态)的讨论中。帕尔默(1979:5-7,69)曾指出,义务情态表达的是"对一个事件产生直接影响,是对某人给予准允或强制他做某事……是发话者在主观上提出要求、准允或禁止","义务情态本质上是在表述行为"。随后,帕尔默(2001:71-73)依据言语行为直接将义务情态分为了"指令类"(也称"指令型",Directives)和"承诺类"(也称"承诺型",Commissives)。其中"指令类"又分为"强制"(obligative)和"准允"(permissive),"承诺类"又分为"许诺"(promise)和"威胁"(threat),四种次类型分别对应了四种具体言语行为(参见图9-1)。

该分类思路在国内被广泛接受,但也不乏改进。比如彭利贞(2007:

[①] 可参见 Austin, J. L., *How to Do Things with Words*, Oxford: Oxford University Press, 1975; Searle, J. R., *Intentionality: An Essay in the Philosophy of Mind*, Cambridge: Cambridge University Press, 1983。Searle 将言语行为分为"直接言语行为"和"间接言语行为",本书讨论的是"直接言语行为"。

```
                            ┌── Obligative（强制）
              ┌ Directives ─┤
              │ （指令类）  └── Permissive（准允）
Deontic Modality ┤
（义务情态）  │             ┌── Promise（许诺）
              └ Commissives ┤
                （承诺类）   └── Threat（威胁）
```

图 9 – 1　帕尔默（2001）义务情态分类

160）除了将义务情态作语义分类之外，对这些语义类各自所能表达的语用意义上（即言语行为上）又作细分：一类包括［命令］、［指令］、［允许］，另一类包括［保证］、［承诺］、［允诺］。① 前者统属"指令类"，后者统属"承诺类"。相比于彭利贞的双层分类，范伟（2017：92-103）则直接依据言语行为将义务情态作出了四分："许可型""劝谏型""指令型"和"承诺型"。不过就四分情况看，前三种统属"指令类"，所以实际上其仍可以视为"指令类"与"承诺类"的二分。

　　从言语行为分类情态的思路有其固有优势，除了可以使分类边界更为清晰、类型间的区别性特点更为明显之外，还能够同时突出情态表达的语用功能。不过该分类思路也存在值得探讨的问题。首先，与同体系中其他情态类型更为侧重语义角度的分类不同，帕尔默对义务情态直接作了语用功能上的分类。如此处理较容易让学人以为义务情态与其他类情态分属不同的语言层面，似乎义务情态本身就是人们所实施的"指令"和"承诺"言语行为。换言之，容易导致将言语行为的部分内容也纳入情态范畴，使情态的外延进一步扩大。此外，基于当前的分类结果，仅分为"指令类"和"承诺类"似仍难以穷尽，存在类型上的遗

---

① 彭利贞将义务情态在语义上分为［必要］、［义务］、［许可］三个语义类，同时提到这三个语义类在语用意义上（即言语行为）的类型分别对应［命令］或［保证］、［指令］或［承诺］、［允许］或［允诺］。

漏。其实，从该角度划分义务情态仍需要讨论隐藏在表面语用现象之下的深层支持条件。

一　情态与言语行为的关系

随着情态研究扩大化的趋势，与"主观性"（subjectivity）、"非现实性"（irrealis），还有"非事实性"（non-factuality）等特征相关的某些语义或语用范畴在当前也被不同程度地纳入情态讨论之中，其中就包括"言语行为"，而这也构成了西方学界对情态研究的最宽泛维度。[①] "言语行为"是由奥斯汀（Austin）创立并由塞尔（Searle）进一步发展的语言学理论，其主要思想是"人们在说话的同时也就是在做事"。部分学人将义务情态视作"指令"与"承诺"两种言语行为，除了可能是受到帕尔默有关表述的影响外，更主要的原因还在于这两种言语行为的实施均带有强烈的言者主观性色彩，并且所涉事件通常也具备"非事实性"的特点。但如果稍加验证便能发现二者其实并不等同。例如：

(1) 你今晚可以来。
(2) 你应该尽快离开这里。
(3) 我可以满足你的要求。
(4) 你应该乖乖听我的话，否则有你的好看！

若例句中的"可以"表示"许可"，"应该"表示"情理上必须如此"，则四句话都表达了义务情态。在具体语境中，当发话者通过说话表达情态意义的同时也会伴随实施不同的直接言语行为。比如例（1），发话者许可受话者今晚来，这是在对受话者"给予准允"；在例（2）中，发话者要求受话者尽快离开这里，这是在对其"发布命令"；在例（3）中，发话者告知受话者自己许可受话者的要求得到满足，这是在向对方"做

[①] 可参见 Kiefer, Ferenc, "Modality", In Brisard, Frank, Jan-Ola Östman & Jef Verschueren (eds.), *Grammar, Meaning and Pragmatic*, Shanghai: Shanghai Foreign Language Education Press, 2014. pp. 179–207. 西方对情态的研究维度由窄到宽依次是：模态逻辑维度，泛化的语义维度，模态、语义兼言语行为的综合维度。

出许诺";在例(4)中,发话者要求受话者乖乖听话,这是在"进行威胁"。依据塞尔的言语行为归类,上述例(1)、例(2)实施的行为统归于"指令类",例(3)、例(4)统归于"承诺类"①。这是从言语行为划分义务情态的基本处理思路。不过我们也能发现,若去掉例句中表义务义的"可以"和"应该"后,虽仍不妨碍实施同样的言语行为,但此时却不再表达义务情态了。请看:

(5) 你今晚来。
(6) 你尽快离开这里。
(7) 我满足你的要求。
(8) 你乖乖听我的话,否则有你的好看!

例(5)、例(6),发话者同样是在对受话者"发布命令";例(7)、例(8),发话者也分别是在对受话者"做出许诺"和"进行威胁"。但即便实施了同样的言语行为,四例也不再表达义务情态。原因很明显,话语中并未出现表达义务义的情态词。而若从情态所须满足的特性上细究起来,四句话虽然也都带有强烈的言者主观性色彩,但所涉被指令和承诺的事件"你来""你离开这里""我满足你的要求"和"你乖乖听我的话",也都只是客观上在现实世界中还未真的发生的事件情景,并没有在发话者的"想象领域"(realm of thought)中展开。换言之,它们也都只是"非事实性"的而非"非现实性"的事件情景,不满足情态特性。② 可见,言语

---

① 需要注意的是,帕尔默的"承诺类"义务情态是针对英语的 shall 用于第二、三人称中发挥"承诺某人做某事"的语用功能而提出的,但 shall 在语义上并不表义务情态。后文会展开论述。

② 可参见 Lyons, J., *Semantics*, New York: Cambridge university press, 1977. pp. 800, 806, 822. Palmer, F. R., *Mood and modality* (2th edn), Cambridge: Cambridge University Press, 2001. pp. 1。情态具备"主观性"(subjectivity)和"非现实性"(irrealis)。早期 Lyons 曾使用"非事实性"(non-factuality)表述情态,但其所指内涵实则是"非现实性"。Palmer 认为,"非事实性"这个称述在解释情态时容易引起概念混淆,是"不能让人满意的",后改用"非现实性"称述。当前,"非事实性"与"非现实性"已有区分:前者指在现实世界中实际上没有发生或还未发生的事件情景;后者指在非现实世界(想象领域)中想象的一个事件情景,无论该事件是"事实性"的(factuality,即在现实世界中实际上真的发生了),还是"非事实性"的。"非事实性"不是情态特征。

行为是情态意义表达中在语用层面表现出来的语用功能,二者分属语用和语义不同的语言层面,不可作等同认识。

二　分类问题

此外,将义务情态仅分为"指令类"与"承诺类"似乎也还不够。可以发现在有些义务情态的表达中,发话者伴随实施的也可能是其他言语行为。比如在原例(1)—(4)的基础上稍作改变便可发现端倪。请看:

(9) 你昨晚就可以来。
(10) 他应该尽快离开这里。
(11) 我原本可以满足你的要求。
(12) 他应该乖乖听我的话,否则有他的好看!

若在原例中,发话者分别对受话者实施了"指令"和"承诺"行为,那么在上述语例中情况就发生了变化。比如例(9),发话者仅是在对受话者陈述一个自己针对某事件情况的看法,即"你在昨晚来这也是被允许的",但并没有在此刻直接准允受话者让他之后去做出"在昨晚来"这件事[①];同样地,在例(10)中发话者在对受话者陈述有关于第三者"他"需要做的事是"尽快离开这里",该事件并不是受话者要去做的,因此也并不是在对受话者发布命令。再看例(11),发话者在对受话者陈述一个自己认定的事实,即自己在早前是允许受话者提出的条件被得到满足的,但此时也只是针对这种情况展开表述,并不是在对这件本没有发生的事做出许诺;最后例(12)也是如此,要做到"乖乖听我的话"的人并不是受话者,而是第三者"他",因此发话者也并非在威胁受话者,而仅是在对受话者表述自己的主观态度。通过上述语例,发话者对受话者伴随实施的直接言语行为已不再是"指令"或"承诺",

---

[①] 如果受话者当前并没有来,发话者通过说话目的是想告诉听话者"你现在仍然可以来",此时实施的准允行为也是间接言语行为,在此暂不讨论。后文有相同情况皆如此。

而均是"表述"（Representative），但与此同时在语义层面也并不妨碍义务情态的表达。

由此可见，除了"指令"与"承诺"外，发话者通过表达义务情态也可以对受话者实施"表述"行为。换言之，当前基于语用功能划分义务情态仍存在类型遗漏，结果有待完善。

三 条件探讨

言语行为不是情态，它只是人们在情态表达中伴随实施的语用行为，是情态的语用功能。从言语行为探讨情态，主要难度在于二者各自所牵涉的世界层面并不一致。情态是发话者围绕着一个想象的事件情景所阐发的言者主观性看法或态度，所涉事件均是在"想象领域"，或者说是在非现实世界中被展开的。而言语行为是发话者在现实世界中实施的具体行为。从言语行为划分情态类型就需要同时兼顾"现实世界"和"非现实世界"的双重层面，因此一些隐藏的问题就需要被纳入考量：

第一，在义务情态的表达中，发话者依据义务因素认定有必要或允许发生的事件情景，在现实世界中可以处于任何绝对时间之上（过去、现在和将来）；并且由于现实世界是客观的，不受发话者主观控制，因此这些事件情景在现实世界中有可能真的发生也有可能不发生。

第二，义务情态总要指向一个有必要发生或允许发生的事件情景，其事件主体（即事件执行者）在现实世界中却可以和不同的语境角色（包括发话者本人、受话者，甚至还包括无关第三方）存在对应。

以上两个方面都能够直接影响义务情态表达的实际语用功能，导致实施不同的言语行为，可以作为情态功能分类所需讨论的支持条件。通过前文例证可以看出，无论是"指令类"还是"承诺类"，若支持条件发生变化，行为类型也会发生改变，变为"表述类"。

（一）从"指令类"到"表述类"

在现实世界中，直接指令行为的有效实施首先需要满足话语中所涉事件具有被指令执行的机会。进而，义务事件的展开时间成为一个关键因素。① 当一个事件在发话此刻之后的时间上被展开（S > E），该事件有被指令执行的机会，既能强制执行，又能准允执行。但在过去时间上展开谈论的事件（E > S）不能在发话此刻被直接指令执行，只能对其情景进行表述。请对比以下例句，例如：

(13) a. 你是个干部，应该起带头作用。
     b. 你是个干部，原本应该起带头作用。
(14) a. 你可以睡在宾馆。
     b. 你昨晚可以睡在宾馆。

上述两例的 a 句均表达的是"指令类"义务情态。例（13a）中，事件"起带头作用"是发话者对受话者提出的要求；例（14a）的"你睡在宾馆"也是发话者许可发生的事。两个事件都是发话者要求或允许在将来发生的事，被置于发话此刻之后的时间上展开，是有机会被执行者执行的事件情景。但相比之下，两例 b 句中由于出现"原本"和"昨晚"，使得所涉事件"你起带头作用"和"你睡在宾馆"成为被置于过去时间上展开谈论的事件情景，是发话者认为在过去"须要"或者"允许发生"的事。对过去事件情景的谈论不能实施直接的指令而只能展开表述，在言语行为上体现为"表述类"义务情态。

此外，直接指令行为有效实施的第二个条件还在于事件执行者与具体语境角色的对应情况。② 只有事件执行者与受话者一致时（Per = Ade），才能保证直接指令行为的实施。若执行者是发话者（Per = Adr）或第三者（Per = Ots），则也只能实施表述行为。请对比以下例句，例如：

(15) a. 你是个干部，应该起带头作用。

---

① 可参见 Reichenbach, H., *Element of symbolic logic*, New York：Free Press, 1947, pp. 288。依据 Reichenbach，"说话时"（point of speech）指发话者说话的时间（S），"事件时"（point of event）指事件展开时间（E）。

② 语境角色包括发话者（Addressor/Adr）、受话者（Addressee/Ade）、第三者（Others/Ots）、事件执行者（Performer/Per）。

　　　　　　b. 我是个干部，应该起带头作用。
　　　　　　c. 他是个干部，应该起带头作用。
　　（16）a. 你可以睡在宾馆。
　　　　　　b. 我可以睡在宾馆。
　　　　　　c. 他可以睡在宾馆。

　　当发话者对受话者说出上述例（15a）和（16a）时，所涉事件的执行者和受话者一致，满足指令条件，发话者直接指令受话者"你"做到"起带头作用"，许可受话者"睡在宾馆"。而相比之下，在例（15b、c）和（16b、c）中，执行者分别是"我"和"他"，事件"起带头作用"和"睡在宾馆"分别是发话者认定自己（"我"）和"他"要去做到的事，受话者不是其直接指令的对象，因此在言语行为上只表现为发话者对受话者"进行表述"。

　　可见，在义务情态表达中，需同时满足上述两个支持条件才可表达"指令类"义务情态，否则为"表述类"。

（二）从"承诺类"到"表述类"

　　"承诺类"义务情态包括"威胁型"和"许诺型"两个下位类型，但由于"威胁"行为和"许诺"行为在行为特征上有差别，因此两类情态的表达满足的支持条件也不完全一致。

1. 威胁型

　　在威胁型义务情态的表达中，作为被威胁执行的事件在发话者主观看来须是一定要去完成的而非可做可不做的事件，因此该类型在语义层面的表义强度上多具备［+强制］语义特征。与指令行为相似，在现实世界中，直接威胁行为的有效实施同样需要满足话语中所涉事件具有被威胁执行的机会。当一个事件在发话此刻之后的时间上被展开时（S > E），才有机会可以被直接威胁执行。在过去时间上展开谈论的事件（E > S）不可在发话此刻被直接威胁执行，只能是进行表述。例如：

　　（17）a. 你应该乖乖听话，否则有你的好看！
　　　　　　*b. 你当初应该乖乖听话，否则有你的好看！

c. 你当初应该乖乖听话！

在例（17a）中，事件"你乖乖听话"是发话者想要受话者一定去做到的事。该事件被置于发话此刻之后的时间上，有机会被执行，因此发话者才可以直接威胁受话者去执行。但若事件被置于过去时间上展开谈论，发话者不能针对这件事对受话者实施威胁，逼迫受话者去做这件事，因此例（17b）在语义上不成立。不过，过去事件是可以被表述的。如例（17c），发话者对受话者表达了自己关于事件"你乖乖听话"的看法，认为这是在过去本应发生但没有发生的事，此时实施的是表述行为。

直接威胁行为有效实施的第二个条件也要求事件执行者与受话者一致（Per = Ade），若执行者是发话者（Per = Adr）或第三者（Per = Ots），也只能是实施表述行为。例如：

(18) a. 你应该乖乖听话，否则有你的好看！
b. 我应该乖乖听话，否则有我的好看！
c. 他应该乖乖听话，否则有他的好看！

当发话者对受话者说出例（18a），事件执行者和受话者一致，发话者直接威胁受话者"你"做到"乖乖听话"；相比之下在（18b）和（18c）中，执行者分别是"我"和"他"，受话者不再是发话者直接威胁的对象，此时只能是发话者针对事件情景向受话者展开表述。

因此在义务情态的表达中，只有同时满足上述两个条件才可表达"威胁型"，否则也只是"表述类"义务情态。不过需要注意的是，塞尔将"威胁"归入承诺类言语行为，是因为该行为在表现发话者要求某人做到某事的同时，也承诺了若这件事未被执行或未如发话者所愿时将可出现的后果，这与承诺类行为有共性特点。但从行为实施的最终目的来看，"威胁"又与"指令类"行为一致，都是发话者在促使某人去做某事，这就使威胁型义务情态与指令类义务情态在支持条件上呈现相一致的特点。

2. 许诺型

相比威胁型义务情态的［+强制］语义特征而言，许诺型却可以通过语义层面［-强制］语义特征的情态词来表达，这是因为当发话者许诺了某事的发生时，该事件的发生在发话者主观看来是一定可以成真的。既然发话者早已心中有数，确信事件绝对有机会发生，因此也就无须在话语中刻意表达［+强制］性语义。与威胁型的表达条件相似，义务许诺行为的有效实施同样也要保证话语中所涉事件具有被许诺执行的机会，即要求一个事件在发话此刻之后的时间上被展开谈论（S>E）。在过去时间上展开的事件（E>S）不可被直接许诺执行，也只能是展开表述。例如：

（19）a. 你是可以拿到那笔钱的。
　　　b. 你当初是可以拿到那笔钱的。

在例（19a）中，所涉事件"你拿到那笔钱"是发话者认定将会允许发生的事。在话语中，该事件是在发话此刻之后的时间上被作为目标展开的，具有发生的机会，因此发话者才可以针对事件将会发生直接对受话者进行许诺。但在例（19b）中，"当初"的出现使得事件"你拿到那笔钱"被置于过去时间上展开，是发话者认定在过去被允许发生的事。在发话当前不能确定事件是否允许发生，此时并不是对受话者实施直接许诺，而仅仅是对过去未发生事件情景的表述。如果强行认定（19b）是对"当初允许发生的事"进行许诺，即许诺"你当初可以拿到那笔钱"，那么在发话当前已不具备许诺意义，是无效的义务许诺行为。①

不过，义务许诺的实施并不一定要求事件执行者与受话者一致

---

① 表达义务情态时伴随实施的许诺行为（即义务许诺行为）与一般的直接许诺行为在实施条件上有所不同。一般的直接许诺行为既可以是对过去已经发生的事进行许诺，也可以是对此刻及之后正在发生或将会发生的事进行许诺。但义务许诺行为由于受义务情态特点的影响，只能展开对将来事件发生或执行的许诺，此时才有许诺意义；处于过去时间上被展开谈论的义务事件没有许诺其发生或执行的意义。

（Per = Ade），若执行者是发话者（Per = Adr）或第三者（Per = Ots），仍可以实施这一行为。例如：

(20) a. 你是可以拿到那笔钱的。
b. 我是可以拿到那笔钱的。
c. 他是可以拿到那笔钱的。

在例（20a）中，发话者可以是向受话者许诺受话者本人（"你"）"可以拿到那笔钱"；在例（20b）中可以是向受话者许诺发话者自己（"我"）"可以拿到那笔钱"；在例（20c）中可以是向受话者许诺第三方（"他"）"可以拿到那笔钱"。无论事件的执行者是谁，发话者都可以向受话者直接许诺该事件的发生。可见在义务情态的表达中，满足上述两个条件就可表达"许诺型"，否则也只是"表述类"义务情态。

综上所述，从言语行为角度划分义务情态下位类型以及各自需要满足的支持条件可汇总如下（参见表 9-1）。可以发现，"指令类"和"承诺类"在总体上与"表述类"呈互补关系。

表 9-1　　义务情态的言语行为分类与各自的支持条件

		事件展开时间（E）与发话时间（S）的关系			
		E > S	S > E		
指令类（强制型和准允型）		—	○	Per = Ade	
		—	—	Per = Adr、Ots	
承诺类	威胁型		○	Per = Ade	执行者（Per）与交际者角色（Adr、Ade、Ots）的对应关系
		—		Per = Adr、Ots	
	许诺型		○	Per = Ade	
		—		Per = Adr、Ots	
表述类		○	—	Per = Ade	
		○		Per = Adr、Ots	

（"○"为可以表达，"—"为不能表达）

四 回溯与思考

（一）帕尔默情态思想的演变历程

将义务情态作言语行为分类不能仅看表面的语用现象，有关内部支持条件也要被展开讨论。虽然就分析过程而言，该角度在涉及内容的复杂性以及情况区分的细化程度上稍显繁复，但语用视角的引入却体现了早期学人对情态认识的发展与进步。

自 20 世纪初伴随着西方哲学的语言学转向以及欧洲广义模态逻辑的发展，情态作为一个独立范畴开始得到语言学界的关注，但早期学人对情态的认识多依附于模态逻辑（modal logic）。模态的本质是"命题的有效性（validity）与一组可能世界的相对化（relativization）"（Asher & Simpson, 1994：2521），是基于逻辑上的可能世界讨论一个命题真值具备的"可能性"或"必然性"的问题。在帕尔默研究初期，义务情态并没有按照言语行为分类，而是按照模态逻辑分类。冯莱特（Von Wright, 1951：36-41）将作为广义模态类型之一的义务模态分为"义务必然"（deontic necessity）和"义务可能"（deontic possibility），这种逻辑语义分类被帕尔默借用。依据凯夫尔（Kiefer）的解释，"义务必然"和"义务可能"可分别作如下转述（设义务因素为 S, 命题为 p）①：

"义务必然"：In view of S, it is necessariy the case that p.（在义务因素下命题必然为真。）

"义务可能"：In view of S, it is possibly the case that p.（在义务因素下命题可能为真。）

以下述例（21）和（22）为例，义务模态将例（21a）和（22a）分别解释为例（21b）和（22b）。请看：

(21) a. 你今晚可以来。
b.（依据义务因素：发话者的权威），"你今晚来"这是

---

① 可参见 Kiefer, F., "Modality", In Brisard, Frank, Jan-Ola Östman & Jef Verschueren (eds.), *Grammar, Meaning and Pragmatic*, Shanghai: Shanghai Foreign Language Education Press, 2014, p.185.

有可能发生的事。
（22） a. 你应该尽快离开这里。
   b. （依据义务因素：发话者的权威），"你尽快离开这里"这是必然发生的事。

不过，帕尔默（1979：69）也同时看到了义务情态在表达中发挥的语用功能："通过义务情态的表达，我们可以给予准允或命令（May/Can），提出要求（Must）或者做出许诺或威胁（Shall）。"值得注意的是用于第二、三人称的SHALL，帕尔默（1979：74）认为，与其说它表达的是"提出要求"，不如说是"承诺了某行为（事件）将会发生"。

但后来，通过模态逻辑解释情态的弊端日渐显现。义务模态终究是在讨论命题真值的情况，但语言表达的义务情态本身并无真值可辨。比如以例（22a）为例，在话语中，"应该"是要求对方必须做到，它涉及的仅是事件，确切地说是命题"你尽快离开"为真，而没有涉及说话人的话是否为真，因为说话人说的是祈使句，本身并无真值可辨。此外，"你应该尽快离开这里"也难以使说话人确定事件真成"可能性"的大小，也就是难以确定"必然成真"还是"可能成真"，因为"你"如何行事这是说话人不能控制的。随即，帕尔默放弃了模态逻辑分类而直接从语用功能（即言语行为）展开分类，将"指令"和"承诺"言语行为引入义务情态的讨论。但在起初，帕尔默所认定的义务情态是被限定在"指令类"中的类型，"承诺类"（主要通过用于第二、三人称的SHALL表达）严格来说不属于义务情态。帕尔默（1986：115）指出："显而易见，它（指通过SHALL表达的'承诺类'）并不是严格的义务情态，'义务情态'应该被严格限定在指令类中。不过因为承诺类不像认识情态那样表达发话者对其本人所述内容的保证力度，因此出于方便，也将它归入'义务'。"帕尔默对"承诺类"义务情态举例如下：

（23） You *shall* go to the circus.
   （你会去马戏团的。）

(24) John *shall* have the book tomorrow.
（约翰明天会拿到那本书的。）

帕尔默认为，两句话分别表达了"发话者许诺受话者自己将会安排他去马戏团"和"发话者许诺约翰明天将会拿到那本书"。从解释上看，帕尔默的"承诺类"在语义层面实际表达的是发话者对某事件将会发生的主观确信态度，倾向于认识情态。不过在语用层面，当发话者对"你/他将做某事"进行直接承诺（威胁和许诺）时，也正是在通过实施这种行为确保和推动事件的发生或被执行，这又与"指令类"义务情态有一致的语用功能。因此帕尔默将 SHALL 表达的"承诺类"认定为义务类型，最终完成言语行为角度的分类体系。

（二）一些看法

通过对帕尔默情态思想演变历程的回溯可以看出，帕尔默一直在努力摆脱模态逻辑的束缚，从语言学视角探讨情态问题。这不仅是对情态概念认识的发展和进步，也是对传统依靠逻辑分析语言语义的反叛与超越。不过在此基础上，有些问题仍不妨展开进一步探讨。

首先是如何看待"承诺类"义务情态。帕尔默对该类型的设置是出于对用在第二、三人称后的 SHALL 发挥语用功能的考虑。不可否认，在具体语境中通过使用 SHALL，发话者确实可以"促使某人去做某事"（如例23），这与典型"指令类"义务情态一致。但在语义层面，帕尔默自己也看到了 SHALL 本身并不表义务而是倾向于表认识情态。因此，从语用功能角度展开划分时是否也需要同时兼顾语义层面的表现，这或许值得学人再行斟酌。我们的看法是，严格意义上的"承诺类"义务情态应该是两个层面同时兼顾，既在语义上表达了义务情态，同时在语用上实施了"承诺"行为。

其次是关于分类视角的问题。虽然帕尔默最终选择从语用角度划分义务情态，但这并不代表其在语义层面是不可划分的。模态逻辑对义务类型的解释确有弊端，但同时也证明了义务内部确实存在语义差别，"义务必然"和"义务可能"也正是对［必要］和［许可］这两种基本义务语义类型的逻辑拆解。所以，语用分类并不排斥语义分类。但问题在于，帕尔默对义务情态的处理思路与他在同体系中对认识情态（epidemic modality）和动力情态（dynamic modality）的处理思路有所不同，后者侧重于语义层面的分类。因此就类型划分而言，是应严格坚持以语义为基础，还是可以多视角并用，这或许也值得考虑。我们以为，选取语义划分还是语用划分取决于分类目的，但同体系中多视角的混用可能会使问题变复杂。若仅作语义分类则不必考虑言语行为的问题。可若作语用功能的分类，那么我们或许可以完全建立一个新的情态体系。研究发现，其他情态类型在表达中也能发挥多样的语用功能。比如认识情态主要发挥"断言"功能，在某些条件改变下也可以发挥"描述"功能；动力情态主要发挥"描述"功能，在某些条件改变下也可发挥"断言"和"许诺"功能，不同的情态功能直接联系着交际中发话者选用的不同交际策略以及想要实现的发话目的。我们可以依据语用功能建立情态体系，考察其下位类型和各自所需满足的支持条件，在发展对情态特性以及情态功能等方面新的认识的同时，也能挖掘到隐藏在语言底层之下人们交际与思维运用的特点和规律。

第二节　关于情态的语用性表达

通过本书的论述可以确定，情态助动词的某些词典义项虽然也能够表达情态意义，但它们却并不是真的词义，而是当情态助动词入句以后由句子衍生的语用含义。不过人们很容易将这些"假词义"也误认为是真的词义，可见词义与非词义在很多时候也常容易被人们混淆。其实并非仅限于情态范畴，在其他意义范畴中也存在这种现象。左思民（2019）曾对这个问题进行过探讨，这里转引其两例用作说明。

例如，助词"过"的义项2表示"远"的过去时义。请看：

(25) 他去年来过北京。[《现代汉语词典（增订本）》用例]

(26) 我们吃过亏，上过当，有了经验了。[《现代汉语词典（增订本）》用例]

(27) 去北京的事他跟我提起过。[《现代汉语八百词（增订本）》用例]

《现代汉语八百词（增订本）》（1999：247）释义"过$_2$"为："用在动词后，表示过去曾经有这样的事。"《现代汉语词典（第7版）》（2016：501）释义"过$_2$"为："用在动词后，表示某种行为或变化曾经发生，但并未继续到现在。"这两本词典均提到了"曾经"，该词在《现代汉语词典（第7版）》（2016：133）中又被释义为："表示从前有过某种行为或情况"，而该释义中的"从前"又被《现代汉语词典（第7版）》（2016：218）释义为："过去的时候；以前。"可见，"过$_2$"表示的"曾经的行为"指向距离说话时间有较远距离的"远"的过去时。不过左文认为这种"远"过去时意义是语用含义，因为它可以被取消。比如：

(28) 他上周去过北京。
(29) 我们刚吃过亏，上过当，可以说是惊魂未定。
(30) 去北京的事今天上午他跟我提起过。（以上转引自左思民例证）

再比如：副词"就"的义项六表示"强调数量多寡"之义。例句如下（符号'表示重音）：

(31) a. 他'就要了三张票。
　　 b. '他就要了三张票。
(32) a. 老周'就讲了半个小时。
　　 b. 老'周就讲了半个小时。（以上转引自左思民例证）

《现代汉语八百词（增订本）》（1999：317）释义副词"就$_6$"表示："强调数量多寡。"上述（31a）和（32a）均可以表示"数量少"；（31b）和（32b）均表示"数量多"。左文认为，这是由强调重音的位置不同而导致的意义不同,因此这也是语用含义。文章认为,"就"在句中的作用只有两个:"一是表强调,二是充当语用推理触发器。"若去掉句中的"就",则句子不表示强调义,可见强调义是"就"所负载的。比如:

(33) a. 他要了三张票。
   b. 他<u>就</u>要了三张票。
(34) a. 老周讲了半小时。
   b. 老周<u>就</u>讲了半小时。(以上转引自左思民例证)

  在句中"就"的强调作用下,或是强调数量多,或是强调数量少,而如何判定则取决于交际者对所谈论对象的了解程度与上下文语境,以及交际者拥有的常识和语用推理能力。
  通过上述举例我们想说明的是,在自然语言中表达的很多意义其实都是语用性的,这种现象似乎也体现了人类语言的一个普遍特点。语用含义产生的原因在本书中也已经给出了尝试性的解释,一方面或许是因为受限于人类的自身因素限制(比如记忆能力有限等),而另一方面也更是为了满足人们使用有限的语言形式传达无限丰富意义内容的需要,这是遵循语言交际中经济原则的必要要求。不过值得注意的是,有些语用含义也只是在具体某个特殊语境下才会临时性地出现,它们对语境的特殊性要求很高,其出现或使用的频率较低,也可能以后不会再出现或再次被使用;但也有些语用含义则不同,随着出现或被使用的频率增多,它们对特殊语境的依赖程度也在慢慢降低,也有机会受到规约作用的影响而逐步被固化下来。霍伯尔和特拉格特(Paul J. Hopper & Elizabeth Closs Traugott,汉译本,2008:100,101)曾说:"关于语用推理在语法化中具有什么样的作用,格莱斯(Grice)在他的那篇有重要影响的文章《逻辑与会话》的末尾做了试探性的陈述:'可以说,会话隐涵变得规约化开创了生活,这不是不可能的。'""达尔(Dahl)假定他所说的很多时和体的'次要意义',例如完成体的'现在时关联',都来源于隐涵义的规约化","在语法化的早期阶段会话隐涵义经常变得'语义化'，即成为某一形式的语义多义性的一部分。"由此可见，至少有一部分词义是从具有语用属性的语用含义逐步被规约而固化下来的。本书中提到的这些语用情态意义似乎就正在经历这一过程。它们之所以被误认为是词义，也正说明了在日常交际中人们会经常使用到它们而并不会容易发觉有何不妥之处，它们对特殊语境的依赖程度显然也并不是很高，其中某些很可能也已经处在半规约的状态之中。但即便如此，它们还是可以被取消的，并不能算是真正的词义。

若更进一步看，我们完全可以有理由展开大胆推测，在外语中依靠情态助动词所表达的情态意义也很有可能会存在这样的情况。比如英语中的情态助动词"Can"，它一方面可以表达动力情态意义。《牛津高阶英语词典（第9版）》（2016：214）对其释义是："Used to say that sb knows how to do sth.（用于表示某人知道如何做某事。）"例如：

(35) She *can* speak Spanish.
（她会说西班牙语。）

另外，"can"还可以表示义务情态意义。《牛津高阶英语词典（第9版）》（2016：214）对此释义是："Used to show that sb is allowed to do sth.（用于表示某人允许做某事。）"例如：

(36) You *can* take the car, if you want.
（如果你想，你可以把车开走。）

最后，《牛津高阶英语词典（第9版）》（2016：214）还释义了"can"也有另一条义项，即："Used to say that it is possible for sb/sth to do sth, or for sth to happen.（用来表达某人/某物有可能做某事或某事有可能发生。）"该义项可以表达认识情态意义。例如：

(37) *Can* you call back tomorrow?
（你能明天再打来吗？）

依据该释义，句中的"can"表示"有可能"，这与现代汉语中"能₅"表示"有可能"语用含义的情况极为相似，那么会不会实际上该义项也并非"can"的词义，或者说还未被彻底规约为"can"的词义，而也是语用含义？

其实不仅仅是在英语里，在其他语言中，比如在德语和法语中也同样存在这种情况，即不少表达动力情态意义或义务情态意义的情态助动词同时也承担了表达认识情态意义的任务。如德语的情态助动词"*Können*"（/'kœnən/）和法语的语式助动词"*Pouvoir*"（/puvwaʀ/）。

德语的"*Können*"可以表达动力情态意义。《德汉双解德语学习词典》（2003：283）释义"*Können*"为："beherrschen, verstehen."（能够；会，懂。）例如：

(38) Sie *kann* tanzen und sehr gut Gitarre spielen.
　　　她　会　跳舞　并且　很好　吉他　弹
　　　（她<u>会</u>跳舞，并且吉他也弹得很好。）

另外，它还可以表达义务情态意义。《德汉双解德语学习词典》（2003：283）对此释义是："dürfen.（可以，该）"例如：

(39) *Kann* ich das Fenster öffnen？
　　　可以　我　　　窗户　打开
　　　（我<u>可以</u>把窗子打开吗？）

而"*Können*"也还能够表达认识情态意义。《德汉双解德语学习词典》（2003：283）对此释义是："*Können*"表示"wahrscheinlich/möglich sein."（可能，也许。）例如：

(40) Mein Vater *könnte* morgen kommen.
　　　我的　爸爸　可能　明天　来
　　　（我的<u>可能</u>明天来。）

同样地，法语的"*Pouvoir*"也是如此。它同时可以表达动力情态意义。《拉鲁斯法汉双解词典》（2001：1512）释义"*Pouvoir*"为："Être capable de; avoir la faculté, la possibilité de."（能，能够，会。）例如：

(41) Il *peut* nager jusqu' à 2000 mètres sans arrêter.
　　 他 能　游泳　到　2000 米　　没有停下
　　（他能不停歇地游上 2000 米。）

另外，"*Pouvoir*"也可以表达义务情态意义。《拉鲁斯法汉双解词典》（2001：1512）将其释义为："Avoir le droit, l'autorisation de."（表示［权利，许可］可以。）例如：

(42) Ton travail est fini ? Bon, alors, tu *peux* sortir.
　　 你的 工作 结束了　好　那么　你可以 离开
　　（你的工作结束了？好，那么你可以走了。）

最后，"*Pouvoir*"也还可以表达认识情态意义。《拉鲁斯法汉双解词典》（2001：1512）将其释义为："Indique l'éventualité, la probablitité."（［表示可能性］可能，大概。）例如：

(43) Il *peut* pleuvoir demain.
　　 它 可能 下雨　明天
　　（明天可能下雨。）

不过，由于以上所涉外语并非母语，所以实际上我们目前也较难确定这些情态助动词所表达的认识义是否也已经被规约为固有的词义，但这里仍不妨作一个大胆的推测，既然汉语中存在此类将语用含义误作为词义的情况，那么在外语中很可能也会存在此类情况。但是，无论以上这些所表达的认识义，或是已经被规约为词义，又或是仍处于被规约的过程之中，如果从情态语义演变的语法化角度考虑（即情态的语法化基本经历由根情态向认识情态转变的路径），则它们极有可能都是从根情态义上逐步衍生出来的结果，都是由语用含义逐步被固化的产物。

第三节 关于"言据性"的问题

在帕尔默的情态分类体系中，"言据性"（evidentials）作为命题情态的下位类型之一，与认识情态并列，指的是发话者在表达主观态度的过程中标记言语信息来源的一种语言现象。言据性可以理解为是发话者基于一些证据的基础上做出的主观判定，也可以被描述为发话者做出的带有证据性的宣称（Anderson，1986）。请看：

(44) 我<u>看到</u>小王回家了。
(45) <u>听说</u>小王出国了。

在上述例（44）中，关于"小王回家"的判定是基于发话者"看到的证据"，而在例（45）中，关于"小王出国"的判定是基于发话者"听到的证据"。以上两句都是发话者基于一定的证据做出的主观判定，均表现为"言据性"情态的表达。依据拜比（Bybee，1985），做出判定所基于的证据可以分为直接证据（direct evidence）和间接证据（indirect evidence），也就是说话人信息来源的性质是第一手的还是第二手的。直接的或者经过证实的第一手证据涉及视觉（visual sense）、听觉（auditory sense）或者其他三觉等。而间接证据有两种类型：报告型（reported）和推论型（inferred）。前者如"传闻"（hearsay）、"传说"（folklore）等；后者如基于可观察到的证据（observable evidence）做出对结果的推论等。（Willett 1988：56-57）

汉语中对言据性情态的表达主要借助能够表达视听类意义的动词或短语等语言形式。但在形态丰富的语言中，言据性情态的表达主要依靠能够标明说话者知识来源（source）和可靠性（reliability）的语法标记（marks）。比如，依据奥斯瓦德（Oswalt，1964）的描述，在卡夏亚语

(Kashaya，一种美洲原住民印第安语）中就具备能够标记言据性意义的词缀。其中，直接可见的视觉性证据被标记为"-y（a）"，听觉性证据被标记为"(V) n（na）"，一般感觉性证据被标记为"-w（a）"，未指明的直接证据也会被分开标记为"yow（a）"和"-miy（a）"，后缀"-do"标记了所有的报告性证据，而从经验结果得到的推论性证据则由"-q（a）"标记。例如：

（46） momma*y*
　　　 跑（看到）
　　　 （我刚刚看到他跑了。）

（47） mu   haya   cahno*nna*m
　　　 狗   声音   响应（听到）
　　　 （我听到了狗叫声。）

（48） s'ihtayacma   cahno*w*
　　　 鸟   声音（感觉到）
　　　 [（我能感觉到）鸟在歌唱。]

（49） men   s'i   yi? ci? ti*miy*
　　　 这样 做   过去从未（有证据）
　　　 （过去他们从来没有这样做过。）

（50） qacuhse   hqamac'ke? *do*mta
　　　 草地游戏   将要玩（报告称）响应
　　　 [（有报告称）他们要玩草地游戏。]

（51） cuhnii   mu? a*q*
　　　 面包   已经被烘烤（我能闻到）
　　　 （面包已经在烘焙了。）

同样地，在图尤卡语（Tuyuca）中，依据威力特（Willett，1988：72-93）的描述，言据性的表达有两个直接证据来源和三个非直接证据来源，并且也能够分别被不同的语法词缀所标记。比如直接来源，包括"视觉的"（被标记为"-wi"），"听觉的"（被标记为"-ti"）。非直接来源,包括"二手证据"的(被标记为"-yigi"),"基于可见结果的推论"的(被标记为"-yi"),以及其他推论的(被标记为"-hiyi")等。例如,同样是关于"他刚刚在踢足球"的一个事件,就能够有如下五种言据性的表达情况。请看:

(52) diiga　ape*wi*
　　　〔他刚刚在踢足球(我看到了)。〕

(53) diiga　ape*ti*
　　　〔他刚刚在踢足球(我听到了但是没有看到)。〕

(54) diiga　ape*yigi*
　　　〔他刚刚在踢足球(某人告诉我的)。〕

(55) diiga　ape*yi*
　　　〔他刚刚在踢足球(我看到了证据)。〕

(56) diiga　ape*hiyi*
　　　〔他刚刚在踢足球(假设他踢足球是合理的)。〕

从上述情况看,卡夏亚语和图尤卡语中并没有表达与"可能"和"必然"意义相关的认识情态的语法手段,而主要依靠表现不同证据意义的语法词缀以"言据性"的方式表达对一个事件发生情况的判定。这与在上一部分中我们谈到的在英语里借助情态助动词表达命题情态的情况不同。英语中的情态助动词可以表达"可能"和"必然"意义,但难以表达"言据性"意义。这么看来,不同的语言在对命题情态下位两种类型"认识情态"和"言据性情态"的表达倾向上可能也存在差别,似乎有的语言对命题的判定主要是基于对命题真值做出"可能"和"必然"的基础上展开,也有的语言更倾向于从"证据"的直接性或者说可信性的程度上展开。不过我们也能发现,在德语中除了具备"可能"和"必然"意义的表达手段之外①,还包含了三种"言据性"的表达手段,表现为可以通过三种策略(device)来修饰"*what is said*"(即"所说

---

① 可参考在上一部分中凭借德语情态助动词 *Können* 展开表达的语例。

出的命题内容")。包括：

第一种，利用虚拟语气（subjunctive），用来指向所说的内容并非说话者自己声明的部分。例如：

(57) Er habe sich von ihm bedroht gefühlt.
He felt himself to be threatened by him.
（他感觉到自己受到了他的威胁。）

在上例中，虚拟形式"habe"指明了证据的支持力度。

第二种，利用表情态动词（modal verb）"sollen"，可以被用来表达"*It is said that...*"（即"据说"）。比如：

(58) Er soll steinreich sein.
He is said to be extremely rich.
［（我听别人说）他非常富有。］

第三种，利用"wollen"，可以用来指明对某人说过的声明或言说内容的转述。比如：

(59) Er will eine Mosquito abgeschossen haben.
He claims to have shot down a Mosquito (plane).
（我听他说他击落了一架名叫"蚊子"的飞机。）

通过以上例子可以看出，在德语中的命题情态可以部分地基于对"可能"和"必然"的讨论之上展开，同时也可以是基于对证据来源远近的"言据性"讨论之上展开。

就"言据性"而言，证据的来源远近指向了说话者对他所说的话语内容为真的承诺程度。所以对具备"言据性"表达倾向的语言而言，其注意力并不是被放在对一个命题事件所呈现某种具体情况的最终判定结果之上，而是放在了信息来源的可靠性之上，至于最终的判定结论是供听话者自行判断的；相比之下，基于"可能"和"必然"展开认识情态讨论的语言则更加关注命题事件的最终判定结果。而如果一定要与"可能性"程度相对照的话，那么经过证实性的证据表达的内容或多或少可等同于"我心里明白""我知道"；经报告性的证据表达的内容或多或少可等同于"有可能"；而经推论性的证据表达的内容则或多或少可等同于"很有可能如此"。

总的来看，命题情态可以分别基于"可能/必然"或者"言据性"基础上展开，这便构成了两种不同的情态子系统，而不同类型的语言也将会利用这两种子系统呈现出多样的变化。英语似乎是基于"可能/必然"展开命题讨论的一种语言，卡夏亚语和图尤卡语则是通过"言据性"表达对命题的讨论，而德语则具备了一套由两个子系统相混合的系统。那么依据"可能"和"必然"构建的"认识情态"与依据"证据来源"构建的"言据性情态"这两种子系统之间的界限是否足够清晰，对不同子系统呈现选择倾向的语言彼此之间在语法特点上以及隐藏在语言背后的民族思维模式方面又有哪些不同，以上种种仍然有很多需要描述和可供挖掘的探讨空间。

结　　语

　　本书以情态助动词作为考察视角对汉语情态在性质与表达方面的情况展开探讨。全书按照以下四个部分逐步推进。

　　第一部分为第一章，主要围绕情态概念作概述，系统梳理了东西方情态研究的主要发展脉络，在分析了与情态相关重要术语的内涵以及情态语义组成特征的基础上对情态概念作了界定。

　　第二部分为第二章至第六章，通过结合三部权威词典对汉语中典型的情态助动词的表情态义项展开分析梳理，构建出待考察义项词表。之后依据义项词表考察汉语情态在表达模式上的多样性情况。经验证发现，情态助动词的词典义项并非全都是词义，其中也包括了被误当成词义的语用含义，进而借助情态助动词表达的汉语情态在语义和语用的双重性质上呈现出分立。其中，由词义表达的为语义性质情态，由语用含义表达的为语用性质情态。

　　第三部分为第七章，主要基于情态的表达过程尤其是语用情态义的衍生路径归纳分属于不同语言层面的表达条件，分析其各自所发挥的作用和使用特点，以及在界面互动过程中的使用地位。

　　第四部分为第八章和第九章，主要从哲学和心理学等角度对隐藏在情态语言下的人们认知思维特点展开挖掘，同时对一些情态的相关问题作扩展性思考。

一　总结

（一）对情态的基本看法

情态意义是复杂的，具有多样且不同的意义类别，表现的具体意义内容也各不相同。尽管如此，不同类型的情态意义也正是因为具备了相同的特点才都有资格被称为情态意义。

首先，通过对关键概念和术语的释读有助于更好地把握何为情态，这些概念包括"事件"（event）、"主观性"（subjectivity）和"非现实性"（irrealis），而情态正是统合于这三重概念之上的表达。需要注意的是，学界或是基于不同的学术流派，又或是从不同的语言理论视角出发，对这三个术语的界定与释读也并不统一，因此对概念的释读首先就需要定位到情态的表达之上。情态中的"事件"不同于经典解读的"事件"。经典的"事件"作为一种情状类型，与"状态"和"活动"相对立，基本可以等同于"瞬成"和"渐成"这两种情状类型。但情态中的"事件"应作更为宽泛的解读，它指的是"基于动词指向的一系列事情"，即情态所讨论的"事件"作为一个实体形式，实际上可以涵盖包括"瞬成""渐成""状态"和"活动"等所有情状类型。情态中的"主观性"可以理解为与"客观性表达"相对的言者"主观性表达"，这样可以避免"句句皆有情态"的论断。如果说"客观性表达"体现为言者对其所认定的客观事实展开命题性直陈，中间不掺杂言者的个人观点和态度等主观性意义内容，那么"主观性表达"则是在命题性直陈的基础上额外添加了个人的主观性看法和评价。如此处理与帕尔默对"情态"与"非情态"的区分相一致。情态中的"非现实性"指"对事件情景的想象"，非现实性事件情景指的也就是那些通过想象来把握和感知的事件情景。从客观上说，无论事件是在过去或现在时间上已经发生或正在发生的事实性事件，还是在过去或现在从未发生，以及在将来时间上才会发生的非事实性事件，只要它们是在人的想象或思维领域中被展开讨论，都是具备"非现实性"的事件情景。

在把握了关键术语的内涵之后便可以对情态意义做出整体上的把握。通过对不同类型情态意义展开语义特征的分析可知，情态意义均是由［想象的事件情景］、促成的［因素］以及［言者主观看法］三个语义要素构成的。基于此，我们便能够从总体上对情态和情态意义做出限定：情态表现为发话者围绕着一个想象的事件情景所阐发的个人主观看法或态度，其表达出的具体态度内容则为情态意义。其中，"主观性"和"非现实性"是情态意义的基本属性，同时也可以作为情态意义身份的基本判定标准。此外，我们认为，动力情态的表达效果需要依情况而定，例如同样一句话"蜜蜂能酿蜜"，既可以表达发话者认定"蜜蜂有能力使得酿蜜这件事随时有机会发生"，此时表达的是动力情态意义；也可以表达发话者对客观事实"蜜蜂有酿蜜的能力"的直陈，那么此时不表达情态意义。但即便如此也不能直接将动力情态排除在情态范畴之外，因为当动力情态意义一旦被表达成功，其本身也同时满足情态的判定标准，符合情态特征。

（二）对汉语情态表达模式的基本看法

情态助动词是个封闭类，数量有限且具备多义性，相比于其他表达手段来说在所能涵盖到的情态表现类型上也更具优势，是汉语中表情态的优势性手段。当前有不少人认为情态是一个具备语义性质的概念，这是因为情态意义的表达主要依靠情态助动词等词汇手段。虽然从表面上看得出这一结论无可厚非，但也存在问题，因为在有些时候虽然有情态助动词的参与，可情态意义却是基于全句句义上的语用推理衍生出的语用含义表达，只不过这些语用含义常常与词义之间界限模糊，容易使人产生混淆，误将其当作情态助动词的词义。据此我们能够得出结论，若从情态助动词对情态意义的表达上看，情态不仅是语义的，同时也是语用的，具备多重性质。

依据先贤的研究结论同时结合《现代汉语八百词（增订本）》《现代汉语词典（第7版）》《现代汉语规范词典（第3版）》三部权威词典，我们对典型的汉语情态助动词进行了筛选，同时对其各自的表情义项作了分析梳理。这些作为研究样本的典型情态助动词包括："能、能够、可以、可、会、应该、应当、应、该、得（děi）、须要、要、肯、敢、配"共15个。义项条目梳理与性质判定结果归纳如下（参见表1）：

表1　　　　　　汉语典型情态助动词及其表情态义项性质判定

情态助动词	词义	语用含义（假词义）
能	能$_1$：表示有能力做某事。 能$_2$：表示具备功能被用于做某事。 能$_3$：表示情理上许可。 能$_4$：表示环境上许可	能$_5$：表示有可能。 能$_6$：表示善于做某事
能够	能够$_1$：表示有能力做某事。 能够$_2$：表示具备功能被用于做某事。 能够$_3$：表示情理上许可。 能够$_4$：表示环境上许可（"能够$_5$"实则不存在）	
可以	可以$_1$：表示有能力做某事。 可以$_2$：表示具备功能被用于做某事。 可以$_3$：表示情理上许可。 可以$_4$：表示环境上许可	可以$_5$：有可能。 可以$_6$：表示值得做某事
可	可$_1$：表示具备功能被用于做某事。 可$_2$：表示情理上许可。 可$_3$：表示环境上许可	可$_4$：表示有可能。 可$_5$：表示值得做某事
会	会$_1$：表示有能力做某事（或懂得怎样做某事）。 会$_2$：表示有可能	会$_3$：表示善于做某事
应该	应该$_1$：情理上必须如此。 应该$_2$：环境上必须如此。 应该$_3$：估计情况必然如此	
应当	应当$_1$：情理上必须如此。 应当$_2$：环境上必须如此。 应当$_3$：估计情况必然如此	
应	应$_1$：情理上必须如此。 应$_2$：环境上必须如此。 应$_3$：估计情况必然如此	
该	该$_1$：情理上必须如此。 该$_2$：环境上必须如此。 该$_3$：估计情况必然如此	

续表

情态助动词	词义	语用含义（假词义）
得（děi）	得₁：情理上必须如此。 得₂：环境上必须如此。 得₃：估计情况必然如此	
须要	须要₁：情理上必须如此。 须要₂：环境上必须如此	
要	要₁：表示有意愿做某事。 要₂：情理上必须如此。 要₃：环境上必须如此。 要₄：将要（表"将来"不表情态）	要₅：表示有可能。 要₆：用于比较句中，表示估计
肯	肯：表示有意愿做某事	
敢	敢₁：表示有勇气做某事	敢₂：表示有把握作某种判断
配	配：表示有资格做某事	

可以发现，除了"要₄"自身仅表示的是时间概念而不表情态，其他情态助动词的诸词义以及被误当成词义的语用含义都能表达不同类型的情态意义。通过对3种缺失情态类型"功能情态""环境情态""价值情态"的增补，我们归纳出在汉语中依靠情态助动词可以表达的汉语情态类型共有8种，其各自表达的具体情态意义描写如下：

【认识情态】：发话者基于个人的认识因素在主观上估计某事件可能呈现某种情景，或在主观上估计某事件必然呈现某种情景。

【义务情态】：发话者依据道德或法律规章以及由此赋予的个人自主权威等因素认定某事件理所应当被执行或许可被执行。

【环境情态】：发话者依据客观现实环境或条件等因素认定某事件理所应当被执行或许可被执行。

【能力情态】：发话者认定事件主体（某人或有生物）因为具备能力而使得某事件有潜在性发生或有潜在性呈现某种情景。

【功能情态】：发话者认定事件主体（无生物）因为具备功能而使得某事件有潜在性发生或有潜在性呈现某种情景。

【意愿情态】：发话者认定事件主体因为具备做某事的意愿而使得某事件有潜在性发生或有潜在性呈现某种情景。

【勇气情态】：发话者认定事件主体因为具备做某事的勇气而使得某事件有潜在性发生或有潜在性呈现某种情景。

【价值情态】：发话者依据事件主体自身所具备的价值而认可了在现实中做某事的发生。

依据对义项性质的判定结果，我们又可以将汉语情态助动词所能表达的情态类型在多重性质上做出进一步划分（参见表2）：

表2　　基于情态助动词表达的汉语情态类型双重性质划分

情态类型	语义性质	语用性质
认识情态	由"会$_2$、应该$_3$、应当$_3$、应$_3$、该$_3$、得（děi）$_3$"表达	由"能$_5$、可以$_5$、可$_4$、要$_5$、要$_6$、敢$_2$"表达
义务情态	由"能$_3$、能够$_3$、可以$_3$、可$_2$、应该$_1$、应当$_1$、应$_1$、该$_1$、得（děi）$_1$、须要$_1$、要$_2$"表达	
环境情态	由"能$_4$、能够$_4$、可以$_4$、可$_3$、应该$_2$、应当$_2$、应$_2$、该$_2$、得（děi）$_2$、须要$_2$、要$_3$"表达	
能力情态	由"能$_1$、能够$_1$、可以$_1$、会$_1$"表达	由"能$_6$、会$_3$"表达
功能情态	由"能$_2$、能够$_2$、可以$_2$、可$_1$"表达	
意愿情态	由"要$_1$、肯"表达	
勇气情态	由"敢$_1$"表达	
价值情态	由"配"表达	由"可以$_6$、可$_5$"表达

从上表可见，可通过语用手段实现衍生的情态类型主要出现在认识情态、能力情态和价值情态三类之中。此外，从衍生方式上看主要又可分为三种类型：

第一类　由一种情态义之上衍生出另一种情态义，即情态义的跨类衍生。

1. 基于能力情态衍生的认识情态（能$_1$→能$_5$；可以$_1$→可以$_5$）。
2. 基于功能情态衍生的认识情态（能$_2$→能$_5$；可以$_2$→可以$_5$）。
3. 基于义务情态衍生的认识情态（能$_3$→能$_5$；可以$_3$→可以$_5$；可$_2$→可$_4$）。
4. 基于勇气情态衍生的认识情态（敢$_1$→敢$_2$）。
5. 基于义务情态衍生的价值情态（可以$_3$→可以$_6$；可$_2$→可$_5$）。

第二类　由非情态义的基础上衍生出的情态义。

1. 基于"将来"意义衍生的认识情态（要$_4$→要$_5$）。
2. 基于"评价"意义衍生的认识情态（要$_6$：要$_{评价}$→要$_{估计}$）。

第三类　同类型情态中由元等级情态义衍生出的高级等级情态义。

1. 由具备元等级的能力情态提升为具备高等级的能力情态（能$_6$，会$_3$）。
2. 由认识情态中的元可能性提升为认识必然（要$_5$，要$_6$）。

最后，在由非情态义衍生情态义的类型探讨中，我们分析了"将来"与"情态"间的关系，认为虽然人们可以借助"将来"时间义表达主观预测的情态义，但表达成功的原因并非源于"将来"本身，而是源于人们对居于"将来"时间上的"将来事件"抱有的主观"不确定性"。"将来"仅是表示时间范畴的概念，它与"情态"互不隶属，本身不表情态。

（三）对情态表达条件的相关看法

在借助情态助动词表达情态意义的过程中，我们发现除了需要基于某些语内条件外，很多情况下也还同时需要借助语外条件的配合。其中语内条件包括："情态助动词""信息提示性词语""构式或固定搭配"等；语外条件包括："语境""交际者'定识'""常规语用推理模式""言语行为"等。

从语义条件所发挥的作用上看，情态助动词可以标记一个事件的非现实性质，这是情态意义得以表达的重要前提。在对语用情态的表达中，情态助动词自身词义可以参与构成引发推理的前提意义，而个别情态助动词还具备触发语用推理的功能。信息提示性词语主要用于提示听话者展开推理,多用于情态义的跨类衍生以及由非情态义衍生情态义的过程中。此外,特定的构式或固定搭配也能作为情态表达的重要语言条件,凭借构件间的"超定识"组配触发语用推理。在这些语义条件中,情态助动词是"必有项",其他语言条件为"选有项"。

从语用条件所发挥的作用上看,语境和交际者"定识"主要用于协助推理,二者也是语用因素中的"必有项"。其中,交际者"定识"除了能够补充缺失的前提信息外,也能够形成"定识冲突"触发推理。"常规语用推理模式"主要包括"语用性的演绎推理""溯因推理"以及"隐性的直觉性推理"等内容,也是语用情态表达中的"必有项",但依据所表达情态类型的不同,选取的具体推理模式也会不同。最后,借助特定"言语行为"也能提升情态义的语义等级,"言语行为"也可作为语用情态衍生过程中重要的语外条件。

(四) 对寓于情态中认知思维特点的挖掘

语言是思维的工具,能够全面地反映出一个民族全部精神活动和生产、生活活动的状态,同时也是各个民族在思想、实践和文化上的外衣。作为人们内在世界的语言表现,情态语言也具备鲜明的关于人类认知与思维方式的人文性色彩。

在世界诸多语言中普遍存在一种有趣的现象,即无论何时,当一个时制形式缺乏时间上的指称力度时,它便可能表达了情态。汉语中,借助表达"将来"时间意义的"要$_4$"表认识情态便是如此,这种借助"将来"时间意义表达语用性认识情态义利用到了人们"以时间转喻空间"的认知思维模式,这也是人们对"时间"与"空间"采取了一体化认知的体现。通过将事件置于"将来"(也包括"过去")时间上展开讨论,必然也就预设了一个与"将来"(或"过去")时间相依附的"可能世界空间",进而对事件的谈论将被转喻到可能世界领域,由此引发了情态义的表达。此外我们也发现了在时空互动过程中,概念间的转喻并不仅仅是简单地从一个概念("时间")指向另一个概念("空间"),也涉及"时间性"与"空间性"的负相关,二者之间呈现出此消彼长的状态,这也与时间指称词如果不突出表达时间义则会更突出表达情态义存在内部的一致性。

　　在动力情态的表达中也隐藏着一种人们普遍的认知模式,即"事件框架"。动力情态的表达过程是通过表面上对某种客观事实的直陈来引出相关事件随时随地有机会发生的非现实性意义内容,即借由"现实性"(realis)来表达"非现实性"(irrealis)。可以发现,"现实性"与"非现实性"的意义内容共处于同一个认知框架的"首端"和"尾部",前者是后者发生的前提。动力情态正是借助了"事件框架"通过对首阶段开启注意力视窗,由此来唤起对处于事件框架尾阶段的预期。"事件框架"的认知模式产生于人们对客观世界的观察,以及对处于客观世界中事物之间关系的基本认知之上所形成的认知结构,同时这也是人类经验和理解中一种联系抽象关系和具体意象的组织结构。

　　汉语情态的表达过程也能体现出"省力原则"。在交际中追求"省力"也是人的本能之一,是人们在展开认知活动中所追求的一种心理价值。语言交际中的省力包括"表达上的省力"和"理解上的省力",只有两方面达到平衡才是最优状态。针对借助元等级的表述方式表达高等级的情态语义来说,实现"省力"的前提要求交际者具备共有"定识"内容,进而听话者才能在语义解码中将发话者缺失的信息予以补充。而利用构式义表达情态义的"省力"得以实现源于人们在交际中所积累的相关经验,当频繁在线生成并使用的语用含义与特定的结构形式绑定后,这种绑定将以认知模块的形式作为经验储存在人脑中,此时语用含义也将固化为构式义,以便在后续交际时发挥省力作用。

　　在对语用情态义的诸多推理模式中,隐性的直觉性推理占主要优势,这体现出人们在认知过程中更加注重"直觉"思维。"直觉"具备形象性和模糊性,是一个具备创造性和开放性的思维模型,也是人的本能之一。"直觉"诞生于人们长久积累的知识和经验,是把对已知情况的熟练掌握内化成一种"下意识"的情况,与逻辑相统一,而直觉推理即利用直觉做出的推理模式。由于它极为省力,几乎可以是人们下意识做出的反应,并且通过该模式所作出的推理结果相比于其他推理模式来说会更加多样,这对于实现快速且高效的语言交际过程也是非常重要的优势所在。基于直觉的分析过程即直觉性的思维过程,这也是人们在认识客观世界以及在展开各种实践活动中所用到的不可缺少的重要思维模式。

利用情态的表达也能实现人们对"礼貌"价值的追求。从交际双方"惠"与"损"的关系上看,恰当地利用义务情态或动力情态的表达方式可以更多地给予听话者"选择权",使其留有更多的选择余地而将"惠"实现最大,将"损"降低到最小,此时更容易传达发话者的主观态度,使其更容易被听话者接受,实现交际目的。"礼貌"是人们在交际中所遵从的交际价值,也是贯穿于整个交际过程中人们所采取的重要思维方式。

最后,情态的表达过程也能体现出中国传统的"中庸"哲学思想。"说话不要太过太满,要留有余地",通过基于元等级的情态形式表达极端的语义等级,以及在义务情态的表达中选择相对缓和的弱等级表述方式来传达言者主观意志,这样能够留给听话者更多余地,集中体现了传统"中庸"的思维方式。

(五) 问题的扩展

关于情态与言语行为间关系的探讨。虽然帕尔默从言语行为探讨义务情态,一方面摆脱了传统模态逻辑的束缚,从语言学视角发展了对情态新的认识,另一方面将情态引入语用领域,拓宽了研究格局与视野,不过也有问题须引起注意。首先,虽然义务情态被分为"指令类"与"承诺类"两种类型,但"指令"与"承诺"两类言语行为只是义务情态在语用层面发挥的语用功能,二者本身不是情态;其次,除了包含"指令类"与"承诺类"之外,义务情态也还存在"表述类",此为类型遗漏。实际上,由于情态与言语行为各自所关涉的世界层面不同,在分类过程中不仅要看表面呈现的语用现象,话语中所涉事件的展开时间与发话时间的先后关系,以及事件执行者与语境角色的对应关系等诸多支持条件也需要进行讨论。

关于情态语用性表达的思考。在情态助动词的词典义项中也夹杂着被误当成词义的语用含义,即"假词义"。但与其他临时性的语用含义不同,这些假词义似乎不那么需要依靠特殊语境的支持,具备一定程度上的规约性,很可能处于固化为词义的过程之中。在这些假词义中以认识情态的表达居多，这也是情态语法化进程的直接体现。我们猜测这种现象并非汉语独有，其他语言中很可能也存在类似情况。

关于"言据性"问题。"言据性"作为命题情态的下位类型之一，与认识情态并列，指的是发话者在表达主观态度的过程中标记言语信息来源的一种语言现象。与注重判定命题真值"可能"与"必然"的认识情态不同，言据情态的表达依靠提供证据来源的远近来反映对所涉命题为真程度的判断。汉语中对言据性情态的表达主要借助表视听类意义的动词或短语等语言形式，但在形态丰富的语言中，言据情态的表达主要依靠能够标明说话者知识来源和可靠性的语法标记。基于对广泛的语言类型之上进行考察，可以发现命题情态可以分别基于"可能/必然"或者基于"言据性"基础上展开，这便构成了两种不同的情态子系统，而不同类型的语言也将会利用这两种子系统呈现出多样的变化。有些语言如英语是基于"可能/必然"展开命题讨论的语言，也有些语言如卡夏亚语和图尤卡语则是通过"言据性"表达对命题的讨论，此外还有些语言如德语则具备了一套由两个子系统相混合的系统。而依据"可能"和"必然"构建的"认识情态"与依据"证据来源"构建的"言据性情态"这两种子系统之间的界限是否足够清晰，对不同子系统呈现选择倾向的语言彼此之间在语法特点上以及隐藏在语言背后的民族思维模式又有哪些不同，相关问题仍具有极大研究价值，可供继续探索与挖掘。

二 创新价值之处与后续研究方向

（一）创新价值之处

本书从语言界面的互动视角探讨汉语情态的表达特点，尝试为汉语情态研究提供一种新思路和新范式。在研究维度上，我们着重从语用层面入手以拓宽研究格局和视野，努力发展对汉语情态在表达模式方面的新认识。在研究过程中，我们严格区分了不同的语言层面，综合使用了"会话含义""关联理论""言语行为"和"语用推理"等语用学理论展开分析，多种理论和方法的运用以实现在研究方法上的创新。从所得结论上看，我们提出了"情态也是一个语用概念"的观点，通过研究语言界面的互动，探讨语言内部协同运作模式和体现的人们认知思维特点，为语言学研究向探索人类内在世界提供支持和依据。最后，本书也尝试对情态助动词的词义做出新的梳理，构建出考察词表，同时也着力探讨了语用含义与词义间的关系，以期对意义的相关研究以及对词典编纂等起到借鉴作用。

(二) 后续研究方向

首先，本书主要以汉语情态助动词为样本展开对情态意义在表达方面的相关考察，但并未涉及其他一些非语法的表达手段如情态副词、表情态动词，以及语法的表达手段如某些语气词等的表情态情况。对这些情况的探讨可以在后续逐步推进。其次，限于全书的论述主题，文中也并未对表达同类意义的情态助动词彼此间的使用特点和区别进行细致比较，这除了要注重对词汇意义间的区别性特征作出分析外，也更需要关注到句法使用以及在语用上的区别特点。在基于情态表达挖掘人们认知思维特点的过程中，我们目前也只是涉及了皮毛，仍需要结合哲学与心理学等相关理论知识从跨学科的角度作更加深入的探索。在最后的外语推广验证环节，由于所用材料非笔者母语，因此所得看法也只能是出于大胆猜测，某些较为隐蔽的问题也很可能会因此而忽略，这也需要在今后展开深入探讨。

相信对以上这些问题的展开，将可以更进一步推进对情态的相关认识，带来更为新鲜的发现与收获。

参考文献

一 中文著作

陈承泽：《国文法草创》，商务印书馆1982年版。
陈嘉映：《简明语言哲学》，中国人民大学出版社2013年版。
崔靖靖：《现代汉语情态动词的句法语义研究》，厦门大学出版社2015年版。
丁声树等：《现代汉语语法讲话》，商务印书馆1961年版。
范伟：《现代汉语情态系统与表达研究》，中国社会科学出版社2017年版。
高名凯：《汉语语法论》，商务印书馆1986年版。
何兆熊编：《新编语用学概要》，上海外语教育出版社2000年版。
何自然、陈新仁编：《当代语用学》，外语教学与研究出版社2004年版。
何自然、冉永平编：《语用与认知——关联理论研究》，外语教学与研究出版社2001年版。
洪心衡：《能愿动词、趋向动词、判断词》，新知识出版社1957年版。
胡波：《汉语情态助动词的句法分析》，中国社会科学出版社2016年版。
胡明扬编：《词类问题考察》，北京语言学院出版社1996年版。
胡裕树：《现代汉语》，上海教育出版社2011年版。
黄伯荣、廖旭东：《现代汉语》，高等教育出版社1991年版。
蒋严、潘海华：《形式语义学引论》，中国社会科学出版社1998年版。
黎锦熙：《新著国语文法》，商务印书馆1956年版。
李明：《汉语助动词的历史演变研究》，商务印书馆2016年版。

刘丹青编:《语言学前沿与汉语研究》,上海教育出版社 2005 年版。
吕叔湘:《汉语语法分析问题》,商务印书馆 1979 年版。
吕叔湘:《现代汉语八百词(增订本)》,商务印书馆 1980 年版 (1999 年重印版)。
吕叔湘:《中国文法要略》,商务印书馆 1942 版 (1982 年重印版)。
马建忠:《马氏文通》,商务印书馆 1898 年版 (2004 年重印版)。
马书东:《时间与空间互动研究:以汉语复现结构为例》,武汉大学出版社 2018 年版。
彭利贞:《现代汉语情态研究》,中国社会科学出版社 2007 年版。
齐沪扬:《语气词与语气系统》,安徽教育出版社 2002 年版。
邵敬敏:《现代汉语通论(第 2 版)》,上海教育出版社 2007 年版。
沈家煊:《不对称和标记论》,江西教育出版社 1999 年版。
汤廷池:《汉语词法句法论集》,台北学生书局 1988 年版。
陶炼:《形式描写与功能阐释:现代汉语语法词汇论稿》,中国矿业大学出版社 2008 年版。
王力:《中国现代语法》,商务印书馆 1943 年版。
王力:《中国语法理论》,山东教育出版社 1984 年版。
温锁林:《现代汉语语用平面研究》,北京图书馆出版社 2001 年版。
吾淳:《中国思维形态》,上海人民出版社 1998 年版。
熊学亮:《简明语用学教程》,复旦大学出版社 2008 年版。
徐晶凝:《现代汉语话语情态研究》,昆仑出版社 2008 年版。
杨黎黎:《汉语情态助动词的主观性和主观化》,世界图书出版公司 2017 年版。
张斌:《现代汉语语法十讲》,复旦大学出版社 2005 年版。
张谊生:《现代汉语副词研究》,学林出版社 2000 年版。
章士钊:《中等国文典》,商务印书馆 1907 年版。
赵元任:《汉语口语语法》,商务印书馆 1979 年版。
周北海:《模态逻辑》,中国社会科学出版社 1996 年版。
周小兵:《句法、语义、篇章:汉语语法综合研究》,广东高等教育出版社 1996 年版。

朱德熙：《语法讲义》，商务印书馆 1982 年版。

朱冠明：《〈摩诃僧祇律〉情态动词研究》，中国戏剧出版社 2008 年版。

左思民：《汉语语用学》，河南人民出版社 2000 年版。

　　二　译著

［德］威廉·冯·洪堡特：《论人类语言结构的差异及其对人类精神发展的影响》，姚小平译，商务印书馆 1999 年版。

［德］康德：《纯粹理性批判》，邓晓芒译，人民出版社 2004 年版。

［德］弗里德里希·温格瑞尔、汉斯－尤格·施密特：《认知语言学导论》（第二版），彭利贞等译，复旦大学出版社 2009 年版。

［法］丹·斯珀波、［英］迪埃珏·威尔逊：《关联：交际与认知》，蒋严译，中国社会科学出版社 2008 年版。

［美］帕特里克·赫尔利：《简明逻辑学导论（第 10 版）》，陈波等译，世界图书出版公司北京公司 2010 年版。

［美］鲍尔·丁·霍伯尔、伊丽莎白·克劳丝·特拉格特：《语法化学说》（第二版），梁银峰译，复旦大学出版社 2008 年版。

［美］欧文·M·柯匹、卡尔·科恩：《逻辑学导论》（第 13 版），张建军等译，中国人民大学出版社 2014 年版。

［美］泽诺·万德勒：《哲学中的语言学》，陈嘉映译，华夏出版社 2008 年版。

［英］杰弗里·N·利奇：《语义学》，李瑞华等译，上海外语教育出版社 1987 年版。

　　三　论文

贝罗贝、李明：《汉语意愿动词的历史演变》，载浙江大学汉语史研究中心编《汉语史学报》第 8 辑，上海教育出版社 2009 年版。

蔡维天：《谈汉语模态词的分布与诠释之对应关系》，《中国语文》2010 年第 3 期。

曹逢甫：《汉语的提升动词》，《中国语文》1996 年第 3 期。

陈光磊：《关于衡词的考察》，《复旦学报》1981 年增刊 S1 期。

陈伟英：《省略与省力》，《浙江大学学报》2005 年第 6 期。

陈禹：《现代汉语客观性范畴》，《汉语学习》2019 年第 3 期。

陈振宇：《再说"会"》，《世界汉语教学》2020 年第 1 期。

崔希亮：《事件情态和汉语的表态系统》，载中国语文杂志社编《语法研究和探索（十二）》，商务印书馆 2003 年版。

丁伟祥：《德语情态助动词的用法、词义及汉译问题的探讨》，《同济大学学报》1985 年第 3 期。

董秀芳：《主观性表达在汉语中的凸显性及其表现特征》，《语言科学》2016 年第 6 期。

［日］渡边丽玲：《助动词"可以"与"能"的用法比较分析》，载《第六届国际汉语教学讨论会论文选》，北京大学出版社 2000 年版。

［日］渡边丽玲：《助动词"能"与"会"的句法语义分析》，载陆俭明主编《面临新世纪挑战的现代汉语语法研究：'98 现代汉语语法学国际学术会议论文集》，山东教育出版社 2000 年版。

范文芳：《情态在不同语境中的意义》，《外语与外语教学》2006 年第 10 期。

范晓蕾：《以"许可—认识可能"之缺失论语义地图的形式和功能之细分——兼论情态类型系统之新界定》，《世界汉语教学》2014 年第 1 期。

封宗信：《系统功能语言学中的情态系统：逻辑、语义、语用》，《外语教学》2011 年第 6 期。

傅雨贤、周小兵：《口语中的助动词》，载中国语文杂志社编《语法研究和探索（五）》，语文出版社 1991 年版。

高增霞：《汉语的担心——认识情态词"怕""看"和"别"》，载中国语文杂志社编《语法研究和探索（十二）》，商务印书馆 2003 年版。

郭锐：《过程和非过程——汉语谓词性成分的两种外在时间类型》，《中国语文》1997 年第 3 期。

郭昭军：《从"会$_2$"与"可能"的比较看能愿动词"会$_2$"的句法和语义》，载中国语文杂志社编《语法研究和探索（十二）》，商务印书馆 2003 年版。

郭昭军、尹美子：《现代汉语必要类动词比较研究》，《汉语学报》2008 年第 1 期。

郭志良：《试论能愿动词的句法结构形式及其语用功能》，《中国语文》1993 年第 3 期。

何霜：《忻城壮语情态动词 ʔdai^{231} 语法化的类型学考察》，《民族语文》2018 年第 1 期。

何自然、冉永平：《关联理论——认知语用学基础》，《现代外语》1998 年第 3 期。

贺阳：《试论汉语书面语的语气系统》，《中国人民大学学报》1992 年第 5 期。

胡波：《汉语情态助动词的提升与控制》，《当代语言学》2015 年第 2 期。

胡明扬：《北京话的语气助词和叹词》，《中国语文》1981 年第 6 期。

胡明扬：《语气助词的语气意义》，《汉语学习》1988 年第 6 期。

黄和斌、戴秀华：《双重情态动词的句法、语义特征》，《外语与外语教学》2000 年第 3 期。

黄锦章：《从助动词的句法功能看"中间状态"的归类问题》，《汉字文化》1989 年第 3 期。

季红琴：《〈圣经〉语言情态的人际意义解读》，《外语教学与研究》2011 年第 2 期。

江天：《论"能""愿"等词的属性与功能》，《辽宁大学学报》1983 年第 2 期。

江晓红、何自然：《语用推理：逻辑的经验转向》，《解放军外国语学院学报》2006 年第 1 期。

蒋善民：《"会"和"能"用法异同》，《浙江师范学院学报》1982 年第 3 期。

蒋婷、金雯：《语料库视野下中国立法语言中的情态动词翻译研究》，《西南民族大学学报》2012 年第 1 期。

蒋严：《论语用推理的逻辑属性——形式语用学初探》，《外国语》2002 年第 3 期。

蒋勇：《省力原则与语言的选择》，《贵州师范大学学报》2007 年第 4 期。

李葆嘉：《汉语元语言系统研究的理论建构及应用价值》，《南京师范大学学报》2002 年第 4 期。

李丛禾：《英语情态动词意义的认知构建》，《天津外国语学院学报》2008 年第 1 期。

李庚钧：《能愿动词的范围和功能》，《辽宁大学学报》1979 年第 5 期。

李基安：《情态意义和情态助动词意义》，《外国语》1999 年第 4 期。

李基安：《情态意义研究》，《外国语》1998 年第 3 期。

李人鉴：《关于所谓"助动词"》，《语文研究》1983 年第 3 期。

李小军：《"敢"的情态功能及其发展》，《中国语文》2018 年第 3 期。

李战子：《从语气、情态到评价》，《外语研究》2005 年第 6 期。

李战子：《情态——从句子到语篇的推广》，《外语学刊》2000 年第 4 期。

李子云：《关于"能 + VP"结构》，《安徽教育学院学报》1990 年第 1 期。

廖秋忠：《〈语气与情态〉评介》，《国外语言学》1989 年第 4 期。

刘坚：《论助动词》，《中国语文》1960 年第 1 期。

刘月华：《动词重叠的表达功能及可重叠动词的范围》，《中国语文》1983 年第 1 期。

刘振前、生为：《现代汉语认识情态助动词的句法语义特征》，《吉林大学社会科学学报》2021 年第 3 期。

鲁川：《语言的主观信息和汉语的情态标记》，载中国语文杂志社编《语法研究和探索（十二）》，商务印书馆 2003 年版。

鲁晓琨：《助动词"会"和"能"的隐喻对比》，载《对外汉语研究的跨学科探索：汉语学习与认知国际学术研讨会论文集》，北京语言文化大学 2001 年版。

陆丙甫：《从语言类型学看模态动词的句法地位》，载中国语文杂志社编《语法研究和探索（十四）》，商务印书馆 2008 年版。

吕宏声：《谈"能愿动词"》，《沈阳师范学院学报》1986 年第 4 期。

马贝加：《能愿动词"要"的产生及其词义》，《温州师范学院学报》1994 年第 5 期。

马清华：《汉语情态统辖结构的整合与变异》，《山西大学学报》2017 年第 1 期。

马清华：《汉语情态协同关系及其复杂性》，《学术交流》2018 年第 6 期。

马庆株：《能愿动词的连用》，《语言研究》1988 年第 1 期。

马庆株：《能愿动词的意义和能愿结构的性质》，《语言学通讯》1989 第 3、4 期。

孟悦、张绍杰：《中国英语专业学生书面语认识情态表达的语际语用发展研究》，《中国外语》2010 年第 5 期。

齐沪扬：《语气副词的语用功能分析》，《语言教学与研究》2003 年第 1 期。

齐沪扬：《语气系统中助动词的功能分析》，载中国语言学会主编《中国语言学报（十一）》，商务印书馆 2003 年版。

强星娜：《意外范畴研究述评》，《语言教学与研究》2017 年第 6 期。

邵斌、王文斌：《英语情态动词 must 的语法化和去语法化认知阐释》，《现代外语》2012 年第 2 期。

邵敬敏、王玲玲：《"一不小心 X"构式与反预期主观情态》，《语言科学》2016 年第 6 期。

沈家煊：《讯递和认知的相关性》，《外语教学与研究》1988 年第 3 期。

沈家煊：《语言的"主观性"和"主观化"》，《外语教学与研究》2001 年第 4 期。

沈家煊：《语用原则、语用推理和语义演变》，《外语教学与研究》2004 年第 4 期。

施春宏：《"招聘"和"求职"：构式压制中双向互动的合力机制》，《当代修辞学》2014 年第 2 期。

施春宏：《构式三观：构式语法的基本理念》，《东北师范大学学报》2021 年第 4 期。

施春宏：《构式压制现象分析的语言学价值》，《当代修辞学》2015 年第 2 期。

施春宏、李聪：《"来+NP"的构式特征及其能产性》，《当代修辞学》2018 年第 6 期。

石毓智、白解红：《将来时标记向认识情态功能的衍生》，《解放军外国语学院学报》2007 年第 1 期。

税昌锡：《情态：定义、特征与表达手段》，《浙江科技学院学报》2018 年第 4 期。

孙德金：《汉语助动词的范围》，载胡明扬主编《词类问题考察》，北京语言学院出版社 1996 年版。

汤敬安：《情态动词的语用纵观性》，《外语与外语教学》2008 年第 9 期。

陶炼：《表示"或然性"的助动词"可能""会""能"之差异研究》，载复旦大学国际文化交流学院汉学研究室编《汉学论丛》第 1 辑，汉语大词典出版社 1997 年版。

陶炼：《助动词》，载胡裕树、范晓主编《动词研究》，河南大学出版社 1995 年版。

汪云：《情态理论下的英汉情态动词的情态意义对比分析——"can"和"能"的个案分析》，《太原大学教育学院学报》2008 年第 4 期。

王继红、陈前瑞：《"当"的情态与将来时用法的演化》，《中国语文》2015 年第 3 期。

王伟：《情态动词"能"在交际过程中的义项呈现》，《中国语文》2000 年第 3 期。

王晓钧：《从留学生的语病看汉语助动词的特点和用法》，《语言教学与研究》1983 年第 1 期。

王晓凌：《"会"与非现实性》，《语言教学与研究》2007 年第 1 期。

魏在江：《基于功能的英汉语情态隐喻对比研究》，《现代外语》2008 年第 3 期。

温锁林：《汉语中的语气与情态》，《南开语言学刊》2013 年第 2 期。

吴福祥：《语法化演变的共相与殊相》，载沈家煊等主编《语法化与语法研究（二）》，商务印书馆 2005 年版。

谢佳玲：《汉语表强调的"是"与表预断的"会"》，（台湾）《清华学报》2001 年第 3 期。

谢佳玲：《汉语情态词的语意界定：语料库为本的研究》，（台湾）《中国语文研究》2006 年第 1 期。

谢仁富：《能愿动词的又一特点》，《中学语文教学》1980 年第 5 期。

谢一：《纷繁与交织：西方情态研究的多重维度探析——兼论情态概念界定困难之原因》，载《语言研究集刊》第 26 辑，上海辞书出版社 2020 年版。

谢一：《论道义情态的言语行为分类》，《励耘语言学刊》第 36 辑，中华书局 2022 年版。

谢一：《论情态是一个语义兼语用的概念——从道义情态义的表达方式与行事特色谈起》，《语言教学与研究》2020 年第 1 期。

谢一、田宇贺：《汉语助动词"要"表认识情态的衍生机制》，《对外汉语研究》（第 29 辑），商务印书馆 2024 年版。

谢一、田宇贺：《情态构式"我敢 V$_{定论}$＋P$_{命题}$"的生成与适用》，《汉语学习》2022 年第 6 期。

谢一、曾传禄：《"不成"的语法化再探》，《宜宾学院学报》2015 年第 2 期。

谢一、曾传禄：《"难道""难不成"与"难道……不成"》，《集美大学学报》2015 年第 1 期。

谢一、张震：《将来意义的存在情态——一项语言类型学的海德格尔式考察》，《思想与文化》第 23 辑，华东师范大学出版社 2019 年版。

熊文：《汉语"能"类助动词和英语 can 类情态动词的对比》，载中国对外汉语教学学会编《中国对外汉语教学学会第五次学术讨论会论文选》，北京语言学院出版社 1996 年版。

熊文：《论助动词的解释成分》，《世界汉语教学》1999 年第 4 期。

熊文：《助动词研究述略》，《汉语学习》1992 年第 4 期。

熊学亮：《认知相关、交际相关和逻辑相关》，《现代外语》2000 年第 1 期。

徐盛桓：《含意本体论研究》，《外语教学与研究》1996 年第 3 期。

徐盛桓：《语用推理》，《外语学刊》1991 年第 6 期。

徐中意：《认识情态在政治话语中的认知—功能研究》，《外语研究》2017 年第 6 期。

许和平：《汉语情态动词语义和句法初探》，载《第三届国际汉语教学讨论会论文选》，语言学院出版社 1991 年版。

薛国富：《"能愿动词＋动词（形容词）"结构浅议》，《贵州师大学报》1989 年第 1 期。

杨贝、董燕萍：《汉语动力型情态动词的早期获得》，《华文教学与研究》2013 年第 1 期。

杨贝、董燕萍：《现代汉语情态动词早期习得的个案研究》，《外国语》2014 年第 1 期。

杨曙、常晨光：《情态的评价功能》，《外语教学》2012 年第 4 期。

余光武：《论情态动词"能"的核心语义及语用解读机制》，《语言科学》2017 年第 6 期。

曾凡桂：《论关联理论语用推理的溯因特征》，《外语与外语教学》2004 年第 5 期。

曾婷：《俄语情态情境成分的认知研究》，载复旦大学外文学院主编《复旦外国语言文学论丛》2017 年秋季号，复旦大学出版社 2018 年版。

张楚楚：《情态与非情态》，《西安外国语大学学报》2012 年第 2 期。

张全生：《中亚留学生"要"的情态义项习得顺序研究》，《海外华文教育》2014 年第 4 期。

张万禾：《助动词"要"的情态语义分析》，《现代语文（语言研究版）》2007 年第 1 期。

张文熊：《现代汉语能愿动词句的逻辑分析（上）》，《西北师大学报》1990 年第 3 期。

张谊生：《论与汉语副词相关的虚化机制——兼论现代汉语副词的性质、分类和范围》，《中国语文》2000 年第 1 期。

张谊生：《述宾还是状中：试论情态特征与句法功能之关系——兼论"X 于、X 以"类动词的副词化趋势》，载《语言研究集刊》第 26 辑，上海辞书出版社 2020 年版。

张勇、宋旭：《语言省力原则探究》，《青岛大学师范学院学报》2010 年第 1 期。

张粤河：《汉语的能愿动词与法语的语式助动词》，《法语学习》1998 年第 4 期。

张云秋、李若凡：《普通话儿童早期语言中的情态量级》，《中国语文》2017 年第 1 期。

张征、刘世铸：《情态及情态隐喻与学术话语对话空间建构》，《语言学研究》2016 年第 2 期。

章柏成、黄健平：《认知语言学与二语教学实证研究——时体与情态》，

《内蒙古师范大学学报（教育科学版）》2012年第9期。

章敏：《"本来"反事实句与情态共现问题研究》，《新疆大学学报》2016年第1期。

章敏：《"要不是"反事实条件句的情态问题研究》，《中南大学学报》2016年第2期。

赵春利、石定栩：《语气、情态与句子功能类型》，《外语教学与研究》2011年第4期。

越彧：《两种句法结构的情态化——兼谈其传信功能与语用趋势》，《汉语学习》2018年第1期。

郑贵友：《汉语"助动词"的研究刍议》，《汉语学习》1989年第6期。

郑天刚：《助动词的语义特征和句法特征》，载谢文庆、孙晖主编《汉语言文化研究》第8辑，天津人民出版社2001年版。

朱冠明：《汉语单音情态动词语义发展的机制》，《解放军外国语学院学报》2003年第6期。

朱冠明：《情态与汉语情态动词》，《山东外语教学》2005年第2期。

左思民：《何为"事件"》，参见"第17届中国语言与文化国际学术研讨会"，澳门大学，2015年。

左思民：《论和词义有关的语用操作》，《当代修辞学》2019年第4期。

四 学位论文、出站报告

崔诚恩：《现代汉语情态副词研究》，博士学位论文，中国社会科学院研究生院，2002年。

郭昭军：《汉语情态问题研究》，博士学位论文，南开大学，2003年。

郭昭军：《汉语助动词的情态表达研究》，博士后出站报告，上海师范大学，2005年。

黄蓓：《走向狭义语言主观性》，博士学位论文，浙江大学，2016年。

姜其文：《现代汉语情态构式研究》，博士学位论文，浙江大学，2018年。

李剑影：《现代汉语能性范畴研究》，博士学位论文，吉林大学，2007年。

李敏：《现代汉语非现实范畴的句法实现》，博士学位论文，华东师范大学，2006年。

李明:《汉语助动词的历史演变研究》,博士学位论文,北京大学,2001年。

齐春红:《现代汉语语气副词研究》,博士学位论文,华中师范大学,2006年。

宋永圭:《现代汉语情态动词"能"的否定研究》,博士学位论文,复旦大学,2004年。

王晓凌:《论非现实语义范畴》,博士学位论文,复旦大学,2007年。

向二兰:《汉英助动词句法比较研究》,博士学位论文,华中师范大学,2011年。

杨丽梅:《汉语情态动词"要"的认知研究:情境化视角》,博士学位论文,河南大学,2015年。

照日格图:《直觉与创造》,博士学位论文,吉林大学,2009年。

五 外文文献

Anderson, L., "Evidentials, path of change, and mental maps: typologically regular asymmetries", In W. Chafe & J. Nichols (eds.), *Evidentiality: The Coding of Epistemology in language*, Ablex, 1986.

Asher, R. E. & James M. Simpson (eds.), *The Encyclopedia of Language and Linguistics*, Oxford: Pergamon Press, 1994.

Austin, J. L., *How to do things with words*, Oxford: Oxford university press, 1975.

Bally, C., *Linguistique générale et Linguistique francaise*, Pairs: Ernest Leroux, 1932.

Bally, C., "Syntaxe de la modalité explicite", *Cahiers Ferdinand de Saussure*, 1942 (2): 3–13.

Brisard, F. et al., *Grammar, Meaning and Pragmatics*, Shanghai: Shanghai Foreign Language Education Press, 2014.

Brown, K., *Encyclopedia of Language & Linguistics* (2edn), Shanghai: Shanghai Foreign Language Education Press, 2008 (Vol. 12): 190–202, 259–271.

Bybee, J. L. & Fleischman S., *Modality in grammar and discourse*, Amsterdam: John Benjamins Publishing, 1995.

Bybee, J. L. & Pagliuca W. , "Cross-linguistic comparison and the development of grammatical meaning", In Jacek Fisiak (ed.), *Historical semantics, historical word formation*, Berlin: Mouton Publishers, 1985: 59 – 83.

Bybee, J. L. , *Morphology: A Study of the Relation Between Meaning ang Form*, Amsterdam: John Benjamins Publishing Company, 1985.

Bybee, J. L. , Perkins R. D. and Pagliuca W. *The evolution of grammar: Tense, aspect, and modality in the languages of the world*, Chicago: University of Chicago Press, 1994.

Chafe, W. , "The Realis-Irrealis distinction in Caddo", In Bybee, Joan and Fleischman, Suzanne (ed.), *the Northern Iroquoian Languages and English*, Heidelberg: springer, 1995.

Chomsky, Noam, Essays on Form and Interpretation. New York: Elsevier, 1977.

Comrie, B. , *Tense*, Cambridge: Cambridge University Press, 1985.

Cosmides, L. & Tooby, J. , "Origins of Domain Specificity: The Evolution of Functional Organization", In L. A. Hirschfeld & S. A. Gelman (eds.), *Mapping the Mind*, Cambridge: Cambridge University Press, 1994.

Criesbach, S. , *Grammatik der deutschen Sprache*, München: Verlag Fur Fremdsprachick Literatur, 1976.

Dahl, Ö. , *Tense and Aspect Systems*, England: Blackwell Publishing, 1985.

Fillmore, C. & B. Atkins. , "Towards a frame-based lexicon: The semantics of RISK and its neighbors", In A. Lehrer & E. Kittay (eds.), *Frames, Fields, and Contrast: New Essays in Semantics and Lexical Organization*, Hillsdale: Lawrence Erlbaum Associates, 1992: 75 – 102.

Fillmore, C. , "Frames and the semantics of understanding", Quaderni di Semantica, 1985, 6 (2): 222 – 254.

Fillmore, C. J. , "An alternative to checklist theories of meaning", In C. Cogen, H. Thompson, G. Thurgood, K. Whistler & J. Wright (eds.), *Proceedings of the First Annual Meeting of the Berkeley Linguistics Society*,

Berkeley: University of California Press, 1975: 123 – 131.

Fillmore, C. J. , "The case for case", In Emmon Bach and Robert Harms (eds.), *Universals in Linguistic Theory*, 1 – 88, New York: Holt, Rinehart, and Winston. 1968.

Frawley, W. , *The Expression of Modality*, Berlin, New York: Mouton de Gruyter, 2005.

Frege, G. , "Sinn und Bedeutung", *Zeitschrift fur Philosophie und Philosophische Kritik*, N. F. 100, 1892 (1): 25 – 50.

Galton, A. , "Time Flies but Space Does Not: Limits to the Spatialisation of Time", *Journal of Pragmatics*, 2011, 4 (3): 695 – 703.

Goldberg, Adele E. , *Constructions at Work: The Nature of Generalization in Language*, Oxford: Oxford University Press, 2006.

Goldberg, Adele E. , *Constructions: A Construction Grammar Approach to Argument Structure*, Illinois, Chicago: The University of Chicago Press, 1995.

Grice, H. P. , "Logic and conversation", In P. Cole & J. L. Morgan (eds). , *Syntax and Semantic* 3: *Speech Acts*, New York: Academic Press, 1975: 41 – 58.

Halliday M. A. K. Hasan R. , *Cohesion in English*, Longman: Longman Group Limited, 1976.

Hawking, Stephen. W. , *A brief history of time*, Bantam Books, Toronto, 1988.

Hengeveld, K. , "Illocution, mood and modality", in G. Booij, C. Lehmann, J. Mugdan and S. Skopeteas (eds.), *Morphology: An International Hangbook on Inflection and Word-Formation*, Vol. 2, Berlin: Walter de Gruyter, 2004.

Horn, L. , "Towards a new taxonomy for pragmatic inference: Q-baesd and R-based implicature", In Schiffrin, D. (ed.), *Meaning Form and Use in Context*, Washington: Georgetown University Press, 1984.

Hornby, A. S. , *Oxford Advanced Learner's Dictionary* (9th edition) , Oxford university press, Beijing: The Commercial Press, 2016.

Humboldt, W. von., *Essays on Language*, Eds. By T. Harden and D. Farrelly., Frankfurt am Main; Berlin; Bern; new York; Paris; Wien: Lang, 1997.

Humboldt, W. von., *On Language: The Diversity of Human Language-structure and influence on the Mental Development of Mankind*, Translated into English by Peter Heath, Cambridge and New York: Cambridge University Press, 1988.

Jaszczolt, Katarzyna M., *Semantics and Pragmatics: Meaning in Language and Discourse*, Pearson Education Limited, 2002.

Jennifer, C., *The semantics of the modal auxiliaries*, London and Canberra: Croom Helm, 1983.

Jespersen, O., *The Philosophy of Grammar*, New York: Norton, 1924. London: Allen Unwin, Reprinted 1965.

Joos. M., *The English verb: form and meanings*, Madison and Milwaukee, Wisc.: The University of Wisconsin Press, 1964.

Kiefer, F., "Ability and Possibility: The Hungarian Verb *Tud* 'To Be Able To'", *Studies in Language*, Amsterdam: John Benjamins Publishing, 1988, 12 (2): 393–423.

Kiefer, F., "Bound utterances", *Language sciences*, 1996, 18 (2): 575–587.

Kiefer, F., "Epistemic possibility and focus", In W. Abraham & S. de Meij (eds.), *Topic, Focus and Configurationally*: 161–179. Amsterdam: John Benjamins Publishing, 1986.

Kiefer, F., "Modality", In William Frawley (ed.), *International Encyclopedia of Linguistics*: 2515–2520. Oxford: Oxford University Press, 1992.

Kiefer, F., "On defining modality", In Olga Fischer & Muriel Norde (eds.), *Folia linguistica*, Berlin: Mouton de Gruyter, 1987, 21 (1): 67–94.

Kiefer, F., "Presidential address: Modality and pragmatics", In Olga Fischer & Muriel Norde (eds.), *Folia Linguistica*, Berlin: Mouton de

Gruyter, 1997 (31): 241-253.

Kiefer, F., "What is possible in Hungarian?" *Acta Linguistica Academiae Scientiarum Hungaricae*, 1983 (33): 149-187.

Klecha, P., *Bridging the divide: Scalarity and modality*, University of Chicago, Division of the Humanities, Department of Linguistics, Ph. D. Thesis, 2014.

Kratzer, A., Eikmeyer J., Rieser H., "The notional category of modality", In H. J. Eikmeyer & H. Rieser (eds.), *Words, Worlds and Contexts. New Approaches in Word Semantics*, Berlin: Walter de Gruyter, 1981: 33-74.

Kratzer, A., *Semantik der Rede*, Germany, Konigstein: Scriptor, 1978.

Kratzer, A., "Conditional necessity and possibility", In Rainer Bauerle, Urs Egli, and Arnim von Stechow (eds.), *Semantics from different points of view*. Berlin, Heidelberg: Springer, 1979: 117-147.

Kratzer, A., "Modality/Conditionals", In A. von Stechow and D. Wunderlich (eds.), *Semantik: ein internationales Handbuch der zeitgenossischen Forchung*, Vol (6) of Handbucher zur Sprach-und Kommunikationswissenschaft, Berlin: Walter de Gruyter, 1991: 639-656.

Kratzer, A., "Partition and revision: The semantics of counterfactuals", In Kenny Easwaran & Rosalie Lemhoff et al. (eds.), *Journal of Philosophical Logic*, Boston: Dordrecht Reidel Publishing Corporation, 1981, 10 (2): 201-216.

Kratzer, A., "What '*must*' and '*can*' must and can mean", In Regine Eckardt & Dilip Ninan (eds.), *Linguistics and philosophy*, Berlin, Heidelberg: Springer, 1977, 1 (3): 337-355.

Lakoff, G. & M. Johnson., *Metaphors We Live By*, Chicago: University of Chicago Press, 1980/2003.

Langacker, R. W., *Grammar and Conceptualization*, Berlin; New York: Mouton de Gruyter, 1999/2000.

Langacker, R. W., "Observations and speculations on subjective", In

J. Haiman (ed.), *Iconicity in Syntax*, 109 – 155, Amsterdam: Benjamins, 1985.

Langacker, R. W., "On subjectification and grammaticalization", *Discourse and Cognition: Bridging the Gap*, Koenig, J. - P., Stanford: CSLI Publications, 1998: 71 – 89.

Langacker, R. W., "Subjectification", *Cognitive Linguistics*, 1990, 1 (1): 5 – 38.

Lassiter, D., *Graded modality: Qualitative and quantitative perspectives*, Oxford: Oxford University Press, 2017.

Leech, Geoffrey N., Principles of Pragmatics, London: Longman, 1983.

Leech, Geoffrey N., A Linguistic Guide to English Poetry, London: Longman, 1969.

Levinson, S. C., *Pragmatics*, Cambridge: Cambridge University Press, 1983.

Li, C & Thompson, Sandra., *Mandarin Chinese: a functional reference grammar*, Berkeley, London: University of California Press, 1981.

Lin, T. H. Jonah. "Multiple-modal Constructions in Mandarin Chinese and their Finiteness Properties". In Kersti Börjars & Helen de Hoop (eds.). *Journal of Linguistics*, Vol. 48: 151 – 186. Cambridge: Cambridge University Press, 2012.

Lyons, J., "Deixis and subjectivity: Loguor, ergo sum?" In R. J. Jarvella and W. Klein (eds.), Speech, Place, and Action: Studies in Deixis and Related Topics, 101 – 124. New York: John Wiley. 1982.

Lyons, J., *Linguistic Semantics: An Introduction*, Cambridge University Press, 1995.

Lyons, J., *Semantics*, Cambridge: Cambridge university press, 1977.

MacDonald, M. N., "Discourse, Disciplinarity and Social Context", *The Discourse of Security*, 2018: 85 – 108.

Malinowski, B., *The Problem of Meaning in Primitive Language's in Meaning of Meaning*, Routlrdge & Kegan Paul, Harcourt, Brace and World,

Inc., New York, 1923.

Martinet, A., *A Functional View of Language*, Oxford: Clarendon Press, 1955.

Mithun, M., *The Languages of Native North America*, Cambridge: Cambridge University Press, 1999.

Nancy, S, S., *Rhetoric, Modality, Modernity*, Chicago: University of Chicago Press. 2009.

Narrog, H., *Modality, subjectivity, and semantic change: a cross-linguistic perspective*, New York: Oxford University Press, 2012.

Nauze, F. D., *Modality in typological perspective*, Published by Institute for Logic, Language and Computation, Amsterdam: Universiteit van Amsterdam, 2008.

Nicholas, R., *Topics in Philosophical Logic*, Dordrecht: Reidel, Ch XIV, 1968.

Nuyts, J., *Epistemic modality, language, and conceptualization: A cognitive-pragmatic perspective*, Amsterdam: John Benjamins Publishing, 2001.

Oswalt, R., *Kashaya Texts*, California: University of California Press, 1964.

Palmer, F. R., *Modality and the English modals*, London: Addison-Wesley Longman Limited, 1979.

Palmer, F. R., *Mood and modality* (2nd), Cambridge: Cambridge University Press, 2001.

Palmer, F. R., *Mood and modality*, Cambridge: Cambridge University Press, 1986.

Perkins, M., *Modal expressions in English*, New York: Ablex publishing Corporation, 1983.

Portner, P., *Modality*, New York: Oxford University Press, 2009.

Quirk, R. et al., *A comprehensive grammar of the English language*, London: Addison-Wesley Longman Limited. 1985.

Quirk, R. et al., *A Grammar of Contemporary English*, London: Longman, 1972.

Radford, A., *Syntax*: *A Minimalist Introduction*, Cambridge: Cambridge University Press, 1997.

Radford, A., *Transformational Grammar*: *A First Course*, Cambridge: Cambridge University Press, 1988.

Reichenbach, Hans., *Element of symbolic logic*, New York: Free Press, 1947.

Rescher, N., *Topics in Philosophical Logic*, Boston: Dordrecht Reidel Publishing Corporation, 1968.

Saeed, J. I., *Semantics* (2nd), Oxford: Blackwell Publishing Ltd, 2003.

Searle, J. R. and Willis S., *Intentionality*: *An essay in the philosophy of mind*, Cambridge: Cambridge university press, 1983.

Steele, S., Akmajian A., Demers R. et al., "An Encyclopedia of AUX: A Study in Cross-Linguistic Equivalence", In *Linguistic Inquiry Monograph* 5. Cambridge: MIT Press, 1981.

Sweester, E., *From Etymology to Pragmatics*, Cambridge: Cambridge University Press, 1990.

Talmy, L., *Towards a Cognitive Semantics* (Vol. 1): *Concept Structure Systems*, Cambridge, MA: MIT Press, 2000a.

Talmy, L., *Towards a cognitive Semantics* (Vol. 2): *Typology and Process in Concept Structuring*, Cambridge, MA: MIT Press, 2000b.

Talmy, L., "Force dynamic in language and cognition", *Cognitive Science*, 1988 (12).

Taylor, J. R. *Cognitive Grammar*, Oxford: Oxford University Press, 2002.

Tiee, H. *A reference grammar of Chinese sentences with Exercise*, Tucson: The University of Arizona Press, 1986.

Tomasello, Michael, "Primate Communication" In Jef Verschueren and Jan-Ola Östman (eds.). Key Notions for Pragmatics, 208 – 216, Shanghai: Shanghai Foreign Lomguage Education Press. 2014.

Traugott, E. C., "Subjectification in Grammaticalization", *Subjectivity and Subjectivisation*: *Linguistic Perspectives*, Cambridge: Cambridge University

Press, 1995.

Tsang, C, L. *A Semantic Study of Modality Auxiliary Verbs in Chinese*, Ph. D. Dissertation, UMI, 1981.

Van der Auwera, J. and Plungian, V. A., "Modality's semantic map", *Linguistics Typology*. Berlin/New York: Walter de Gruyter. 1998 (2): 79 – 124.

Verschueren, J. & Östman J., *Key Notions for Pragmatics*, Shanghai: Shanghai Foreign Language Education Press, 2014.

Verstraete, J. C., "Subjective and objective modality: interpersonal and ideational functions in the English modal auxiliary syste", *Journal of Pragmatics* (Vol. 33), 2001: 1505 – 1528.

Von Wright, G. H., *An essay in modal logic*, Amsterdam: North-Holland. 1951.

Von Wright, G. H., *Norm and Action*, London: Routledge & Kegan Paul Ltd., 1963.

Vendler, Z., *Linguistics in Philosophy*, Ithaca: Cornell University Press, 1967.

Vendler, Z., "Verb and times", *The Philosophical Review*, 1975.

Werkuyl, H., *On the Compositional Nature of the Aspects*, Dordrecht: D. Reidel Publishing Company, 1972.

Werner, Jonas., *The Modalities of Essence and Ground*, Vittorio Klostermann GmbH Frankfurt an Main, 2022.

Whitehead, A. N., *Process and Reality: An Essay in Cosmology*, New York: Macmillan Publishing Co., 1929.

Willett, T., "A cross-linguistic survey of the grammaticalization of evidentiality", *Studies in language* 12, 1988 (1): 51 – 97.

William, F., *The Expression of Modality*, Berlin, New York: Mouton de Gruyter, 2005.

Yang, S., *A Systemic Functional Study of Modality in Modern Chinese*, Springer Nature Singapore Pte Ltd, 2021.

Zacks, J. M. & B. Tversky., "Event structure in perception and cognition", *Psychological Bulletin*, 2002 (1).

Zipf, G K. *Human Behavior and the Principle of Least Effort*, *An Introduction to Human Ecology*, Cambridge, Massachusetts: Addison-Wesley Press, 1949.

[英] 杰斯泽佐尔特：《语义学与语用学：语言与话语中的意义》，北京大学出版社 2004 年影印版。

六　工具书

李行健主编：《现代汉语规范词典（第 3 版）》，外语教学与研究出版社 2014 年版。

薛建成等编译：《拉鲁斯法汉双解词典》，外语教学与研究出版社 2001 年版。

中国社会科学院语言研究所词典编辑室编：《现代汉语词典（第 7 版）》，商务印书馆 2016 年版。

[德] 荷西特编：《德汉双解德语学习词典》，王潇等译，外语教学与研究出版社 2003 年版。

[法] 拉鲁斯编著，薛建成编译：《拉鲁斯法汉双解词典》，外语教学与研究出版社 2001 年版。

[英] 克里斯特尔编：《现代语言学词典》，沈家煊译，商务印书馆 2000 年版。

后　记

　　2012年我进入贵州师范大学文学院攻读语言学硕士学位，其间接触到"情态"这个概念。当时出于研究兴趣，也是为了提交课程作业，我便尝试围绕情态副词"难道"写了一篇小文章，没想到后来这篇文章能够被公开发表，而这也是我人生中第一次发表论文，颇有成就感。从那时开始，"情态"就成为我学术生涯的研究主题。2016年我考入华东师范大学中文系攻读语言学及应用语言学的博士学位，其间也接触到了更多国内外的情态研究文献。可随着阅读数量的增加，我越发感觉到情态研究真的太过复杂，仅界定概念和划定语义范围这两个最基本的理论问题，学界讨论了几十年似乎也难以找到一个统一且清晰的说法，总有种"只可意会不可言传"的感觉。此时，我开始胆怯起来，不知道自己是否有能力可以把研究进行下去。不过很快，在老师的鼓励和帮助下我调整了研究思路，尽量避开大谈抽象且空洞的理论概念而老老实实回归到表达材料中去，一切从实际出发，一点一滴地探索和积累，直到拼凑出一套属于自己的认知体系，这种脚踏实地做研究的路子也让我变得更加有底气起来。正是在这一研究思路的指引下，我很快确定了毕业论文的选题并最终完成了博士学位论文《从汉语情态助动词看情态意义的性质与表达》，本书就是在这部论文的基础上经历修改和扩充而成的，也算是我多年情态研究的一个阶段性成果吧。

　　此刻，我很想念我的父母。从2007年进入大学本科学习到如今作为南通大学文学院的一名专任教师开始教书育人的职业生涯，十六年的离家在外求学和工作生活时光让我很少有时间能回家陪伴在他们身边。但一直以来，他们却从未停止过为我操心，总会陪我一起渡过一次又一次的难关。我也很想念求学期间遇到的恩师们。税昌锡教授是我硕士阶段的启蒙导师，十多年前正是税老师引领我入门，教我如何做语法研究，直至今日他也一直时刻关心着我的学习和工作，总会给予我鼓励和帮助。曾传禄教授是我的毕业硕导，同时也是我做情态研究的引路者，是他给予了我走上学术道路的勇气与决心，而我人生中第一篇论文的发表也离不开他莫大的支持与帮助。进入博士阶段后，我有幸遇到了左思民教授，是左老师教会了我该如何思辨，如何分辨学术中的"真"和"善"，左先生对学术的那份纯粹的追求令人敬佩。我也很感恩能够遇到郑伟教授。郑老师学术精粹，人品超然，随和而不拘小节，这让一直以来谨小慎微敏感而又不自信的我慢慢变得自信和从容。此外，还有中文系的徐默凡老师、韩蕾老师和柏晓鹏老师，一直以来他们给予了我很多的帮助，我能感受到那份真切的关心和鼓励。

  本书中有部分内容曾在各类期刊中发表，借此成书的机会我对有些已经发表过的内容进行了修正与扩充。这些已发表的论文包括：

  谢一、张震：《"将来意义"的存在情态——一项语言类型学的海德格尔式考察》，载《思想与文化》第 23 辑，华东师范大学出版社 2019 年版，第 264—276 页。

  谢一：《论情态是一个语义兼语用的概念——从道义情态义的表达方式与行事特色谈起》，《语言教学与研究》2020 年第 1 期。

  谢一：《纷繁与交织：西方情态研究的多重维度探析——兼论情态概念界定困难之原因》，载《语言研究集刊》第 26 辑，上海辞书出版社 2020 年版，第 127—146 页。

  谢一：《论道义情态的言语行为分类》，载《励耘语言学刊》第 36 辑，中华书局 2022 年版，第 233—247 页。

  谢一、田宇贺：《情态构式"我敢 $V_{定论}+P_{命题}$"的生成与适用》，《汉语学习》2022 年第 6 期。

  谢一、田宇贺：《汉语助动词"要"表认识情态的衍生机制》，载

《对外汉语研究》第29辑，商务印书馆2024年版，第147—157页。

　　以上论文在发表时，期刊编辑部及匿名审稿专家提出过许多宝贵意见和建议，在此深表感谢。

　　中国社会科学出版社编辑石志杭等为本书的顺利出版付出了辛勤劳动，在此对他们表示诚挚的谢意。

　　本书从情态助动词的表达视角展开对情态相关问题的探讨，其中难免有疏漏或错谬之处，热诚欢迎读者批评指正。

谢一

2023年11月30日

于南通大学青教公寓